現代ドイツ経済の歴史

古内博行

東京大学出版会

A History of the Modern German Economy

Hiroyuki FURUUCHI

University of Tokyo Press, 2007
ISBN978-4-13-042126-3

はしがき

　筆者はこれまで大学で経済史概論や西洋経済史を講義してきたが，もっぱら他の人（達）の書いた解説書をテキストに用いていた．テキストがあった方が学生に講義しやすいからである．その際確かに参考にすべき点が少なくなかったが，自分の思うとおりの講義とは必ずしも整合するというわけにはいかず，常にある種の違和感を覚えてきた．学生に自分なりの論点を提示するときなど解説書と内容を異にする場合があるために筆者自身余計な注釈を付け加えなければならないし，その結果として学生を惑わす面が多々あった．そのせいもあり，テキストを書いて全体像を自ら提示することは，通常の学術的研究書を著すのに劣らず重要で，それが大学で教える者の責務であるとの意識も以上の事情に促されて年々強くなってきた．そこで今回現代ドイツ経済の歴史を第一次大戦後からのドイツ経済とヨーロッパ経済の歩み（ドイツ問題とヨーロッパ問題）を中心テーマに据えて両者を関連づけながら解説するべく本書を書き上げた．教科書にありがちな単なる概説的観察や現象的記述にとどまらずに，学術的研究としても立派に通用するようなかたちでヨーロッパ的文脈を視野に入れつつ現代ドイツ経済の抱える問題点を 20 世紀から 21 世紀初頭を貫いて系統的に説明することを本書では意図した．この構想が成功しているかどうかは別にして中・上級基本書というのが本書のねらいである．研究のフロンティアで現に探求され続けている先進的な学術成果の醍醐味を少しでも学生に味わってもらうことは本書の課題からはずせないし，それは通説に甘んじず，学問というものを教える性格からいって必要不可欠である．その点で，じっくり読んでもらえれば入門的なテキストとしても十分に活用できるはずである．

　加えて，1970 年代中葉以降から顕著となる［西］ドイツ経済の長期的低迷について筆者なりの見解をもっていたので，それを書物として著したいという意

向もあった．本書はその点に関して筆者の意見を積極的に述べた（驚異的な経済再生の成功［経済の奇跡］に由来する歴史のパラドックス的反転としての構造調整の遅れと需要制約の難点）．読者に広く筆者の考え方を知ってもらいたいからである．また，本書を俯瞰した場合，以下の点に留意した．それは本書が現代ドイツ経済の歴史を扱うものでありながら，ヨーロッパ経済統合が市場統合と通貨統合といった極限にまで進展する統合史と重なり合う——ほかならぬ上述のヨーロッパ的文脈——なかでの解説になるとの理由から，本書はより広く解釈すれば現代ヨーロッパ経済史の体裁を帯びるよう目指したことである．まずもって本書第1章，第2章で扱う各国レジスタンス運動の先駆的な戦後統合構想やマーシャル・プランとドイツ経済の復興の関係を例に挙げれば，そのことは明瞭であろう．したがって，本書は現代ヨーロッパ経済史の書物としての内容を有するよう心がけたつもりであるし，少なくとも現代ヨーロッパ経済史の画期となる史実（たとえば，アメリカの世界政策の頓挫に続く上記マーシャル・プランへの政策転換のほかにその頓挫を具体的に体現するポンドとドルの交換性回復の失敗や1960年代後半における国際通貨ポンドの決定的な地位低下など）に関わる点ですぐれて示唆的なものとなっているはずである．それは本書全体を通じて明らかにするとおり，先に触れたドイツ問題とヨーロッパ問題が解き難く絡み合いながら経済的歩みを特異なかたちで屈曲させていくのが現代ドイツ経済の歴史だからにほかならない．そのほかに日本経済やアメリカ経済の動向をも関連するかぎりで極力盛り込んだ．これは1970年代に入って以降，パクス・アメリカーナ体制が明確に変容を遂げて日米欧のトリゲモニー構造が世界資本主義の趨勢に関する基本的動因となった事実からいって当然の作業である．本書第5章で取り上げる西ドイツ機関車国論の評価はそうした作業の一環と位置づけられよう．またとりわけ最近の推移に関連して，1990年代におけるアメリカ経済の再生，日本経済の大幅な失速（「失われた10年」），市場統合と通貨統合の壮大な歴史的実験をワン・セットにして経済再復権を図るEU経済の新たな模索といった発展軌跡の構図は本書では叙述の背後において十分に意識されている．その意味で本書はマルク投機に照準を合わせているとはいえ，ブレトン・ウッズ（IMF）体制の発足から動揺，そして崩壊に至る経緯の具体的な記述を織り交ぜて世界経済史ともいうべき性格をも兼ね備えて

おり，さらに現在までを視野に入れることによって20世紀資本主義を見渡す解説書としても使えるように配慮した．その出来映えについては読者の判断に委ねるしかない．忌憚のない批判や助言をいただければ幸いである．

　それにつけても本書はやはり一人では書き上げられなかった．これは前著二作（『ナチス期の農業政策研究1934-36』と『EU穀物価格政策の経済分析』）を書き上げたときに抱いた感慨とまったく同様であるが，今回はとりわけ山井敏章氏（立命館大学経済学部）と工藤章氏（東京大学社会科学研究所）のお二人に草稿の段階で目を通していただき，実に有益なコメントと温かい励ましを頂戴した．両氏のご助力がなければ本書の刊行には到底辿り着けなかったであろう．本書が中身のある書物に仕上がっているとしたら，それはひとえに両氏のご支援の賜物である．まさしく両氏には感謝の言葉がみつからない．むろん，本書に孕まれる誤りがすべて筆者に帰するものであることはいうまでもない．

　最後に厳しい出版事情のなかで本書出版を引き受けていただいた東京大学出版会に厚くお礼申し上げる．とくに編集部の白崎孝造氏には企画の段階から編集の段階に至るまで一貫して絶大なるお世話をいただいた．また，企画の段階では現在販売部におられる黒田拓也氏にもご面倒をおかけし，貴重なご助言をいただいた．両氏のご協力により本書出版にこぎ着けることができた．ここに両氏に深甚なる謝意を表したい．

　2007年6月

古内博行

目　次

はしがき　i
主要関連欧語一覧　ix

序章｜課題と構成 ——————————————————————— 1

第1章｜ヨーロッパ問題とドイツ問題 ————————————— 19
　1　ヨーロッパ統合の起点としての1920年代　19
　　1.1　「ヨーロッパ問題」の重層的形成　19
　　1.2　ヨーロッパ統合構想と統合形態の出現　23
　2　第二次大戦期レジスタンス運動の戦後統合構想　28
　　2.1　レジスタンス運動のジレンマ　28
　　2.2　レジスタンス運動の戦後統合構想　32
　3　戦後ヨーロッパ統合構想とドイツ問題　37
　　3.1　ドイツ・レジスタンス運動の統合構想とドイツ問題　37
　　3.2　ヨーロッパ諸国レジスタンス運動の統合構想とドイツ問題　40

第2章｜ドル条項とドイツ経済の復興 ————————————— 51
　1　ドル条項と「強いドイツ」　51
　2　優先控除原則とドル条項　53
　　2.1　優先控除原則の主張　53
　　2.2　優先控除原則とドル条項　56
　3　モスクワ外相会議と優先控除原則　59
　　3.1　モスクワ外相会議前夜　59
　　3.2　モスクワ外相会議と優先控除原則　60

4　マーシャル・プランとドル条項批判　64
　　4.1　マーシャル・プラン構想の発表　64
　　4.2　西ヨーロッパ近隣各国のドル条項批判　66
　　4.3　ヨーロッパからの復興構想とドイツ経済の復興　69
　　4.4　フランスのドイツ弱体化政策の限界と破綻　71
  5　ドル条項の解消　73
　　5.1　アメリカ政府内部からのドル条項批判とドル条項の存続　73
　　5.2　ドル条項の解消　77

第3章｜経済の奇跡とEEC加盟への道 ——————85

  1　「長き1950年代」　85
  2　西ドイツの貿易構造の特質と経済の奇跡　87
　　2.1　OEEC，EPU的枠組みと西ヨーロッパ偏重の貿易　87
　　2.2　代表的な輸出品目と貿易黒字の形成　90
　　2.3　輸入国としての西ドイツの登場と貿易関係の核の形成　96
  3　西ドイツのEEC選択と加盟　100
　　3.1　OEECの役割の終焉とEPU内での西ドイツ問題　100
　　3.2　ベネルクス主導の関税同盟（共同市場）構想と西ドイツの積極的呼応　102
　　3.3　「開かれた」EECとイギリスの自由貿易圏構想　105
　　3.4　EECの「大市場」による新たな「保護された市場」の追求　109

第4章｜1966/67年不況と高成長の翳り ——————117

  1　1966/67年不況をめぐって　117
  2　1960年代前半の経済動向　121
　　2.1　経済成長の展開変化と超完全雇用状態　121
　　2.2　マルク引き上げとマルク投機の脅威　128
  3　1966/67年不況の発生　133
　　3.1　金融引き締めの実施と景気の反転　133
　　3.2　1966/67年不況の経済指標と内容　136
  4　1966/67年不況の原因　140
　　4.1　投資の減退と不況の鋭さ　140
　　4.2　需要不足と不況の形態的特質　143

第5章　1974/75年不況と変調の始まり ─────153

1. 1974/75年不況をめぐって　153
2. 急速な不況脱出と対外不均衡の増大　157
   - 2.1　1966/67年不況以後の景気回復　157
   - 2.2　マルク投機とブンデスバンクのジレンマ　164
3. 不況の漸次的増幅と為替変動　168
   - 3.1　1970年代初頭の発展軌跡　168
   - 3.2　ブレトン・ウッズ（IMF）体制最終局面下の金融政策　172
   - 3.3　インフレの持続と経済停滞の表面化　175
4. 1974/75年不況とスタグフレーション問題　177
   - 4.1　石油危機と1947/75年不況　177
   - 4.2　スダグフレーションの緩和と西ドイツ経済の混迷　181
5. 西ドイツ経済の構造的問題と変調の兆し　185
   - 5.1　西ドイツ経済の蓄積システムの歴史的特質と限界　185
   - 5.2　西ドイツ経済の構造的問題と成長の閉塞　190

第6章　変調とドイツ統一 ─────201

1. 変調の構造化　201
   - 1.1　1981/82年不況と微温的回復　201
   - 1.2　1992/93年不況と経済不振の増幅　208
2. ドイツ経済の難点　219
   - 2.1　ドイツ経済のニッチ体質　219
   - 2.2　ドイツ経済と構造調整圧力　224

終章　現状と展望 ─────235

文献目録　239
索引（人名／事項）　255

主要関連欧語一覧

Bank for International Settlements（BIS）　国際決済銀行
Bundesverband der Deutschen Industrie（BDI）　ドイツ全国工業連盟
Bündnis90/ Die Grünen　同盟90・緑の党
Christlich-Demokratische Union（CDU）　キリスト教民主同盟
Christlich-Soziale Union（CSU）　キリスト教社会同盟
Committee on European Economic Cooperation（CEEC）　ヨーロッパ経済協力会議
Computer Aided Design（CAD）　コンピュータ支援設計
Computer Integrated Manufacturing（CIM）　コンピュータ統合生産体制
Computerized Numerical Control（CNC）　コンピュータ数値制御
Council of Economics and Finance Ministers（ECOFIN）　経済相・蔵相理事会
Economic Cooperation Administration（ECA）　経済協力庁
European Central Bank（ECB）　欧州中央銀行
European Coal and Steel Community（ECSC）　ヨーロッパ石炭鉄鋼共同体
European Community（EC）　欧州共同体
European Defensive Community（EDC）　ヨーロッパ防衛共同体
European Economic Community（EEC）　欧州経済共同体
European Free Trade Association（EFTA）　ヨーロッパ自由貿易連合
European Monetary Agreement（EMA）　ヨーロッパ通貨協定
European Monetary System（EMS）　欧州通貨制度
European Payments Union（EPU）　ヨーロッパ決済同盟
European Political Community（EPC）　ヨーロッパ政治共同体
European Union（EU）　欧州連合
Exchange Rate Mechanism（ERM）　為替レートメカニズム

Flexible Automation　柔軟な自動化生産体制
Flexible Manufacturing System（FMS）　柔軟な製造システム
Freie Demokratische Partei（FDP）　自由民主党
General Agreement on Tariffs and Trade（GATT）　関税と貿易に関する一般協定
International Monetary Fund（IMF）　国際通貨基金
Joint Chiefs of Staff（JCS）　米統合参謀本部
Joint Export Import Agency（JEIA）　共同輸出入庁
Organization for European Economic Cooperation（OEEC）　ヨーロッパ経済協力機構
Organization of Petroleum Export Countries（OPEC）　石油輸出国機構
Sozialdemokratische Partei Deutschlans（SPD）　ドイツ社会民主党
Union Économique et Douanière de l'Europe　ヨーロッパ経済・関税同盟

序章 │ 課題と構成

　本書は第二次大戦後の戦後復興に続く高成長から低成長に変わる1970年代から1980年代を経て統一を実現したドイツ経済の発展軌跡を論じることを課題にする．今述べたように，1990年10月に第二次大戦後東西に分断したドイツの統一がなり，西ドイツ経済は東ドイツ経済の吸収合併により［大西］ドイツ経済に変身し，今日に至っているが，第二次大戦前までのドイツ経済研究の蓄積の厚さに比較すると第二次大戦後の現代ドイツ経済史に関する学術的研究はあまりに乏しいといわざるをえない．今日では1990年代以降の統一なったドイツ経済の現状分析が主流となっており，それでさえ市場統合と通貨統合の経済統合の進捗によりドイツ経済の分析というよりはヨーロッパ経済ないし欧州連合（European Union，以下EU）経済の関連分析となっている．EU経済分析の一環としてのドイツ経済分析に力点が置かれる状況のなかで現代ドイツ経済史の分析は意外と手薄なのである．より率直にいうならば，前史となる西ドイツ経済史に関する総点検と総括がおろそかにされたまま分析視点がずらされているというのが研究史の現状なのである．戦後復興から「経済の奇跡」（Wirtschaftswunder）といわれる発展軌跡も学術的考察よりは概観的解説に傾斜する傾向が顕著であり，これまで分析対象として十分に検討されてきたとは言い難い．むしろ西ドイツ経済が「経済の奇跡」という世間の注目を一身に集める経済再生の途だったせいもあってそのような外見的定評が思いのほか速く定着したために固有の経済史文脈において捉え直す作業がなおざりにされてきた感が強い．検証されるべき点が前提とされていたと考えられる．本書は研究史上におけるそのような不備を自覚して戦後復興から21世紀初頭までのドイツ経済史をもう1度吟味し直し，解説しようとするものである．

　そこで，本書の具体的な分析に入る前に課題と構成について述べることにし

たいが，それを基本的な問題意識を論じるなかで明らかにしておこう．

　第一次大戦の総力戦の結果，ヨーロッパ経済は世界資本主義の基軸的地位の座から滑り落ちた．非ヨーロッパ世界であるアメリカ経済の覇権国としての台頭がそのことを端的に示したが，ヨーロッパ側でもイギリス経済のさらなる衰退とドイツ経済のドラスティックな縮小が生じた．パクス・ブリタニカ（Pax Britannica）に対するドイツの挑戦は両者得ることのない不毛な結果に帰着した．アメリカ経済とヨーロッパ経済の落差はヨーロッパに衝撃を与えた．世界資本主義の基軸的地位への「復権」は長い道のりを予測させるヨーロッパ経済の悲願となり，歴史的課題となった．歴史的な意味での「ヨーロッパ問題」の発生ないし形成である．「ヨーロッパ問題」は直接的にはこれからの説明において触れるように戦債・賠償問題として現れたが，ヨーロッパ経済の復権という意味では20世紀を貫く基本的なモチーフとなった．本書の議論はここから始まるが，それはこの「ヨーロッパ問題」を起点にして今日まで紆余曲折を経ながら展開するヨーロッパ統合の歴史的起点となるからである．ヨーロッパ統合という座標軸を度外視して［西］ドイツ経済史を論じるわけにいかないことはいうまでもないであろう．「ヨーロピアナイゼーション」（Europeanization）ないし「ヨーロッパ化」（Europäisierung）と［西］ドイツ経済の発展が交錯するのが20世紀後半のヨーロッパ経済の特質であるが，そこでは当然両者の位置関係が問われることになる．

　両者の位置関係が問われることになれば，この問いは必然的にヨーロッパ統合の前史を予備的に考察することを要請せずにはおかない．この場合の前史で重要となるものは1930年代から1940年代の前半にかけてナチス・ドイツのヨーロッパ統合（覇権的秩序の形成と権力的な市場再編の剛構造的な統合）とそれに対する対抗としての各国レジスタンス運動の戦後ヨーロッパ統合構想（民主主義的協調型の随意的な統合と関税同盟による共同市場［ヨーロピアナイゼーション］構想の柔構造的な統合）の2大潮流がせめぎ合う歴史的事実である．いわば，「ヨーロッパ問題」が政治的・経済的磁場となって2つの統合（構想）を分泌させるわけであるが，ヨーロッパ統合史を貫く最大の反面教師としてナチス・ドイツの覇権的秩序によるヨーロッパ統合が事態を複雑化し，切迫したものとした．そこで問題となるのは，当然のことながら「ドイツ問題」の

位置づけである．「ドイツ問題」は 19 世紀末から 20 世紀初頭にかけて歴史的に登場する．すなわち，アメリカと並んで第二次産業革命における重化学工業の生産力を代表する国となりながら，組織的な資本輸出を介して東南ヨーロッパや中近東地域進出の対外拡張性を示す問題である．これはとくに第一次大戦中に「中央ヨーロッパ」(Mitteleuropa) の広域経済圏 (Großraumwirtschaft; Großwirtschaftsraum) 構想としても主張された．これはドイツが世界資本主義にもたらした負の遺産であるが，他方ヨーロッパ経済の産業的起動力としてのドイツも厳然たる事実であった．1920 年代においても大方の合意を得ていたのはヨーロッパ経済の推進軸としてのドイツ経済の重みという否定し難い現実であった．本書では以上の 2 面性を合わせもちながら発展軌跡を描いてきたという歴史的文脈において「ドイツ問題」と呼ぶ．

　そのドイツが第一次大戦時に示された政策方向の延長線上に 1920 年代のヴェルサイユ的制約からの脱却としてワイマル体制を強権的に再編しながら極めてフェルキッシュなヨーロッパ統合を推し進め，歴史的にみてそれを 1 回果したのである．レジスタンス運動の戦後統合構想が次第に現実味を帯びて展開されるにしたがって，その構想のなかにドイツ経済をどのように組み込むのか，あるいはまた，再び世界史の負の規定者にならないようにするために分割・除去するのかといった位置づけが喫緊の問題となってきた．この問題の分析を抜きにしては戦後の［西］ドイツ経済史を語ることはできない．そこで本書は予備的考察の第 2 弾としてこの問題を考察する．すなわち，ヨーロッパ経済においては「ヨーロッパ問題」と「ドイツ問題」は相即不離の関係にあり，一方を排して他方もありえない問題状況がかたちづくられていたのである．このように，本書は［西］ドイツ経済史を論じるに際してその基底的な枠組みとして「ヨーロッパ問題」と「ドイツ問題」の 2 つを設定した．おおまかにいえば，この 2 つの枠組みが交叉するなかで［西］ドイツ経済史が展開することになる．

　実際に，1930 年代には 2 つの枠組みが重層するなかでヨーロッパ統合はすでに不可避の歴史的な段階に入っており，それは時代の要請にほかならなかった．先に指摘した統合（構想）の 2 大潮流の登場はそうした問題状況を鋭く映し出すものであった．いやむしろ，これからの論述のなかで関連言及するように，ナチス・ドイツのヨーロッパ統合こそは逆説的にヨーロッパ統合の必要不

可欠性を浮かび上がらせた．「ドイツ問題」が 1920 年代とは次元を異にして錯綜するわけである．1920 年代においては「ドイツ問題」は単にヴェルサイユ的制約下においてドイツ革命の衝撃のもとに成立したワイマル体制の経済運営に委ねておけば済んだのである．1930 年代におけるナチス・ドイツのフェルキッシュなナショナリズム的対応はこのようなドイツが置かれた閉塞状況に対する強烈な巻き返しであり，ヨーロッパの「没落意識」とも重なり合った政治的反動の所産であった．「ドイツ問題」は一挙に深刻さの度合いを深めていったのである．

　アメリカ的生産力の圧力とソ連の政治支配の浸透の狭間で「ドイツ問題」をどのように解決したらよいだろうか．各国レジスタンス運動の戦後統合構想はこの点で根本的なアポリアに直面したのである．覇権国イギリスの明瞭な衰退のなかだからこそイギリスは英連邦との紐帯を維持強化せざるをえず，弱体化したヨーロッパ経済の助けとはなりえない．フランスには 19 世紀末の発展遅滞を引き起こした産業構造を残しているために時間のかかる近代化計画をなおも遂行しなければならない歴史的重荷が大陸ヨーロッパでの覇権国になろうとする野心とは裏腹に覆いかぶさっている．「ドイツ問題」というアポリアをどのようにくぐりぬけるのか，これが各国レジスタンス運動の戦後統合構想にとって避けては通れぬハードルとなった．むろん，この時期の「ドイツ問題」には冷戦体制とともに客観的な事実となっていく東西ドイツ分断という観点はない．そこでの争点はヨーロッパ経済の産業的基軸としてのドイツ（「供給者」としてのドイツとアブソーバー（需要者）としてのドイツ）をあくまで容認するか，しないかの選択の問題にほかならない．ナチス・ドイツのヨーロッパ席捲とその軍事的利用による極限的な暴力行使を目の前にしてドイツをヨーロッパの最重要な一員として遇するのか．遇するとしたらどのような選択肢がありえようか．各国レジスタンス運動はこの「ドイツ問題」をめぐって苦悩することになる．ドイツ経済が有する重みと，僅か 14 年でのワイマル民主主義の暗転とそれに続くフェルキッシュな統合への邁進という負の帰結の狭間に置かれたジレンマは想像以上に大きかったといわねばならない．もちろん，各国レジスタンス運動の基本的スタンスが当該国の世論とただちに一致するわけではないにしても，レジスタンス運動を担ってきた政治的経緯からみてそこには決し

て無視しえない重みがあった．だからこそドイツ処遇は実に微妙な問題だったのである．

そうした点で，本書は第二次大戦期のレジスタンス運動の統合構想に戦後ヨーロッパ統合の本格的端緒をみる．通説では 1950 年 5 月のシューマン・プランから 1952 年 7 月発足のヨーロッパ石炭鉄鋼共同体（European Coal and Steel Community, 以下 ECSC）にみられる独仏の歴史的和解（historical rapprochement）に立つ 1950 年代初めがヨーロッパ統合の先駆けの時期とみなされるが，本書はそうした立場とは異なる見解を有する．各国レジスタンス運動はヨーロッパ統合の必要性を痛感しながら目前に展開しているナチス・ドイツのヨーロッパ統合と極限的ともいえる苛酷な環境のなかで格闘しなければならず，そのような厳しい格闘においてあるべき統合の姿を模索していったからである．つまり，レジスタンス運動はヨーロッパ統合史における「最大の反面教師」をバネとしながら戦後統合構想を練り上げていったのである．そして実際，その文脈において ECSC に直接連動するような構想が具体的に提示されてくる．本書はこの点を重視した．従来の研究では見逃されていた論点である．そのことは当然，「ドイツ問題」もまた統合構想の切実さに見合って討議されねばならなかったことを明示する．この意味でも本書は独自な問題視点を提示するものとなろう．

以上の論点を踏まえてドイツ経済史の全体的な評価にあたり本書は具体的に(1)戦後復興の仕方と中身，(2)「経済の奇跡」といわれる経済成長率の高さと産業・貿易構造の歴史的特質，(3)西ドイツ版「転型期」に至る実態変化と成長主義の行き詰まり，(4)金融財政政策の変容と実物経済への影響，(5) 1974/75 年不況と経済変調，(6)変調とドイツ統一の重層的関係といった 6 つの側面から接近していく．1940 年代末の戦後復興から「長き 1950 年代」での「経済の奇跡」といわれる異例の高成長への急速な移行，そして超完全雇用状態にもとづく「転型期」の出現による経済の踊り場的局面の登場から 1970 年代初めにおける賃金爆発とオイル・ショックによる不況の訪れとまもなく触れる経済変調の開始，変調のドイツ統一によるさらなる屈折へと至る経済の軌跡はまさしくユニークな歩みであり，その歩みに孕まれるダイナミックさに比肩するのはおそらく戦後日本経済の発展くらいのものであろう．たとえば，アーベルスハウザー

（Werner Abelshauser）は統一前の歴史的経緯に関して「西ドイツ史はとりわけ経済史なのである」としたうえで「西ドイツ国家ほど経済的発展に刻印されている国はない」と指摘する[1]．それだけに奥の深い議論が展開されねばならない．

　先にも指摘したように，戦後西ドイツ経済の実績が目覚しく，その印象があまりに速やかに定着したために新たな歴史解釈を生み出すような研究蓄積がなされずにきた．むしろ，経済実績の高さに引きずられるように研究蓄積の薄さが後景に退いてしまった感が強い．西ドイツ経済史の固有の文脈で語られるべき本格的論議がおろそかにされてきた．その間に冷戦体制の崩壊という歴史的な地殻変動が生じ，東西ドイツ統一がなされて西ドイツ経済は姿を消すことになったために，かつての西ドイツ経済史は余計に遠い過去の出来事として分析の脇に追いやられることになったように思われる．東西ドイツの統一と東ドイツ経済の復興という客観的情勢から問題関心のシフトが強く促され，問題の焦点がドイツ経済の現状分析に移ったからである．研究の現状は，西ドイツ経済史が第二次大戦前までの豊富なドイツ経済［史］の研究蓄積と現に進められているEU経済の一環としての今日のドイツ経済についての現状分析の谷間に位置して，考察対象としてややもすると忘れられた存在になりかけているという点である．本書は以上の研究史上の問題点を自省的に捉え，今日のドイツ経済に連なるような背景としてのドイツ経済史の再検討をおこなうものである．そのために考察が体系性を欠くものであってはならない．単なる概説であってはならず，系統的な説明がなされる必要がある．また関連するかぎりでできるだけ政治の動きにも注目していきたい．それは経済と政治の不可分な関係となった現代的状況からいって当然のことであろう．

　この問題意識が重要なのは，アーベルスハウザーが指摘するように，1970年代に入って西ドイツ経済が失速し，「経済成長の弱さ」（Wachstumsschwäche）といわれる新たな現象に陥る[2]からである．「経済の奇跡」とはおよそ対照的な成長余力の減退期を西ドイツ経済は迎えることになるが，この原因についてこれまではっきりとした説明はなかった．このこともまた，従来の研究蓄積の薄さを物語る．本書はこの問題に関して経済失速をなおも持続させている現在のドイツ経済をも俯瞰・展望するかたちで解答をすることを試みる．それはご

く一部で重なり合うことは否定できないものの，基本的には異なる位置づけをもつので，研究史では高成長の有力な説として提示されている再建仮説（Rekonstruktionshypothese）からでも，構造断絶仮説（Strukturbruchhypothese）からでも，また長期波動仮説（Lange-Wellen-Hypothese）からでも，キャッチ・アップ仮説（Aufhol-Hypothese）からでも示唆を与えられない独自な内容になるはずである[3)]．［西］ドイツ経済史の再評価の今日的意味はまさにここにある．そしてそのことが可能になるのは［西］ドイツ経済史のユニークな歩みを過程分析として詳らかにすることによってである．本書が目指すのは以上の基本的な視点からの叙述である．ちなみに厳格な金融政策によりスタグフレーションの構造化を回避したという経済運営の「成功」がドイツ・マルク（Deutsche Mark，以下マルク）の強さに繋がり，それがマルクに 1979 年 3 月発足の欧州通貨制度（European Monetary System，以下 EMS）での基軸通貨としての役割を与えていたとはいえ，経済実態的には西ドイツ経済の失速と踵を接して関税同盟型ヨーロピアナイゼーションに歴史的限界が画される．その点で本書が 1970 年代を分析上のひとつの区切りとする理由が理解されるであろう．

　これに関連してもうひとつ指摘されねばならないのは，最近のドイツ経済の際立つ低迷ぶりを反映してこの状況が「色褪せた奇跡」と皮肉まじりに形容されるように，持続する経済失速に対する苛立ちが顕著にみられ，かつての「経済の奇跡」の時代への追憶が日々新たになりつつあることである．「経済の奇跡」はドイツ・モデルに「ライン型資本主義」の実質的内容を与えていた．研究史では西ドイツ経済史の評価が過去のものになりつつあるのに反して市民や経済関係者の側には「経済の奇跡」への郷愁が EU 経済再生のシステム変革軸として市場統合と通貨統合をワン・セットにするような新型ヨーロピアナイゼーションが進行するなかでかえって重みさえ増してきているのである．「経済成長の弱さ」は 2000 年代に入っても問われ続けている．とすれば，以上の状況から判断してもドイツ経済史に立ち入った再評価のメスを入れるのは時宜を逸するものではないことになろう．むろん，かつての時代には戻りようはないが，改めて再評価を加えるのは今日的課題といってよさそうである．もちろん，この作業は「経済の奇跡」に対する追憶や郷愁に精神的な支柱を与えるものではなく，あくまで学問的な取り組みとしてドイツ経済史の変遷についての客観

的意義と限界を明らかにするものでなくてはならない．

以上が本書の基本的な問題意識であるが，以下では本書の構成についてあらかじめ内容を説明しておこう．

第1章は先に述べた「ヨーロッパ問題」の発生ないし形成の政治的・経済的背景を論じる．具体的には第一次大戦の政治的・経済的帰結に伴う世界資本主義の変容が述べられる．そのなかでもアメリカ経済の覇権国としての台頭と新型重化学工業の飛躍的な生産力的発展が中心に論じられる．ヨーロッパ経済は経済的にはその後塵を拝するようになる．そのなかで1920年代には政治的なヨーロッパ地域主義と経済的なヨーロッパ地域主義の動きが胚胎してくるが，それらの事実について立ち入った検討を加え，そのうえでヨーロッパ地域主義がこの時期にいかにヨーロッパに深く突き刺さっていくに至ったのかについて明らかにする．それとの関連において一種の市場統合形態である国際粗鋼共同体が言及され，そこにはフランス側からの独仏連携による大陸ヨーロッパ統合構想の萌芽がみられながらも，ドイツ鉄鋼業界のナショナリスティックな権力的市場再編の衝動が孕まれていたことを考察する．ナチス・ドイツの覇権的なヨーロッパ統合に連続する面がそこにはある．

後半ではそうしたナチス・ドイツの覇権的な統合に鋭く対峙することになるレジスタンス運動の戦後ヨーロッパ統合構想が吟味される．統合（構想）の2大潮流が1930年代から1940年代前半にかけて激しくせめぎ合う点についてはすでに述べたので，そのことを前提にしてレジスタンス運動のなかで戦後統合がどのような内容をもって構想されていたのか，そしてまた「ドイツ問題」に対してどのような政治的スタンスが採られていたのかを政治的のみならず経済的にも裏づける．非ヨーロッパ世界のアメリカの生産力的発展という歴史的事実を前にしてレジスタンス運動も経済統合を重視せざるをえなくなるのである．それにより「ドイツ問題」は想像以上に複雑化する．以上の論点をここではドイツ内部のレジスタンス運動，すなわち，国民保守的反対派といわれるゲルデラー（Carl Goerdeler）と亡命社会民主党を中心とした立場の異なる担い手の戦後統合構想をてがかりに展開しながら，次にフランス，オランダ，イタリアなどドイツ以外の各国レジスタンス運動の戦後統合構想を具体的に検討する．それに付随してイギリスの知識人が戦後統合構想をどの程度詰めていたのか，そ

のなかで「ドイツ問題」をいかに位置づけていたのかに言及する．そうした分析を総合して「ヨーロッパ問題」と「ドイツ問題」の切迫した時代性が明らかにされるであろう．

　第2章はドイツ経済の復興にまつわる問題点を国際的環境から論じる．英米占領体制に置かれた地域において「ドル条項」という貿易規制がおこなわれた事実に着目し，この問題がどのような環境の下で生まれ，どのような影響を近隣西ヨーロッパ各国に与えていくのかが検討される．戦後復興に関してはアーベルスハウザーの解釈をめぐって論争が生じたが，彼の指摘する[4]ようにマーシャル・プランなどの国際的な環境がなくとも1947年には復興を開始していたかどうか，このような論点にもひとつの解答を与えていこうと思う．いずれにせよ，「ドル条項」により英米占領地区は「ドル圏」に組み込まれ，ドル不足の下で近隣西ヨーロッパ各国の不満の種となり，ドイツ経済復活の大きな契機となっていく側面を見落すことはできない．「ドル条項」は当時「鉄のカーテン」になぞらえて「ドルのカーテン」と表現されるような大問題となった．確かにマーシャル・プランはドイツの東西分断を前提として，やがて西ドイツとなる地域経済を強いドイツに変える占領政策転換の画期となるわけであるが，アメリカの一方的な押し付けのみによりドイツ経済の復興が果たされることにはならない．ナチス・ドイツの軍事的統合と占領により甚大な災禍を被った西ヨーロッパ各国の意向がアメリカに同調しなければ経済的決着は困難だったからである．

　「ドル条項」はドイツ経済と近隣西ヨーロッパ各国との貿易関係を切断することにより，逆説的にドイツ経済の復興待望論に火をつけた．すなわち，重化学工業国ドイツの復活のための国際的環境が「ドル条項」により整えられたのである．アーベルスハウザーの議論もこの点から相対化されねばならないであろう．「ドイツ問題」はここではレジスタンス運動の統合構想という理念の域から脱して現実的な政治・経済問題として立ち現れる．「ドル条項」はその触媒的な役割を果たすことになった．「ドル条項」はドイツ経済の復興に沿って撤廃されていく．ドイツ経済の西ヨーロッパ国際経済連関への復帰（ドル不足下でのドル節約システムの成立）と「ドル条項」は相容れないからである．それはまた，フランス占領地区の経済困難を介してフランス占領地区を自国経済

に取り込もうとするフランス側の野心を頓挫させることになる．そこに英米統合地区にフランス占領地区が合流する背景がかたちづくられる．結果として大陸西ヨーロッパにおいて産業的基軸たらんとするフランスの野望も潰える．こうした状況は全体として独仏連携の途をフランスに模索させるものとなるであろう．西ドイツ経済の復興という現実を前提とした独仏の新たな経済連携の途が開けてくるのである．それはまさしく産業基軸国西ドイツという経済的現実の政治的承認にほかならなかった．

　第3章は「経済の奇跡」といわれる1950年代の西ドイツの貿易構造を取り上げて，貿易構造の歴史的特質からみればヨーロッパ経済協力機構（Organization for European Economic Cooperation，以下 OEEC）的枠組みが適合的であったにもかかわらず，より緊密な貿易関係を通じて西ドイツが小ヨーロッパ経済統合の欧州経済共同体（European Economic Community，以下 EEC）を苦渋に満ちながら能動的に選択する事実を明らかにする．本章の主たる考察対象の時期は朝鮮戦争勃発直後での国際収支危機を乗り越える局面からEECが発足する1958年以前の局面までであり，1950年代中葉を中心とする．周知のように，1954年から1957年までは「貿易ブーム」[5]と形容されるほど貿易関係の広がりがみられ，西ドイツ経済が輸出主導型の数量景気的な経済成長を遂げる時期であるから，その意味でも考察対象を1950年代中葉に絞るのは理にかなっている．この時期に西ドイツ経済は輸出伸張と国内設備投資拡大連動型の異例の高成長の途を歩む．ここではそのような高成長を説明するうえで必要な国内総生産の伸びや設備投資の動向が関連づけて検討される．「メイド・イン・ジャーマニー」の国際的な定評の再定着を背景として相対的に高所得な近隣西ヨーロッパ小国を中心に輸出が生産をリードする体制が軌道に乗る．先に指摘したOEEC的枠組みのなかでの経済の飛躍がみられたのである．しかし，反面ではそのような発展軌跡はイタリアやベネルクス3ヵ国との密接な貿易関係を有していた．そこでOEEC的枠組みの効果的活用か，小ヨーロッパ経済統合への積極的関与かの選択において西ドイツ経済はジレンマに陥る．

　このジレンマは首相アデナウアー（Konrad Adenauer）と経済相エアハルト（Ludwig Erhard）との対立に繋がっていく．エアハルトはEECの構想に対して出されてくるイギリスの自由貿易協定案に共鳴してOEEC的方向を模索する．

これに対してアデナウアーは ECSC の延長線上に EEC 的方向での決着を図る．首相民主主義といわれるほど強いリーダーシップを発揮するアデナウアーにより経済的にはジレンマを抱えつつ，EEC 加盟が選択される．この結果がインナー・シックス（inner six）とアウター・セブン（outer seven）の西ヨーロッパ経済の分裂であったことは知られている．むろん，ここにフランスの脱植民地主義化と開放経済体制への移行に対する西ドイツ側の期待があったことはいうまでもない．1960 年代には独仏貿易関係はこの上なく深まるのである．本章は以上の点を具体的に考察する．

　本章では，西ドイツ貿易構造の歴史的特質が産業構造の歴史的特質と関連させつつ，吟味される．日本経済を除いて戦後西ドイツ経済ほど経済システムと深く結びついている社会はない[6]．そこでの産業構造はどのような特徴をもっているのか．この点についての具体的な理解を欠いては 1950 年代の貿易構造を位置づけることにはならない．良質の熟練労働力と高い技能形成を背景とした品質競争力をバネに驚異的な産業再生を実現する根拠が提示されなければならない．国際的定評の再定着が意味するのは，今日の情報通信技術革命がもたらすのとは異なり，需要変動が長期にわたって生じず，そのスピードが緩慢であったことである．このスピードの緩慢さこそが「経済の奇跡」の鍵にほかならない．この論点は第 5 章において西ドイツ経済の変調を説明する際に改めて論じるが，需要変動の緩慢さに生産のスピードを当時としては速やかに適合させたわけである．こうした歴史性に着目するのが本章のもうひとつの特徴である．

　第 4 章は 1960 年代後半に生じた景気変動を中心に扱う．具体的には 1966/67 年不況である．どのような現代ドイツ政治史，あるいはまた，経済史の研究・概説においても 1966/67 年不況は必ず取り上げられる．その場合の取り上げられ方はエピソード的な表層的言及でしかない．1966/67 年不況では西ドイツ経済が戦後初のマイナス成長となったので，この大きな景気変動をどの研究・概説も無視するわけにはいかなかったのである．それはまさしく成長主義の行き詰まりを端的に示すものであった．そこでたいていの場合，1966/67 年不況は受容すべき事実として議論の対象ではなく，議論の前提となったわけである．西ドイツ経済史の評価に際して最も正当な位置づけが要請される 1966/67 年不

況が検討対象からはずされてきたのは以上の経緯による．本書はこのような研究史の怠慢についての反省に立つ．ここでの論点は1966/67年不況がいかなる要因により発生し，それがどのような形態的特質を帯びているかである．

議論はまず1960年代前半の経済発展動向の分析から開始される．この時期は1950年代末の好況的拡大を受けて景気拡張が進んでいた時期である．1962/63年に景気の踊り場を迎え，「長き1950年代」とは様相の異なる発展パターンが現れた．本章と第5章全体で明らかにするように，1960年代は1950年代と違って直線的な高成長の局面ではなく，高成長と成長鈍化が交互に現れる総体として成長とも停滞とも言い切れぬ踊り場的性格の強い時期である．その明瞭な画期として位置するのが1966/67年不況であった．1960年代はそのような一義的には規定しにくい発展局面であったにもかかわらず，超完全雇用状態が続くというように雇用状況が順調な，ある意味では行き過ぎた局面であった．したがって，この面からいえば労働力の需給が持続的に逼迫し，労働力の供給制約性が経済の難点を形成することになった．賃金上昇圧力の強まりは労働生産性の鈍化とともに重大な問題となった．経済は「転型期」に逢着したのである．本来ならば，供給サイドのこの制約が蓄積困難を誘発すべきであった．ところが，このような「転型期」には金融政策がデフレバイアスの強い舵取りをおこなったので，経済の収縮は投資需要の落ち込みとなって現れる．蓄積の困難が迂遠化したわけである．1966/67年不況はこうして需要サイドの問題として発生した．本章ではこの点を究明する．1966/67年不況を供給制約性の難点を孕みながら，需要サイドの問題として生じた中間的不況ないし過渡的不況とするのが本書の位置づけである．

本章が注目するもうひとつの論点は1966/67年不況に先立つ1960年代前半においてマルク投機が活発化し，これが西ドイツ経済に微妙な影を落とすことになった事実である．すでにマルク投機は1950年代の末に生じていて，1961年の3月にはそれを受けてマルクの平価切り上げがおこなわれるのであるが，それでもマルク投機の動きは基本的に収まらなかった．この時期はいうまでもなくドル不足からドル過剰に変わり，国際通貨体制に重大なほころびが入る局面であった．マルクの過小評価の問題はポンドやドルの過大評価の問題と直結していたために，国際的な通貨投機がマルクに集中して現出するかたちで推移

していった．この面からいっても通貨投機と金融政策の関係を抜きにして経済を語れない時期が訪れた．本章ではこの関係に配慮しながら 1966/67 年不況の分析を進めていく．

本章が取り上げるさらなる論点は，1966/67 年不況を境に経済政策の運営が大きく変化したことである．戦後社会的市場経済の政策理念の下で競争秩序の維持が主張され，経済政策としてはケインズ的な需要管理政策は採られてこなかった．しかし，1966/67 年不況においては需要補填にバイアスがかかった「総体的誘導政策」(Globalsteuerung) といった需要管理政策の採用がおこなわれる．政治的にもキリスト教民主同盟 (Christlich-Demokratische Union，以下 CDU)/キリスト教社会同盟 (Christlich-Soziale Union，以下 CSU) と自由民主党 (Freie Demokratische Partei，以下 FDP) の連立政権が崩壊して CDU/CSU とドイツ社会民主党 (Sozialdemokratische Partei Deutschlands，以下 SPD) の大連立政権が誕生し，SPD が政権担当政党として登場してくる．その意味でも，1966/67 年不況は戦後西ドイツ政治史と経済政策の転換点と位置づけられる．1966/67 年不況がもつ影響力は考えられる以上に深かったのである．

第 5 章は 1974/75 年不況の発生を説明したうえでこの不況を境に現出してくる西ドイツ経済の「変調」を検討する．1974/75 年不況は 1966/67 年不況と異なり需要サイドの問題からではなく，供給サイドの問題から生じた蓄積困難である．1974/75 年不況は一般に受け止められているように，第一次石油危機の直接的影響下で生じたものとして世界的同時不況として扱われている．この事実に異論はないが，世界的同時不況として取り上げられる傾向が顕著であるために西ドイツ経済史固有の文脈で語られることは極めて少ない．ここでも 1966/67 年不況と同じく 1974/75 年不況は検証さるべき課題ではなく，当初から周知の事実として議論の前提となっていたのである．言及される頻度に比べて分析の深さがついてこなかった感が強い．以上に関連して研究史でしばしば指摘される過剰生産恐慌 (Überproduktionskrise) といわれる[7]実現恐慌論から程遠いものであることは留意されねばならない．

1974/75 年不況の発生を西ドイツ経済史の評価の問題として捉え直す作業は 1970 年代の西ドイツ経済の変調を説くうえで不可避といわねばならず，この作業を度外視して 1970 年代における西ドイツ経済の失速を明らかにすること

はできない．そこでその作業にとって必要なのは，1966/67年不況の発生と性格づけを踏まえて1966/67年不況以後から1974/75年不況の発生に至るまでの時期の過程分析である．この時期の経済過程の動態分析により西ドイツ経済が把持していた蓄積体制の制約ないし困難が浮き彫りにされよう．具体的には政労使の協調行動（Konzertierte Aktion）の実質的破綻後に生じる賃金爆発現象と石油危機にもとづくエネルギーコストの上昇といった複合的な供給条件の悪化が1974/75年不況の発生を段階的にもたらし，経済成長を1966/67年不況時よりもさらにマイナスにさせた．かつての「転型期」において示されていた供給制約性がよりドラスティックなかたちで露呈されたことになる．こうして露呈される蓄積困難の過程を1967年後半からの好況的発展を出発点にして考察するのが本章の主眼である．

それに関連して触れられなければならないのは，本章の考察対象の時期がいうまでもなくブレトン・ウッズ（International Monetary Fund 以下，IMF）体制の崩壊の最終局面をなすものであり，ドル危機が1971年8月のニクソン・ショックに集約されるようなかたちで推移していく点である．ドル危機の深化に伴って強い通貨マルクへの国際的な資金投機が間断なく押し寄せ，過剰流動性の発生と輸入インフレの懸念に深刻に晒されるのがこの時期の特徴である．その意味においてまもなく触れるスタグフレーションの帰趨とも関わって金融政策のウエイトが格段に大きくなるわけである．本章では第一次通貨投機から第三次通貨投機を論じて固定相場制から単独フロート制，そして固定相場制の復帰からの変動相場制への再度の移行といった西ドイツ通貨秩序の目まぐるしい変化を勘案しながら1970年代初頭に西ドイツ経済が逢着したスタグフレーション的問題状況を射程に入れて西ドイツ経済の動向と国際金融問題との位置関係に検討を加えていく．インフレ懸念が重大視されたため日本で採用された調整インフレ政策が講じられず，厳格な金融政策の下でインフレ抑制政策が維持・強化されるというのが西ドイツ経済の特徴である．したがって，日本での「狂乱物価」といわれるような物価高騰に直面せず，スタグフレーションの問題を相対的に緩和させることになる．しかし，その事実は西ドイツ経済の実物経済の悪化に拍車をかけるものとなる．大量失業問題はその端的な例にほかならない．西ドイツ経済においてこの時期完全雇用政策は明確に破綻したのであ

る.

　そればかりではない．その背後において戦後西ドイツ経済を支えてきた蓄積体制の陳腐化という問題が生じていた．19世紀末の第二次産業革命的な発展要素と20世紀のアメリカ的な発展要素を混合させたのが1950年代，1960年代の蓄積体制の特質であるが，このような蓄積体制が歴史的な限界を迎えるのである．過去の成功体験が将来にわたる弱みに転化する．19世紀末的発展要素を強固に維持していたために1970年代に進行する生産過程のデジタル化に遅れをとるような困難が生まれてくる．かつては技術的にみてデジタル化に最も速やかに移行できると思われていた西ドイツ経済が日本経済に比べて大きく立ち遅れる逆説的な事態はこのような蓄積体制の「成功」が弱みに転化する歴史性に着目しなければ理解しえない．その結果が機械産業の顕著な国際的競争力の低下と「西ドイツ病」と形容される停滞であった．これが「変調」の中身である．変調論には1980年代前半とする説があり[8]，本書はこの点で問題提起的であるといってよいであろう．

　第6章では第5章までの議論を前提にして変調とドイツ統一の変化に直面するドイツ経済の分析をおこなう．先にも述べたように，西ドイツ経済史の評価は未解決のまま残された課題なのである．その総括と総点検をおこなうのは必須の作業といわねばならない．第6章ではこれまでおこなってきた総点検作業に重ねて1980年代，1990年代の動向に立ち入った説明をおこない，ドイツ経済の発展軌跡に関する特質を明らかにし，合わせて現在のドイツ経済の行方を辿る．1970年代に入りかつての成長をもたらした蓄積体制がダイナミックさを失い，過去の「強み」が「弱み」に転じた構造的問題を抱えているというのがここでの最終結論である．ドイツ経済は1970年代において「ヨーロッパの病人」と評されるほどの混迷を示す[9]．そしてこの形容は本書で繰り返されるように今日まで続いている[10]．たとえば，ドイツ経済は1970年代初めから今日まで統一後の2回を含めて4回ものマイナス成長を経験しているのである．その原因はドイツ経済の歴史的な社会的規定性と今日的な技術革新との折り合いが依然としてつかないといった点に見出せよう．東西ドイツ統一ブームの反動や東ドイツ経済の復興といった特有の歴史的文脈における重荷と課題が横たわっているとはいえ，それだけでドイツ経済の持続的な停滞を説くわけにはい

かず，この長期的な調整問題を射程に入れればドイツ経済の低迷を明らかにすることになるであろう．論者によってはさほど長期にわたって構造転換の問題に苦しむことが妥当性をもつかどうか疑問視する向きもあろうが，かつての西ドイツ経済の成長性を支えたダイナミズムが少なくとも19世紀末にまで遡れるような歴史性を帯びている事実を考慮に入れれば，この調整局面の長さは十分了解されることと思われる．本書では上述のドイツ経済に関わる「ヨーロッパの病人」との形容を問題把握の鍵とみて連続性の視点を重視したい．これとの関連でドイツ政治の混迷ぶりについても取り上げていくつもりである．

終章ではこれまでの議論を踏まえて現状に関する若干の展望をおこなう．ドイツ・モデルは歴史的に規定された内容を有するものの，ドイツ経済の再生のモデルとしての評価を全面的に零落させているわけではない．EU経済の新たなヨーロピアナイゼーションに同調しながら，復活への途が模索されているのである．

1) Abelshauser（2004），S. 11. アーベルスハウザーのこの著書は（1983a）の増補版であり，（1983a）の考察対象時期をドイツ統一まで組み込んだ最新版である．本書の以下の考察では（1983a）と内容的に重なるが，この最新版を用いる．
2) Abelshauser（2004），S. 276-277.
3) Abelshauser（2004），S. 275-288. 以上の仮説は高成長を説明するものであるが，裏返し的にそれぞれ固有の見地から経済失速についての示唆を与えるであろう．再建仮説は新古典派の成長理論に根差すもので，大恐慌や戦争によって中断された正常な発展経路への復帰を指しており，アーベルスハウザーにより強調される．この説では「自然成長率」（natürliche Fortschrittsrate ; natural rate of growth）への復帰の時期が終了したものとして経済失速が説明されよう．しかし，ハロッド（Roy F. Harrod）への言及はあるものの，再建と自然成長率を関係づける説明が具体的になされているとは言い難く，疑問の余地が残る．構造断絶仮説は戦前の断絶に力点を置き，経済秩序，経済政策，国際経済の枠組みの変化などが挙げられる．そのなかでも社会的市場経済（Soziale Marktwirtschaft）の政策理念にもとづく経済構築が代表的とされる．1948年6月の通貨改革と抜本的な統制経済の緩和の役割がとくに指摘される．カルテルといったドイツ的伝統からの離反もひとつの事例であるし，IGファルベンのトラスト解体も上の事例に引き寄せて考えられる出来事であろう．したがって，社会的市場経済の理念の中心をなす競争秩序の形成が有効に作用する側面を有していることは確かだとしても，産業構造的に断絶があるかどうかは問題である．この点で構造断絶仮説は大きな限界をもつ．この説では経済失速は経済秩序や経済政策の戦後変容の問題として論じられ

よう．長期波動仮説は今日に至るもなお曖昧でその根拠がはなはだ薄弱であり，積極的に支持される具体性を有していない．経済失速も説明できないとみてよい．キャッチ・アップ仮説は戦後アメリカナイゼーションが進行したとする点については妥当性を有する説である．経済失速は社会経済のアメリカ化が一段落したことによるものと判断されよう．しかし，それだけでは［西］ドイツ経済史の評価を下すことはできない．アメリカ化にはドイツ化との折衷面があり，この面が重視されねばならないからである．［西］ドイツ社会の歴史的規定性を軽視することはできない．このように，いずれの説からも成長余力の減退についての示唆は十分説得的に与えられない．

4) Abelshauser（2004），S. 184.
5) Milward（1992），p. 146.
6) Van Hook（2004），p. 1.
7) Ambrosius, Kaerble（1992），S. 14. 出水（1978），209 頁．
8) 工藤（1999b），518-519 頁．
9) Nussbaum（1983），p. 83 ［田原訳（1983），111 頁］．
10) Funk（2000），p. 19. 欧州中央銀行（European Central Bank，以下 ECB）の首席エコノミストならびに専任理事であった（1998 年 6 月 - 2006 年 5 月）イッシング（Otmar Issing）が 1999 年にこのようなドイツ認識を示したのである．

第 1 章 ヨーロッパ問題とドイツ問題

1 ヨーロッパ統合の起点としての 1920 年代

1.1 「ヨーロッパ問題」の重層的形成——政治的・経済的背景——

　本章は第二次大戦後のヨーロッパ経済統合の展開を歴史的パースペクティブの下において，その前史として第二次大戦期におけるレジスタンス運動の戦後ヨーロッパ統合構想とドイツ問題の位置づけに着目し，その具体的な検討を通じて第二次大戦期が戦後統合の基盤を形成し，ドイツ問題にも独特な解決策が提示される時期であった点を明らかにすることを課題とする．また本章は，レジスタンス運動の統合構想と直接，間接に関連するイギリスの知識人，政治家および大陸ヨーロッパ各国の亡命知識人や政治家の統合構想にも言及する．こうした一連の考察により第一次大戦以降，地域主義的統合とドイツ問題がいかにヨーロッパに深く突き刺さった歴史的課題となっていったかを究明していきたい．この課題のために，生存者へのヒアリングを含んで長年にわたり自身で収集するとともに史料集作成に関して中心的役割を担い，ナチス・ドイツの統合構想，レジスタンス運動およびイギリス知識人や亡命社会主義者・知識人・政治家の戦後ヨーロッパ統合構想の覚え書や提言を網羅するその包括性からヨーロッパ統合研究において画期的意義を有する史料集である Lipgens (ed.) (1985)；(1986) に依拠する[1]．本章のねらいにとって最良の史料集である．

　以下の説明において詳しく論じるように，ヨーロッパの地域主義的再生が構想されてくるのは，第一次大戦後の 1920 年代であり，散発的にそうした構想やある種の具体化がみられた．1930 年代の大恐慌の時期から戦時期にかけてはヨーロッパ統合の 2 大潮流が登場して激しくせめぎ合う．すなわち，ナチ

ス・ドイツによるヨーロッパ統合（覇権的秩序と権力的な市場再編の剛構造的な統合）と，それへの自省と自覚的対決をバネに戦後に引き継がれる各国レジスタンス運動の戦後統合構想（民主主義の原則と自発的・同権的な加盟と共同市場形成の柔構造的な統合）の2つである．この2大潮流のせめぎ合いと格闘のなかで後者の戦後統合構想におけるドイツ問題の展望と決着は抜き差しならない課題となってくる．そうした文脈において1940年代は戦後の多角的な貿易金融システムの再着手に繋がる世界資本主義の再建構想と交錯する一方，他方ではヨーロッパ統合構想がやがてドイツを大陸西ヨーロッパに取り込むECSCに結実していくような独自の軌跡を描き始める10年間であり，ことにその前半は柔構造的な統合の実現に具体的な歴史的内容を与える一大転換点となった時期だったのである．研究史では戦間期や第二次大戦期をヨーロッパ統合構想の歴史的起点と捉える考察も現れている[2]が，それらはやや概観的であり，いまひとつ明確な根拠に欠けている．本書は統合の2大潮流のせめぎ合いを徹底的に重視してヨーロッパ統合の本格的端緒としての第二次大戦期を明らかにするつもりである．ドイツ問題はこのなかで真剣に討議された．

　ところで，第一次大戦が資本主義の世界経済におよぼした影響は甚大であった．それは第1に，非ヨーロッパのアメリカを世界資本主義の主導的地位にのし上がらせたこと，第2に，ロシアにおいてボルシェヴィキ（Bolshevik）が政権を掌握し，歴史上初めて社会主義国が誕生し，資本主義とはまったく異質の体制が現れたこと，の2点に凝縮される．ヨーロッパ経済は世界資本主義の基軸的地位から大きく後退してしまった．それに伴い，国際政治上の地位も大幅に低下してしまった．ヨーロッパ経済の地位低下は，直接には戦勝国も敗戦国もともに史上初の総力戦を戦った結果社会的，経済的に疲弊したためであるが，ことにイギリス経済のさらなる衰退とドイツ経済の劇的な地盤沈下に集約された．第一次大戦後のパクス・ブリタニカの再構築がおぼつかなくなるのはおろか，ヨーロッパ経済自身が自立困難な状態に陥ったのである．

　そうした困難の果であり，またそれを深める因ともなったのが，戦後直後のヨーロッパ問題の象徴である戦債・賠償問題であった．戦債・賠償問題の紛糾は戦後ヨーロッパの経済再建を遅らせる最大の要因となり，ヨーロッパ経済の停滞を構造化させた．それだけではない．この問題に対するヨーロッパの内部

的解決能力（イギリス主導の解決）の喪失は，1922年のイギリスによるバルフォア・ノート提案の破綻，1923年のフランス，ベルギー軍によるルール占領という実力行使，そしてそれに対するドイツの経済的サボタージュにもとづく抵抗がもたらした第一次大戦前比1兆倍という天文学的インフレによるドイツ経済の実質的崩壊に端的に現れた．戦後ヨーロッパはロシアにおける社会主義政権樹立の衝撃を受けて自国の体制的危機を相互に転嫁しようとし，そのなかで問題処理能力の欠如を露呈させたのである．結果として戦債・賠償問題の「アメリカ的解決」が図られ，1920年代の中葉になってようやく相対的安定への糸口が見出されたのであった．

　ここには第二次大戦後のヨーロッパ経済再建との共通性がみられるが，それはドル資金の一方的無償供給ではなく，長短の外資流入による「民間マーシャル・プラン」ともいうべきすぐれてビジネスライク的解決であった[3]．ドル贈与を介した国際的なドル・スペンディング・ポリシーという発想は1930年代のニューディールの実験を経て初めて登場するのであるから，当時としては証券投資や銀行借り入れによる資金導入に頼るほかなかったが，これは第一次大戦後に生じた短期資金のホットマネー化とともにヨーロッパ経済に不安定性を与えるものであった．再建金本位制下でのイギリスの対外投資能力の限界も相対的な高金利政策による短資借り入れ——預金強制力（deposits-compelling power）の低下を補完する預金誘引力（deposits-attracting power）の人為的形成——を通じてカバーされざるをえず，そのため金利水準や金交換についての中央銀行間国際協力が不可避とされた．その画期はポンド防衛に向けた1927年7月の英米仏独4ヵ国中央銀行総裁によるクリティカル・ディシジョンであった．ニューヨーク株式市場の異常なブーム（業績相場から金融相場への急激な転移）下での世界的な資金逼迫によるポンド信認の喪失，ドイツ経済の景気下降，オーストラリア，ブラジルなど一次産品国の金本位制維持能力の喪失と世界資本主義からの脱落傾向はそうした不安定性を現実のものにした[4]．表面的安定への「アメリカ的解決」の限界にほかならない．

　他面，経済実態からいってもアメリカ重化学工業の生産力は抜きん出た存在となった．「自動車とともにやってきた」と形容されるアメリカ経済は量産効果を発揮できる市場規模を背景に住宅，自動車，各種家電製品など高額耐久消

費財の大量生産―大量消費を特徴とする新たな量産システムを生み出し，高い生産性水準とともに階級意識を中流意識にずらす富裕化社会を実現させた．これは第一次大戦中の世界的な所得配分のアメリカへの集中の結果としての生産力発展であった．こうしてヨーロッパ各国の産業はいずれも，アメリカの巨大な生産力の重圧を直接，間接に受けるようになったのである．しかし，①戦争による経済的疲弊，②戦債・賠償問題の紛糾，③アメリカ的解決の暫定性と表面性，④量産効果を実現できるだけの市場規模の欠如からいって，ヨーロッパ経済にはアメリカで実現された高度な量産型重化学工業化が各国内部の蓄積基盤に取り込まれる余地は極端にかぎられていた．

　それだけになおさら，ヨーロッパにとってアメリカの生産力との対抗が深く意識されざるをえなかった．むろん，それは世界資本主義の基軸的地位へのヨーロッパ経済の「復権」という脈絡においてにほかならない．ヨーロッパの没落意識ないし危機意識と二重映しで現れる復権意識は後の EEC 設立に向けた 1956 年のスパーク報告においても現在の市場統合と通貨統合のワン・セット的な経済統合においても鮮明に窺われる[5]が，この当時はその歴史的起点としてアメリカという非ヨーロッパ国の台頭による歴史的な緊張関係がヨーロッパを貫くことになったといってよい．こうして，当時焦眉であった戦債・賠償問題の処理というヨーロッパ問題の「アメリカ的解決」の背後においてより根源的な「ヨーロッパ問題」——経済衰退からの歴史的復権——が発生することになったわけである．

　同時に，相対的安定期のドイツ経済が 1926 年後半から 1928 年前半にかけて重工業における企業組織化による消極的合理化に刻印されて短命で底浅く戦後における民衆の生活落下感を解消するものではないながらも，化学，電気機械産業の生産技術的合理化投資と輸出の相互促進的な展開の側面から産業合理化ブームの活況を呈した[6]ことは，慢性的な不況に推移したイギリス経済とは対照的に，潜在的には世界第 1 級の工業国としての底力をみせつけた．このように，この局面においてアメリカ的な生産力を最も速やかに取り込む可能性をもっていたのはドイツであった．ドイツはすでに 19 世紀末から 20 世紀初頭にかけてアメリカ的な技術革新を学習し，独自に自前の技術力に統合させる歴史をもっていたからである[7]．そのような意味においてもこの暫定的な活況はフ

ランの過小評価と観光ブームから同じく活況を享受したフランス経済の動向より格段にヨーロッパ経済の安定をもたらすものであり,明るい兆しであった.ここに明示されているのは,ケインズ(John Maynard Keynes)も認識していた[8]「繁栄するドイツこそ繁栄するヨーロッパ」という事実である.すなわち,ヨーロッパ経済の産業的起動力としてのドイツ経済を除外するわけにはいかないという冷厳な現実にほかならない.ヨーロッパ問題とともにドイツ問題も歴史的文脈において胚胎していたのである.

1920年代に生じた「ヨーロッパ問題」の解決とは,ヨーロッパ経済に内生的な発展動力が生まれるかどうかということであり,ドイツ経済はそのなかで中核的な位置を占めるとみなされているのであるが,その包括的な解決策としてトランスナショナルな地域主義に求める方向 [政治的意志(political will)] が模索され始めた.この方向は総力戦で遂行された第一次大戦の体験から不戦共同体(non-war community)の構築としても生まれてきた[9].ただし,この時期にはドイツ問題がこの地域主義的再生のなかで本格的に検討されているとはいえなかった.それが1930年代から1940年代前半にかけて重大な問いかけとなり,その点自体が問題を錯綜させることになったことは後述のとおりである.

1.2 ヨーロッパ統合構想と統合形態の出現

前項において1920年代に戦債・賠償問題とは別に,より深刻で特有の歴史的な「ヨーロッパ問題」が形成され,それがヨーロッパ統合(構想)を呼び起こす磁場となるに至ったことを述べてきた.以下ではこの時期にかなりの具体性とインパクトをもって現れた統合運動ないし統合形態として(1)クーデンホーフ・カレルギー(Richard Coudenhove-Kalergi)の汎ヨーロッパ運動,(2)ヨーロッパ経済・関税同盟,(3)国際粗鋼共同体(Internationale Rohstahlgemeinschaft,以下 IRG)の3つを取り上げる.

(1) クーデンホーフ・カレルギーの汎ヨーロッパ運動

日本人を母にもち日本生まれのオーストリア人であり,コスモポリタンでもあるカレルギーは,1922年にウィーンで汎ヨーロッパ運動を開始した.1923年には平和と民主主義のための統合運動として「汎ヨーロッパ同盟」を組織し,翌24年には『汎ヨーロッパ』を著した.それはちょうど戦債・賠償問題が混

乱の極に達し，ドイツ・ヨーロッパ危機が切迫した時期であった．総力戦による人的，物的損失の挙げ句の果ての未曾有の問題紛糾は，すでに露呈されていた国際連盟の脆弱さと相俟って，彼に「ヨーロッパ不戦共同体」の構築を意識させた[10]．すなわち，政治的なヨーロッパ地域主義にほかならない．

　汎ヨーロッパ運動は当時の政治家，知識人から幅広い共鳴を呼び起こした．ベルリンとパリには経済評議会が設置されたほか，ドイツでは SPD のレーベ（Paul Löbe），民主党のコッホ・ヴェーザー（Erich Koch-Weser），首相を務めるシュトレーゼマン（Gustav Stresemann），共同市場の形成に興味をもつケルン市長でのちの西ドイツ政府首相アデナウアー，フランスではエリオ（Édouard Marie Herriot），1926 年に石炭，鉄鋼，小麦のカルテル提案を出す[11]ルシュール（Louis Loucheur），ブリアン（Aristide Brian）［汎ヨーロッパ同盟名誉総裁］，カイヨー（Joseph Caillaux）がおり，そのほかイタリアのスフォルザ（Carlo Sforza），オーストリアのザイペル（Ignaz Seipel），イギリスの植民地大臣エイメリー（Leo Amery）の名だたる政治家に加えてマン（Thomas Mann），オルテガ・イ・ガセット（José Ortega y Gasset），ヴァレリー（Paul Valéry）など第 1 級の文化人が有力な支持者となっていた[12]．汎ヨーロッパ運動は大衆的基盤を広げるまでには至らなかったが，その組織的影響力は想像以上に大きかった．上に指摘した陣容からいっても党派や国境を越えて積極的な賛同者が広範に存在したからである．

　汎ヨーロッパ同盟構想ではイギリスとソ連が排除される．前者は英連邦との歴史的に強い紐帯によるが，後者は政治体制の異質さからであり，ここには冷戦的要素が濃厚に入り込んでいる．カレルギーの統合構想の特徴は，①26 ヵ国からなる汎ヨーロッパ会議の開催，②ヨーロッパ内部紛争の仲裁による義務的な決着協定の締結，③関税同盟の結成，④連邦憲法の起草，制定の 4 段階を想定している点にある[13]．そこでは不戦共同体の構築だけでなく，関税同盟の設立も意図されている．すなわち，経済的なヨーロッパ地域主義であるが，戦後経済条件に適応すべく経済的自立化が希求されているのである．次に取り上げる(2)ヨーロッパ経済・関税同盟との関連でいえば，関税同盟の形成が必須の課題となるような局面が訪れたことになろう．なお付け加えておけば，上述の統合構想の特徴②との関係で独仏統合がヨーロッパ統合の要諦とされてい

る[14]点で時代を先取りする構想であった.

　以上の簡単な紹介からもカレルギーの汎ヨーロッパ運動は政治的側面が前面に出ているとはいえ，のちの柔構造的な統合の源流となるべき統合構想を先駆的に根づかせる役割を果たしたといってよい．まもなく触れるように，共同市場構想がカレルギーの運動の影響の下において出されてくる事実も見逃せない．フランスの外相ブリアンが国際連盟の枠組みのなかでの地域同盟を模索しながら，1929年9月の総会においてヨーロッパ連邦同盟（federal union）構想を表明し，翌30年5月に共同市場の形成を盛り込んだ連邦同盟組織化の覚え書を提示するのは，カレルギーやルシュール，カイヨー，シュトレーゼマンの支持，およびこれらの人々が積極的に関わってきた汎ヨーロッパ運動の展開という脈絡においてであった．

(2) ヨーロッパ経済・関税同盟

　ヨーロッパ経済・関税同盟は「関税撤廃」（customs disarmament）を最も焦眉の，目指すべき課題と位置づけて1922年にまず「経済・関税行動委員会」としてパリで形成された．元公共事業大臣ル・トロケ（Yves le Trocquer）とド・ジュヴネル（Henri de Jouvenel）に率いられながら，1926年に国際協力の技術的な経済問題を探るためにヨーロッパ経済・関税同盟（Union Économique et Douanière de l'Europe）が後継機関として設立された[15]．関税同盟結成の組織的運動はヨーロッパ的規模で生まれ始めてきたが，ヨーロッパ経済・関税同盟の動きは最も活発であった．ル・トロケを議長とする国際委員会の下でドイツ，フランス，ハンガリーの3ヵ国に国内委員会が設立されたのに続いてベルギー，オランダ，ポーランドなどに設置され，ブリアンがフランス委員会の名誉会長になっていた[16]．このような運動の基本的背景には「大市場」論に根差すルシュールの独仏中軸のヨーロッパ統合構想があり，それが実践に移されたという[17]．

　こうした経済的なヨーロッパ地域主義の背後にはすでに述べたように，ヨーロッパ経済の衰退という歴史的な地殻変動に起因する危機意識があり，他方でそうした衰退とは対照的なアメリカ経済の繁栄という落差意識が横たわっていた．戦債・賠償問題の紛糾が長引いてヨーロッパの貿易自由化が緩慢にしか進展しない停滞状況にあって，明確に認識されるようになったのは，アメリカ経

済の繁栄の基礎的条件が「国境のない単一の大市場」であり，ヨーロッパ経済の復興と成長にとっても「ヨーロッパ大市場」が必要不可欠だという点であった[18]．ブリアンが先の覚え書のなかで「共同市場」を挙げ，また「関税撤廃」の運動の意義を評価した[19]のは上述の点と密接に関連していよう．汎ヨーロッパ同盟の名誉総裁に就任したのもカレルギーが関税同盟を構想していた事実と結びついていると思われ，政治的なヨーロッパ地域主義の背骨となるべき経済的なヨーロッパ地域主義が枢要と位置づけられていたと推測される．ブリアンを始めとする関税同盟論者にとってこの時代の資本主義の先端的テクノロジーは，規模の経済を生かすうえで大量消費の市場創出を不可避とするようになったのであり，分断のバルカン化したヨーロッパ (a fragmented Balkanized Europe)[20]は極度に時代不適合となっているのであった．「未来は大陸ヨーロッパをバルカン化する (Balkanising) ことにではなく，ヨーロッパ化する (Europeanising) ことにある」と1940年代にオーストリアの社会民主党員が強調する[21]のは，以上の脈絡を受けてのことであった．

だが，1920年代における現実のヨーロッパ経済はかつて以上に「バルカン化」の分断が進んでおり，「関税撤廃」が切実な問題と考えられたのである．ヨーロッパ経済・関税同盟においては汎ヨーロッパ同盟よりもはるかに強くヨーロッパのバルカン化に対する経済的危機意識が働き，アメリカとの対抗が基本方向として貫かれているといってよい．関税同盟の形成による共同市場構想は，これ以降レジスタンス運動の統合構想期を経て1968年のEEC規模での関税同盟の完成に至るまで一貫して追求されていく．

(3) 国際粗鋼共同体（IRG）

(1)汎ヨーロッパ運動と(2)ヨーロッパ経済・関税同盟がヨーロッパ統合に向けての運動であったのに対し，IRGは1926年に成立した鉄鋼業の国際的なカルテルであり，本書の観点からいえば，一種のヨーロッパ市場統合形態である．ドイツ鉄鋼業は，①自らの生産力的基盤の喪失，②フランス，ベルギー，ルクセンブルクとのヨーロッパ市場での内部競争激化，③アメリカの巨大な生産力の側圧，④チェコスロヴァキア，ポーランドの東欧鉄鋼業の台頭により戦後著しく不利な蓄積条件に置かれた．そこでドイツ鉄鋼業は世界市場での失地回復を図るためにはまずヨーロッパ鉄鋼業間の利害調整に関するヘゲモニーを獲得

して,切断されたヨーロッパ大陸市場の組織化を迫られたのである[22]．

その要諦はドイツとフランスの鉄鋼業の利害調整にあったが,脇役ルクセンブルクのブルバハ・アイヒ・デュデランジュ合同製鋼（Aciéries Réunies de Burbach-Eich-Dudelange, 以下 ARBED）のマイリシュ（Emile Mayrisch）の登場を得て 1926 年 9 月に IRG の成立をみる．1924 年に成立したドイツ粗鋼共同体の国際的な応用版であり,国際的な生産制限と各国生産割当（割当超過ペナルティ徴収と未消化補償金供与）がその内容であった．競争激化の裏面にある西ヨーロッパ域内取引の増大を背景にヨーロッパ市場の組織化をテコに輸出拡大を目論むドイツ鉄鋼業とドイツ市場での過剰生産能力の処理を図りたいフランス,ルクセンブルク鉄鋼業との妥協の産物であった[23]．こうした同床異夢的側面の一方,そこにはルシュールの独仏中軸の大陸ヨーロッパ統合による「生産者ヨーロッパ」のカルテル概念があり,フランス側の積極的な働きかけがあった[24]ことを見逃すことはできない．ここには第二次大戦後に再生する部門別統合の萌芽ともいうべき形態が窺えるが,独仏の歴史的和解が十分に模索されてはいないという難点が孕まれていた．ともあれ,ドイツにとってはより積極的に産業合理化の成果が結実するまでのヨーロッパ内部競争の一時的な休戦（輸出ドライブの封じ込め）であり,粗鋼生産総量の国際的規制を通ずる価格政策により直接,間接に鉄鋼輸出を拡大することに主たる利害が置かれたのである[25]．

IRG の基本的性格は戦後巨大な生産力をもつに至ったアメリカ鉄鋼業の競争圧力に対するヨーロッパ鉄鋼業の,とくに極東と中南米市場でその圧力に直面したドイツ鉄鋼業の挑戦にある[26]．直接的にしろ,間接的にしろ,アメリカとの対抗という課題が鉄鋼業に現れてきたといえよう．これは実はルシュールの経済統合論を貫く問題意識であった[27]が,ドイツ化学産業においては同様の衝動は一層鮮明であった．IG ファルベンの監査役会長ドュイスベルク（Carl Duisberg）は 1931 年に「ボルドーからオデッサまでの経済ブロック」を構想してヨーロッパ市場の安定的な確保を主張したが,それは 1920 年代にすでにアメリカの生産力に対抗して世界市場的蓄積を遂げていくために IG ドイチェラントから IG オイローパへの地域的膨張路線を追求していた IG 世界戦略の延長線上にあった．

IRG にしろ IG オイローパにしろ，そこに見え隠れしているのは，ルシュールの統合構想が介在し，事態が複雑化しているとはいうものの，ドイツ主導のブロック的な市場統合であり，それも権力的な市場再編の衝動である．これはすなわち，第一次大戦後に悪化した競争条件ないし競争圧力に由来する極めてナショナリスティックな対応にほかならない．経済的国家主義の対内，対外面における具体的な発露であった．そもそも 1920 年代のドイツにおける反ワイマル派は帝国の理念を追求し，そのなかで没落しつつある危機的なヨーロッパをドイツ帝国がヨーロッパ秩序を樹立することを介して救うという神からの使命を与えられているとする思想が脈々と流れていた[28]．ヨーロッパ市場の権力的再編の衝動にはこうした考え方が支柱となっていたように思われる．こうした思想は保守革命からナチスをも貫く1大潮流であった．1928 年後半以降，ドイツ経済の産業恐慌的様相が段階的に深化していく状況のなかで急速にワイマル体制の強権的再編および覇権的秩序によるヨーロッパ市場再編が希求されるようになる．そこでドイツ鉄鋼業も IG ファルベンもナチス体制への関与の仕方を異にしつつも，1920 年代の市場再編衝動の延長線上にナチス・ドイツ流の剛構造的なヨーロッパ統合に積極的に加担していくのである[29]．

2 第二次大戦期レジスタンス運動の戦後統合構想

2.1 レジスタンス運動のジレンマ——ナチス・ドイツのヨーロッパ統合をめぐって——

ナチス・ドイツは 1938 年 3 月のオーストリア併合，1938 年 10 月から 1939 年 3 月にかけてのチェコスロヴァキア解体，そして 1939 年 9 月のポーランド攻撃に続いて 1940 年春から初夏にかけてノルウェー，デンマーク，ベルギー，オランダ，ルクセンブルク，フランスへの攻撃，占領を成し遂げ，覇権的秩序によるヨーロッパ統合を推し進めていく．四ヵ年計画全権者ゲーリング (Hermann Göring) は 6 月 22 日にヨーロッパ経済新秩序計画のための命令を発した[30]．経済相フンク (Walther Funk) はこの命令を検討するために集まった各省間最高会議において「ドイツは現在自分自身の必要に応じてヨーロッパ経済を再編する政治権力を握った．他の国々は自身とその経済をドイツの計画と

必要性に適応させなければならない」と語って[31] 権力的な市場再編への着手を強調した．IRG や IG オイローパのなかにすでに垣間見えていたとはいえ，1920 年代に登場したヨーロッパ統合（構想）は異様に屈折することになったのである．本書が統合（構想）のこの異様な屈折を重要視することはすでに論じたとおりである．ここで改めて注意を喚起しておきたい．

ナチス・ドイツによるヨーロッパ統合の水位は電撃戦経済（Blitzkrieg-Wirtschaft）の外延的拡大の性質を帯びていたので必ずしも高いとはいえまいが，ドイツ戦争経済の要請に組み込まれるという意味での統合はかなりの進展をみせた．以下ではこれを大まかに概観しよう．

併合地域や占領地域での統治形態にそれぞれ相違はみられるものの，ドイツのそれらの地域に関する軍事経済的利用は一貫していた．1942 年四ヵ年計画庁極秘文書は，①占領地区，プロテクトラート，総督府，民政長官支配下地域におけるヨーロッパ石炭生産を統合したこと，②銑鉄生産について 1941 年第 4 四半期までにロートリンゲン，ルクセンブルク，ベルギー，北フランス，ロンウィ，オランダ，プロテクトラートを包摂したこと，③鉄鉱石についてはヘルマン・ゲーリング鉱山・製鉄を介してオーストリア工場，プロテクトラートを積極的に活用していること，④鉱油についてはコンチネンターレ・エールの設立を通じてルーマニア，ソ連占領地域，エストニアなど東南・東方ヨーロッパから調達し，とくにコーカサス地方の石油生産と精製のためにフランスの精製設備を取得し，解体移送したこと，を報告した[32]．当時『エコノミスト』の編集副主幹ウォード（Barbara Ward）が一国的な経済政策の完全な解消のなかでヨーロッパ資源のドイツ戦争経済への「統合された経済システム」が出現したと述べたうえで，誤解を恐れずにあえていえば，現在の EU 経済において進行している産業ベルト地帯の形成を連想させるベルギー，ルクセンブルク，ロレーヌ，ルールの工業単位体（industrial unit）とポーランド，ドイツ，チェコ・シュレージエンの単位体から成る 2 つの経済地域の創出を指摘した[33] ことも以上の事実にもとづいていたといえよう．

こうした経済統合過程において IG オイローパは初めて実現したし，西部占領地域の高度な熟練労働者の獲得が可能になったほか，ARBED があたかもドイツ企業であるかのような事態が現出した[34]．ベルギー，オランダ，ルクセ

ンブルクでは製鉄，機械製造，自動車工業，航空機，造船業などがドイツ戦争経済に動員され，フランスもまた 1943 年までに原料，食糧，工業製品の主たる供給者となっていた[35]。デンマーク，ノルウェーの占領と統治も軍需工業，造船業，電力業，化学工業，製鉄業の取得・参与を容易にするのに加えて非鉄金属の鉱物性原料，農産物，木材・パルプの確保に力点が置かれた[36]．さらに 1940 年 10 月 1 日に実施されたプロテクトラートとドイツとの間の関税撤廃にみられる[37]ように，関税同盟の端緒的な動きが現れると同時にライヒスマルクの法定通貨化や決済通貨化が全面的にというわけではないが推進された[38]．ライヒスマルクが法定通貨となることはなかったものの，とくに西ヨーロッパ，正確には後の EEC の構成国に集中して清算制度を活用した事実上の決済が相当程度進展し，その結果この地域における債務残高は東南ヨーロッパの約 89 億ライヒスマルクに比べて約 200 億ライヒスマルクに膨らんだ[39]．こうして著しい歪みをみせながら，大陸ヨーロッパ市場の組織化は覇権的秩序の下で大規模に実現され，ドイツの独占的大企業はこうした覇権的なヨーロッパ統合を背景に内部に対立を抱えながらも資本支配を通ずる市場統合を積極的に展開した．

　外相リッベントロップ（Joachim von Ribbentrop）は 1941 年 11 月 25 日の日独伊防共協定の延長に際しての演説のなかでヨーロッパが歴史上初めて統合の途を歩んでいることを強調した[40]．外務次官ヴァイツゼッカー（Ernst von Weizsäcker）が指摘するように，それはまさしく「パクス・ゲルマニカ」であった[41]．ノルウェーの対独コラボニストであるクィスリング（Vidkun Quisling）［ナショナル・ゼームリング党］はヨーロッパは覇権国の庇護の下でのみ統合しうるとし，同じくオランダのコラボニストであるムッセルト（Anton Adriaan Mussert）［民族社会主義運動］は，第一次大戦によりヨーロッパの世界的ヘゲモニーが致命的な打撃を被り，ファシズムがヨーロッパの維持のために必要とされたと言明した[42]．この点で先に反ワイマル派の思想的な潮流に触れた際，ヨーロッパの没落意識からドイツ帝国によるヨーロッパ秩序の再生が構想されていた事実を想起する必要がある．反ワイマル派の思想潮流に対独コラボニストは明確に呼応していたからである．

　以上の点と関連して指摘されねばならないのは，第二次大戦後の経済統合の

進展とともに忘れ去られてきたと思われるが，国内レジスタンスも対外レジスタンスもナチス・ドイツによる広域経済圏ブロックの形成をヨーロッパ統合とみなし，それを自明視していたことである．この事実は，反ナチ戦線を形成しながら古典的なパワー・ポリティックスの限界，ヴェルサイユ体制の破綻，経済的バルカン化の弊害を乗り越えるためにヨーロッパ統合を構想していたレジスタンス運動に深刻なジレンマを与えずにはおかなかった．眼前において展開されているヨーロッパ統合と対峙しながらヨーロッパ統合の実現自体は不可避だったからである．この意味においても，第二次大戦がヨーロッパ社会に与えた衝撃の大きさは到底，第一次大戦の比ではなかったのである．この問題は第一次大戦と第二次大戦の歴史的な比較のうえで通常ややもすると見過されがちな点であり，もっと注意が払われてしかるべきことと思われる．

　レジスタンス運動にとって彼らが生きている現在のヨーロッパは「ドイツ化したヨーロッパ」[43)]であり，強制的なシステム（a system of coercion）下でのヨーロッパ統合であった[44)]．彼らにとってその種のヨーロッパは監獄であり，墓場であって，ナチス体制へのヨーロッパ全体の隷属にほかならず，スターリン（Iosif V. Stalin : И.В.Сталин）の奴隷化と並んであってはならない事態であった[45)]．しかし，彼らを深刻なジレンマに陥らせたのは，一方でナチス・ドイツのヨーロッパ統合を厳しく弾劾しながら，他方で「統合ヨーロッパの理念は誤った理念ではない」と表明しなければならなかったことである[46)]．オーストリアの亡命社会民主主義者も，ドイツの亡命社会民主主義者も，ヨーロッパ統合にヒトラー（Adolf Hitler）の「新ヨーロッパ」ないし「ヨーロッパ新秩序」という障害が現れたが，それにもかかわらずこの事実は統合への本来的な必要性を証明しているとの認識を示した[47)]．

　先に指摘した旧来のパワー・ポリティックスの病弊，経済のバルカン化問題，ヴェルサイユ体制の崩壊は実はナチス・ドイツによる統合構想においても主張されたことであり[48)]，統合構想自体には微妙に交錯するところがあった．それはナチス・ドイツもレジスタンス運動もヨーロッパ問題という同じ磁場に引き寄せられている以上当然のことであった．したがって，まさにそうした理由からレジスタンス運動が陥ったジレンマには想像を絶するものがあった．だからといって，レジスタンス運動は1938年にカレルギーが表明した[49)]ように，

ナチス・ドイツへの嫌悪感と忌避感からヨーロッパ統合を棚上げするわけにはいかなかった．国内抵抗の最前線に踏み留まりながら，唾棄すべき統合の出現を前にして真の意味において「あるべき」統合の形態を模索する歴史的課題を背負わねばならなかったのである．ここには，後述するオランダ・レジスタンス運動の言動に示される「山羊の精神」（民主協調型）を有するドイツに対する希求が強く現れていたが，先に指摘したワイマル民主主義の暗転というドイツのフェルキッシュな変貌が深刻な影を落としていた．

イタリア・レジスタンス運動の指導者で，1941 年にヴェントテネ宣言（自由統合ヨーロッパ宣言）を発し，のちにヨーロッパ統合のゴッドファーザーの 1 人と称せられ，1970 年から 1976 年まで EC 委員会産業政策担当委員に就任して後 1986 年 5 月の死去まで 10 年間にわたって欧州議会（European Parliament）の有力議員であったスピネッリ（Altiero Spinelli）は，ヨーロッパ大陸を支配下に置くナチズムが崩壊すれば，ヨーロッパの人々は大陸を組織化する同じ課題に直面しようが，ナチズム支配での苦痛と全体的隷属化がその差し迫った必要性を逆説的に促すと指摘した[50]．すなわち，覇権的秩序と権力的市場再編の剛構造的な統合の現実がかえってその歴史的対抗としての柔構造的な統合構想を後押しし，それに不可逆的な衝迫力となっているというのである．これは 1920 年代以降のヨーロッパ統合史における希有な展開局面を示すものであろう．

2.2 レジスタンス運動の戦後統合構想
(1) 不戦共同体の構築と主権制限の平等な共有

1942 年春における対独戦局の好転以来，ヨーロッパ統合構想に対する拒否的姿勢を一段と強硬にしてきた[51] スターリンの影響下にある共産主義派レジスタンス運動を除くレジスタンス運動にとって自発的なヨーロッパ連邦の形成は主要な共通課題となった．それはヴェルサイユ体制の破綻と国際連盟の無力さを痛感してヨーロッパ内部での不戦共同体の構築が厳しく認識されたからであり，統合構想が倫理主義的性格を強く帯びるのもここに起因する．

不戦共同体の構築は民族の自決権，国境や国家主権の不可侵性，国家の法的平等というような抽象的文句ではなく，すぐれて実践的な問題であり，それこ

そがヨーロッパにおける「破壊的なナショナリズム」を歴史的に終焉させる[52]というのが，レジスタンス運動の基本的な考えであった．この問題の解決はヨーロッパがなお世界の中枢神経であるかぎり，ヨーロッパ的になされなければならない[53]．その場合，ヨーロッパ連邦のみが将来の戦争のリスクを最小限になしうるのであった[54]．イタリア・レジスタンス運動はヨーロッパが滅びたくないならば統合しなければならず，それを連邦ではないが国家連合（confederation）に求めた[55]．国家連合は繁栄するヨーロッパ市場を創り出すのであり，より効率的なヨーロッパの経済組織化をもたらすというのであった．国民国家体系の正当な根拠が失われている以上，必要とされるのはナチス・ドイツのヨーロッパ統合とは正反対に民主主義と自由を基盤とする平等な国際的協力システムであり，ヨーロッパを「単一の全体」（a single whole）として人々はヨーロッパ共同体の「政府」を共有することになる[56]．ヨーロッパ統合の形態は何であれ，主権の平等な制限とある種の超国家的機構への主権の委譲が前提にされている[57]．ナチス・ドイツによる覇権的な統合も主権の制限をもたらしたが，それは単にドイツへの主権放棄にすぎない．

こうしたヨーロッパ統合にはむろん経済的にもだが，政治的にもアメリカ，ソ連，英連邦の谷間に埋没せず，それらの勢力と対等に渡り合っていくという対抗意識が込められている[58]．ヨーロッパが文明の中心にとどまる[59]というヨーロッパ中心思考が統合の基底的動因になっているのは明らかである．それはまさしく「ヨーロッパ問題」の核心であった．それゆえレジスタンス運動のヨーロッパ統合構想は，「加盟国相互間の関係において暴力依存度を極小化」させ，民主主義国家を前提として「内部的超国家性の減退を対外的一体性の強化で代替する」ことを特徴としていたのである[60]．

(2) ヨーロッパ統合の範囲と組織

レジスタンス運動のヨーロッパ統合構想においてその地理的範囲と組織はどのように考えられていたのか．この問題に答えるのは大変難しい．たとえばイギリスの扱いひとつをめぐっても一筋縄ではいかないのである．ここでは最大公約数的に論じよう．

地理的範囲として確定されていたのは，人口2億5000万人を擁するフランス，ドイツ，スイス，ベルギー，ルクセンブルク，オランダ，イギリス，アイ

ルランド，デンマーク，スウェーデン，フィンランド，ノルウェー，アイスランドで後のEECとヨーロッパ自由貿易連合（European Free Trade Association, 以下EFTA）の地域であろうと思われる[61]．他方でイギリスは英連邦の要としてヨーロッパ統合に至る対抗要因と位置づけられ，暗々裡に除外される向きもあった[62]．ヨーロッパ統合を支持するイギリスの知識人の多くはイギリスがそれに加わるべきではなく，また英連邦に背を向けてまで統合に加わらないとも，アメリカに接近する可能性が高いとも主張していた[63]．東欧諸国の去就は，亡命政府によるポーランドとチェコの連邦構想に対するソ連の拒絶にみるように，不可視的になってきていた．こうした「統合の障壁（敷居）」により大陸西ヨーロッパの組織化が焦点となるに至る．

　ヨーロッパ統合の政治組織として構想されているのは，レジスタンス運動によりまちまちであり，まとまった具体像には収斂しないが，モデルとされているのは，スイスの州制度やアメリカ合衆国である．連邦制が構想されている場合が多いが，国家連合の構想も少なくない．しかし，連邦制にしても国家連合にしてもそこではいずれも超国家的機構の設立が前提にされており，「主権の制限＝委譲」あるいは「主権の共有」による政策協調の機能面が重視されている．次項で扱う経済統合の側面ではそうした機能面が明瞭に浮かび上がる．

　ただし超国家的機構についてはリッベントロップの国家連合構想にしろ，国民保守的反対派のゲルデラーの経済同盟構想にしろ，レジスタンス運動の連邦構想にしろ，あるいはイギリス知識人の連邦構想にしろ，スイスのヨーロッパ同盟の連邦構想にしろ，いずれにおいても現在のEUに備わっている欧州委員会，経済社会委員会，欧州議会，欧州司法裁判所に通ずる制度が構想されている[64]．制度的には大同小異といってよい．しかし，ナチス・ドイツの統合構想との類似性が窺われるとしてもすでに指摘した当時の歴史的脈絡を考えれば，そうした不鮮明さをもってレジスタンス運動の統合構想の意義を減じたりすることはできない．

(3) テクノロジーの発達と大市場構想

　レジスタンス運動の統合構想において経済統合は政治統合に先行せざるをえないとみられていたと思われる．ヨーロッパの経済統合が対立の可能性を消滅させる[65]点からだけでなく，繁栄するヨーロッパ市場の形成が必要とされる

2 第二次大戦期レジスタンス運動の戦後統合構想

点からも，本質的な課題は連帯した自由なヨーロッパの経済的組織化[66]ということになるのであった．これはこれまでも繰り返し指摘してきたように，ヨーロッパ統合構想がアメリカ，ソ連，英連邦への対抗をバネにしている点に根拠をもつ．統合構想に対する経済的な裏づけが意図されているわけである．

そのなかでもとくにアメリカとの対抗意識は強烈に貫かれている．統合構想の歴史的位相はここにあった．航空機，自動車，自動機械の高度なテクノロジーの時代においてヨーロッパはアメリカの後塵を拝し，アジアにさえまもなく凌駕されるだろう[67]というのが，レジスタンス運動の基本的な認識であった．後に触れるように，ゲルデラーの中心的な認識もまさにここにあった．航空機産業の発達は開発技術の高度化，エレクトロニクス産業，機械産業，素材産業との結合とその広範囲な産業的応用を，自動車産業のそれは生産過程のオートメーション化，連続化，高速化による量産効果の発揮を示している．こうした生産力格差，技術格差を背景にして「世界市場がドルに支配されるのは間違いなく，他の国は自国問題でアメリカの通貨措置によりマイナスの影響を受けるだろう」との現実認識は総じて共通であった[68]．これは1920年代から繰り延べられていたヨーロッパ問題の核心的な内容であった．しかも，戦時中にアメリカは一段と生産力水準を高度化させたのである．航空機産業の発達はその象徴的存在にほかならない．

アメリカの広大な国内市場規模とそこでの技術革新の進捗の現実をみれば，ヨーロッパ経済がアメリカ経済との競争力を身につけ，競争劣位を乗り越えていくためには経済的なバルカン化——市場の分裂（the splitting of market）——を克服して大規模な単一市場を形成すべきであると考えられた[69]．単一市場がもはや時代の要請であるならば，国境内の狭隘な市場は時代錯誤であって解消されねばならず，それに向けて特定の経済領域において経済主権の放棄が必要とされるのである[70]．現代先端テクノロジーの発展は量産効果の実現を鍵として大規模操業にもとづくスケール・メリットの追求とコスト低減のための大市場を不可避にし，それが結局は繁栄する民主主義的で平和なヨーロッパを維持させ，さらにはヨーロッパに英米とソ連の間の政治的緊張を和らげ，その持続的な高進ないしエスカレート化に歯止めをかける緩衝的な役割を賦与するであろうと認識された[71]．戦後経済統合に関して提示されてくる有力な「第3

勢力論」の先駆的表明がここに現れているといってよい．

統合ヨーロッパは，保護主義的な障壁である関税障壁の漸次的ないしは一挙的な撤廃とその再発防止，単一通貨の設定にみられる経済通貨同盟，モノ・労働力・資本の域内の自由移動，財政政策などの調整・調和化，独自の共通通商政策により「合理化された経済を有する単一市場」[72]を実現することになろう．戦後経済統合に盛り込まれる要素がこの時期にほとんど出揃ったことになる．このような「ヨーロピアナイゼーション」下での経済再生が構想されていたのである．この事実に照らしても第二次大戦期が戦後統合にとってもつ画期的意味合いが推し量れるであろう．

(4) 小ヨーロッパ経済統合の萌芽

ところで，レジスタンス運動の経済統合構想には背骨となる国々ないし産業集積地帯が存在し，それが実は ECSC に連なる小ヨーロッパ経済統合に帰着する基底的因子になったことが留意される．

フランス・レジスタンス（一般研究委員会）の戦後経済統合についての報告者は，フランスがアメリカとソ連に出し抜かれないとすれば孤立から脱却しなければならないとし，ベルギー，オランダ，ルクセンブルク，可能ならばスイスとの経済同盟を形成する途を指摘した[73]．1940年3月に設立されたイギリスの連邦同盟研究所で統合構想を練っていたマッケイ（Ronald Mackay）は統合の主たる問題がイギリス，フランス，ドイツの相対立する野心，要求，恐れを宥和させることにあり，フランスに安全保障，ドイツに正義（民主主義的秩序），イギリスにヨーロッパ秩序でのしかるべき地歩を与えることが必要だとした[74]．イギリスには英連邦という結びつきと大陸西ヨーロッパの一員への意欲の問題があり，留保されるべき点が残されていたから，イギリスを棚上げすれば，統合は独仏中軸のそれに収斂してこよう．ルシュールの経済統合論を想起させる要因がここにはある．

さるベルギーの亡命者はヨーロッパがアメリカ，ソ連，中国と並存していけるのかと問い，その問いに対する解答としてフランス，オランダ，ベルギー，ルクセンブルクに分布する産業基盤の集団的組織化がなされなければならないと述べ，フランスの亡命者は西ヨーロッパの経済グループ化が亡命ベルギー政府外相スパーク（Paul-Henri Spaak）によって唱えられたことに言及して西ヨ

ーロッパ銑鉄・鉄鋼同盟を主張した[75]．これは先に『エコノミスト』誌の編集副主幹ウォードにより工業単位体と指摘された地域と重なる．ここにはナチス・ドイツによる統合との共通性が浮かび上がっているほか，すでに経済統合がそうした地域を均質な経済圏としながら固い核として形成されていく萌芽が示唆されている．残るのはヨーロッパ経済の心臓部と形容されるルール地域だけである．ドイツ問題が重要となるわけである．それはさておき，ここでの文脈において注目されるのはEEC形成の中心的人物となるスパークの登場であろう．彼の経済組織化が糸口となって銑鉄・鉄鋼同盟がフランス側から打ち出されたことはシューマン・プランに連続するものとして興味深い．ECSCからEECに向かうような動きがすでに通底する係脈をなしているとみなせるからである．

3 戦後ヨーロッパ統合構想とドイツ問題

3.1 ドイツ・レジスタンス運動の統合構想とドイツ問題

　ここではドイツ・レジスタンス運動においてどのような戦後統合構想が練られていたのか，そしてその場合ドイツはいかなる位置を占めると考えられていたのかを考察する．その足がかりとして国民保守的反対派のレジスタンス運動の代表的な人物であるゲルデラーに焦点をあてながらゲルデラーと接触し，時には反発もみせたクライザウ・グループの動向や亡命社会民主党の統合構想に関連言及しながらドイツ問題が当のドイツ人によってどのように問われていたのかを明らかにしていきたい．レジスタンス運動の統合構想において焦点問題のひとつとなっていたのはドイツ問題であり，まず取り上げられるべきはドイツ・レジスタンス運動におけるこの問題に対する位置関係だと思われるからである．

　ゲルデラーは1930年から1936年までライプツィヒ市長として活躍した有能な行政官であると同時に，ナチス体制下では1934年11月から翌1935年7月まで全国価格監視委員（Reichskommisar für Preisüberwachung）を務め，経済相シャハト（Hjalmar Schacht）寄りの経済的自由主義者として知られた政治家でもあった．1935年秋の食糧危機においてはヒトラーから現状報告書を託され

た有力者であった．その後第二次四ヵ年計画下で体制と距離を置くようになり，とくにチェコスロヴァキア解体命令をきっかけに密接な関係にあったベック（Ludwig Beck）とともに体制反対派に変わり，戦時下では国民保守的反対派の反体制指導者と目されるようになった．1944年7月20日のヒトラー暗殺未遂事件の直前の7月17日にはゲシュタポにより逮捕対象として追及されてから潜伏するようになり，暗殺未遂事件への関与のかどで100万ライヒスマルクの賞金つきで指名手配され，8月12日逮捕された[76]．そして翌1945年2月2日に絞首刑に処せられた．モルトケ（Helmuth James Count von Moltke）率いるクライザウ・グループとも接触を図るなどドイツ・レジスタンス運動の代表的な人物の1人であった．戦時下において様々な覚え書を残している．ここではその覚え書を素材にしてゲルデラーの現状認識を中心にドイツ・レジスタンス運動像の一端に迫っていこう．

　ゲルデラーは1940年10月の覚え書のなかで鉄道発達の時代においてドイツの経済領域が画一的な経済規制下に置かれた（国内市場の統一――引用者）が，今日の自動車の時代には少なくともヨーロッパの文明国をより大きな経済システムに統合する局面を迎えたとの現状認識を吐露し，そのうえでヨーロッパ経済がベルリンから形成されるという構想は決して成功しまいと指摘して[77]ドイツの覇権性を否定した．ところが翌1941年後半の覚え書では一転プロイセン保守主義的大ドイツの伝統の考えを匂わせながらドイツの指導（Führung）を前面に出してヨーロッパ経済同盟計画を提案し，そのなかでテクノロジーの発達が19世紀に創り出された以上の大規模な経済単位を必要とするとの前年の覚え書を繰り返す意見表明をおこなった[78]．経済発展に関して鋭敏な現実感覚をもっていた証しである．さらに，彼は続けて威張り散らす方法により温和さをなくすことで機会を失わなければ，ドイツはヨーロッパ・ブロックの指導者になると述べた．財政政策の調整，通貨の安定，関税障壁の漸次的低減などを訴えて関税同盟の重要性を説き，ドイツ指導下でヨーロッパ国家連合が10年から20年をかけて現実のものになるであろうとの展望を示した．大国意識は隠しようもないが，指導性といっても当時推し進められていた覇権的秩序による支配とは一線が画されている．

　1942年12月の覚え書では彼は戦局の決定的な悪化と大西洋憲章の影響を受

けてドイツの指導を出さずにヨーロッパ経済評議会の構想を出してきた[79]. この間クライザウ・グループの指導者モルトケは一貫してヨーロッパ統合システムの構築を強調して単一域内通貨の設定や関税同盟を前面に出し, 国民国家の内在的制限からの自由となったヨーロッパ内部での「秩序だった競争」を唱えていた. 旧来のパワー・ポリティックスやナショナリズム, 人種主義の終焉の意識は強烈であった[80]. 理想化する愚は避けねばならないが, ゲルデラーよりもヨーロッパ統合構想は先見性をみせていたといえよう. 1943 年にはゲルデラーは「平和計画」と題する覚え書を発表し, そのなかでドイツも他の国々も優位性を主張しないが, ヨーロッパの安全は当面はイギリス, 長期的にはドイツにより果たされるとし, ドイツの分割案はいずれもドイツとヨーロッパに永続的な緊張をもたらすとして英独協力関係の重要性を打ち出した[81]. 1944 年にはアメリカ, ソ連, 英連邦の存在がヨーロッパ統合を差し迫ったものとしていることを強調して生きた統合ヨーロッパの創出が唯一の解決策だと位置づけた[82]. ここでは彼の意見に混乱がみられるのが理解されよう.

逮捕直前の 8 月初めには飛行機の時代に象徴されるテクノロジーの進展に照応するヨーロッパの経済同盟の創出が必要とされると同時に自説である科学技術進歩にもとづく統合ヨーロッパ案を再度強調した[83]. 以上のゲルデラーの統合構想をまとめると, 技術的発展が経済的広域圏を必然的に促すとの認識を一貫して把持しながら[84], 次第に同権的な構成国によるヨーロッパ共同体を模索するようになり, 将来における自由な競争の結果としてのドイツの指導性に期待をかけていたといえよう. ドイツ分割案への強烈な抵抗にみられるドイツ没落への未然な防止策としてヨーロッパ計画を提示していたとも考えられる[85].

「ドイツの指導」という強い意思表明こそなかったものの, ドイツ経済のヨーロッパ経済における重要性の認識はゲルデラーの専売特許というわけではなかった. 超党派で構成される亡命政治家は, ヨーロッパの将来と世界にとってドイツの生産力が維持されることが肝要で, その破壊はヨーロッパのすべての国々の経済条件を圧迫することになるとし, ドイツの生産力的強さは国際的なシステムのなかに統合されるべきで, それによりドイツの経済的ヘゲモニーとドイツの再軍備の危険性が除去されるとの意見表明をおこなった[86]. 亡命社

会民主党グループもドイツ支配の危険性は旧システムへの回帰よりヨーロッパ連邦においてはるかに希薄となるとしながらも,「ドイツなしにはヨーロッパにとってどんな解決も考えられない」と結論づけた[87]. さらにクライザウ・グループのデルプ (Alfred Delp) もまた1945年1月にイギリスの衰退をみながら「ロシア支配のヨーロッパ」は承認されないとし,「ドイツなしのヨーロッパはありえない」ことは分かり切ったことだと言明した[88].

社会民主党左派グループはヨーロッパ的,国際的な観点からドイツの問題をみるとドイツにおける徹底的な変化なくして統合ヨーロッパの平和はありえないとしたうえで,この枠組みの下で新生ドイツは地理的な位置に根差す歴史的な問題を解決し,ヨーロッパ国家共同体の有力な一環となりうるとヨーロッパに深く繋ぎ止められるドイツを説いた[89]. コッホ・ヴェーザーも「ドイツのヨーロッパ」(a German Europe) ではなく,「ヨーロッパのドイツ」(a European Germany) を亡命先のブラジルから強調していた[90]. ドイツの問題はドイツの消滅のことではなく,生産力を生かしたドイツ再生のことにほかならなかった. それは自動車と飛行機の発達に象徴されるテクノロジーの進展に適合させるという意味においてもそうであった. この点で本書において用いられるドイツ問題と内容が重なり合うことは改めていうまでもない.

3.2　ヨーロッパ諸国レジスタンス運動の統合構想とドイツ問題

レジスタンス運動の焦点問題のひとつにドイツ問題があったことはすでに述べた. ヴェルサイユ体制がドイツ問題の処理に失敗した経験を切実に認識しながら,2度にわたって戦争の元凶となったドイツをどのように扱うのか,これもまたヨーロッパ問題の一環であった. しかしこの点についてレジスタンス運動に共通する基本認識は,ドイツ抜きのヨーロッパはありえないということであった[91]. ドイツと西ヨーロッパの和解 (rapprochement) を実現して,これを最後として「ドイツ問題」が決着されねばならない[92].

このように,統合ヨーロッパからのドイツの排除は想定されていない. それは本書の全体的脈絡で理解されるように,不戦体制へのドイツの組み込みが必須だっただけでなく,経済的にも不可欠だったからである. オランダ・レジスタンス運動家が明確に表現するように,「ドイツ問題はヨーロッパ問題,すな

3 戦後ヨーロッパ統合構想とドイツ問題

わち,ヨーロッパ大陸の政治的,経済的復活の要諦なのであり」[93],速やかにアメリカと競争しうるヨーロッパの政治的,経済的再建のためには「繁栄するドイツではなくとも,少なくとも健全で勤勉なドイツを必要とする」[94]というのであった.

　ここに明示されているのは,ヨーロッパ問題とドイツ問題の同時的解決である.したがって,ドイツ分割もまた論外とされる.ドイツ分割はもう1人のヒトラーの下での再統合を生み出すだろうし,ドイツの弱体化はドイツ産業力の破壊と結びついて次の戦争に繋がるというのが,国内,亡命レジスタンス運動家のみならず,統合構想を練っていたイギリス知識人の一致した事実認識であった[95].ドイツ問題とは「狼の肉体に山羊の精神を宿すドイツ」[96]にすることでなければならず,ヨーロッパ統合に必要なのは,「誇大妄想狂を癒したドイツ」[97]であった.すなわち,ドイツが健全となって初めてヨーロッパも健全たりえ,ドイツの創造性と活動力がヨーロッパに最も寄与しうる枠組みを創り出すことが重要だったのである[98].それにはドイツがヨーロッパ的秩序を受け容れる民主主義国に生まれ変わり,「古い帝国主義のワインを新しい『民主主義』のボトルに入れ替える」[99]ことでなければならない.非ナチ化,非軍事化した新生ドイツが拒絶される理由はなく,まさにこうしたドイツにこそ統合ヨーロッパはふさわしい場所を与えるべきだという考えであった[100].

　西ヨーロッパは生き残るために組織化しなければならず,そのなかでドイツがその一員であることは再認識されるべき事実であり,ドイツ問題は非常に複雑な内容を帯びる[101].つまり,ドイツは大陸ヨーロッパの心臓に位置する巨大な複合体であり,ドイツ人は行動的,進取的な人種であるのでドイツを貧窮状態に貶（おとし）めることは問題となりえず,好むと好まざるとにかかわらずドイツは常に考慮され,ドイツの強さを真の意味において活用すべく集団的安全保障の原則をすべての国々がもたねばならない[102].最も建設的で希望のもてる前進的な方途は統合ヨーロッパにドイツを繋ぎ止め,ドイツ人を他の善良なヨーロッパ人のなかで良きヨーロッパ人に変えることであった[103].

　以上のように,レジスタンス運動においては1920年代の「ビジィー・ジャーマニー,すなわち,ビジィー・ヨーロッパ」をヨーロッパの枠組みにおいて実現することは広範な合意をみていた.むろん一方で統合ヨーロッパが結局

「ドイツ支配のヨーロッパ」に帰着していくであろうとの懸念には根深いものがあった[104]が，アメリカとの対抗およびこの当時深刻に受け止められていたライン地域までのソ連の影響力拡大の恐れ[105]によりヨーロッパの内部的解決のイニシアチブが決定的に重視されたのである．この点でフランス北部からベルギー，ルクセンブルクにまたがって，ラインに至る西ヨーロッパの産業的背骨を生かす統合方向が前提たりえているといってよい．

またこの方向はライン地域を戦略的に重視せざるをえぬという呪縛からフランスを解放し，独仏和解に歴史的な重みを与えるものであった[106]．ミルワード（Alan S. Milward）が指摘する[107]ように，円満な経済的決着はいかなる平和条約よりもはるかに重要だったのである．統合ヨーロッパによる連邦的解決（主権の縮小ないし融合）はヨーロッパにとってもドイツにとっても脱出口となると位置づけられた[108]が，そこに浮かび上がっているのは「限定された」西ヨーロッパ統合である．ドイツ問題の内容と独仏和解への繰り返しの言及は，ヨーロッパ統合が経済統合を核心としながら，独仏を軸に展開されることを暗示していたというべきであろう．

以上，1920年代に形成された「ヨーロッパ問題」とトランスナショナルな地域統合（構想）は，1930年代末から1940年代前半に剛構造的な統合と柔構造的な統合構想の2つを分泌させた．これは両者を貫通してヨーロッパ統合がいかに喫緊の歴史的課題になっていたのかを改めて浮き彫りにする．ヨーロッパ統合は内容的差異を有しながら，第二次大戦期に国内レジスタンス運動により差し迫ったものとして構想された．それはナチス・ドイツによる覇権主義的なヨーロッパ統合という現実のジレンマとの自覚的な対決を通じて精錬されていった．この場合，その対決は対外レジスタンス運動家に比べて極めて厳しい条件のなかで展開されたが，1944年6月には9ヵ国のレジスタンス運動指導者がジュネーブに集まり，ヨーロッパ連邦宣言がなされる．柔構造的なヨーロッパ統合構想は戦間期とは質を異にしてはるかに現実性を帯び，しかも幅広い共鳴を介して大衆的な基盤を獲得するまでに至ったといえよう．ドイツ問題もまたこうした状況に促迫されて1920年代とは違い切実な内容を孕むことになった．レジスタンス運動の統合構想は相容れない統合の分泌によって戦後ドイツの在り方を「より深くヨーロッパ内部に組み入れる」かたちでの政治的，経

済的再生として問わせた．そこで貫かれているのは民主協調型再生ドイツ経済の必要不可欠性である．「ヨーロッパ問題」の磁場はドイツ経済の排除を許容しなかっただけでなく，ナチス・ドイツに対する敵対心とは次元の異なるドイツ経済待望論を生み出したのである．

　むろん，国内レジスタンス運動の統合構想が戦後ヨーロッパ政治の表舞台において直線的に事態を動かす影響力をもちえたとは必ずしもいえない．だが，戦時中に意識されていたアメリカ，ソ連からの自立性を獲得するためには本来的に統合をはずす政策選択肢の余地はもはやありえず，統合構想は独仏の歴史的和解を前提とした歴史的重みを示すベクトルとなっていた．マーシャル・プラン構想を逸脱したECSCからEECの成立にみられる経済統合の進展はその端的な現れにほかならない．しかしこの経済統合は当初政府間主義（intergovernmentalism）を随伴したため，各国レベルでのアメリカとの対抗というねらいに収斂し，その結果サブの枠組みとしての関税同盟という「ヨーロピアナイゼーション」に帰着する．この「ヨーロピアナイゼーション」とドイツ問題の解決との相互連関が推し進められる．

　サブシステムからメインシステムに生まれ変わり，これまでの政府間主義と国民国家の存在様式を変容させようとする1992年市場統合やそれと対をなす1999年通貨統合といった新型ヨーロピアナイゼーションは，1950年代，1960年代と比較して統合の歴史的位相に相違と屈折がある――日本を中心とする東アジア工業地域に対する地域的対抗から経済再生するアメリカへの対抗――とはいえ，戦後政治のリアリズムに規定された経済統合の歴史的限界を乗り越え，その地理的範囲を中東欧諸国まで拡大させていく．各国経済主権の大幅融合が不可避となる意味においてこうした動きは系譜的にはレジスタンス運動の戦後統合構想に連なっているのである．この間にドイツは東西ドイツに分断し，独自の軌跡を辿るが，1990年10月には再統一し，先に指摘した新型ヨーロピアナイゼーションにおいて経済的主導性が改めて問われる局面が訪れる．ドイツ問題は戦後経済統合の進捗とともに独特の屈曲をみせる．「ドイツ・モデル」の帰趨に関わることなので，この点は第6章と終章において改めて言及しよう．

　1）　Lipgens (ed.) (1985) はナチス・ドイツのヨーロッパ新秩序構想とその動きを

取り上げたうえで各国のレジスタンス運動の統合構想を扱っている．Lipgens (ed.)（1986）はイギリス知識人や政治家の統合構想をまとめているのに加えて亡命レジスタンスや北欧・スイス側の知識人の統合構想を編集している．なお，Lipgens (Hrsg.)（1968）はレジスタンス運動の連邦構想としてまとめられ，公表された初の史料集である．

2) Stråth, Sandkühler（2002），S. 20-29.
3) Ninkovich（1995），p. 10, Gillingham（1990），p. 1.
4) この点については，平田（1988）を参照．
5) 田中素香（2001a），36-37頁．またこの点時代を遡って1992年市場統合の時期に関して過去を回顧するなかで発せられた駐日EC委員会代表部の主張（マイケル・レイク（1990），63頁）を参照．
6) 産業合理化ブームについては，加藤（1973），工藤（1988）を参照．
7) ドイツにとってアメリカナイゼーションの第1の波は19世紀の末から20世紀初頭にかけてであった．Kudo, Kipping and Schröter（2004），pp. 5-6.
8) Keynes（1971），pp. 9-10（早坂訳（1977），12頁）．ケインズは第一次大戦前の実態を踏まえてイギリスを含めてここで供給者と需要者としてヨーロッパ経済に占める第1級の重化学工業国ドイツの重みを強調している．クレマンソー (Georges Clemenceau) の対ドイツ政策に象徴されるこの歴史的重みを意図的に排除しようとしたパリ平和会議（とくに賠償問題の取り扱い）に抗議してイギリス大蔵省代表を辞任したことは周知のことであろう．
9) 中木康夫・河合秀和・山口定（1990），13頁．
10) カレルギーは「懲罰的なヴェルサイユ的平和の破綻」を強調している．Lipgens (ed.)（1986）[Coudenhove-Kalergi (Pan-Europa) : 'The Model : Switzerland', Oct. 1941], p. 796.
11) Heater（1992），p. 124（田中監訳（1994），188頁）．
12) Heater（1992），p. 128（田中監訳（1994），192-193頁）．
13) R. N. クーデンホーフ・カレルギー，鹿島訳（1961），157-160頁．Heater（1992），p. 127（田中監訳（1994），190-191頁）．
14) 金丸（1996），17-18頁．
15) Heater（1992），pp. 123-124（田中監訳（1994），187頁），Lipgens (ed.)（1986），p. 2.
16) 廣田（1993），276頁．
17) 廣田（1993），275頁．
18) 廣田（1994），391頁．
19) Heater（1992），pp. 137, 146（田中監訳（1994），205, 217頁）．
20) Lipgens (ed.)（1985）[Adolf Gasser : 'Three kind of new Europe', February 1942], p. 769.
21) Lipgens (ed.)（1986）[Julius Deutsch : 'True and False Independence', Nov.-Dec. 1943], p. 648.

22) 工藤（1999b），129-130 頁.
23) 工藤（1999b），130, 143-148 頁.
24) 廣田（1993），272-280 頁.
25) 工藤（1999b），151 頁. Cf. Gillingham（1990），p. 21.
26) 加藤（1973），172-173, 308 頁.
27) 廣田（1993），275 頁.
28) K. ゾントハイマー，河島・脇訳（1976），236 頁.
29) 工藤（1999a），213-273 頁，工藤（1999b），368-395 頁.
30) Lipgens (ed.) (1985), p. 57.
31) Lipgens (ed.) (1985) [Meeting at Reich Ministry : Reorganization of European economy, 22 July 1940], p. 63. またこの点で，ナチス・ドイツは国内において慢性的な外貨危機の下で 1935 年秋の食糧危機とその後の厳しい余波，工業用原料不足の隘路に直面していた．1936 年秋の第二次四ヵ年計画による経済的戦争準備体制はそうした困難打開に向けた経済政策の総体的な路線転換であった．軍事化と経済的アウタルキー下におけるこのような深刻な供給制約性が広域経済圏ないし生存圏（Lebensraum）構築の現実的な切迫要因であった点については，古内（2003）を参照.
32) 永岑（1988），70, 72, 75-77, 80-81 頁．永岑（1994），219, 300 頁.
33) Lipgens (ed.) (1986) [Barbara Ward : A European Planning Board and European Defence Force, September 1941], p. 201.
34) Gillingham (1990), p. 70. 永岑（1991），31 頁.
35) 永岑（1989），160-161, 169 頁，永岑（1991），57-58 頁.
36) Menger, Petrick, Wilhelmus (1976), S. 517, 524.
37) Lipgens (ed.) (1985), p. 76, note 5.
38) 永岑（1991），157 頁.
39) Stråth, Sandkühler (2002), S. 25-26. なお占領地においてライヒスマルクを法定通貨とする点については，それに積極的な外務省と否定的な経済省・ライヒスバンクの深刻な対立があり，後者の意向が通った．結局ドイツによる覇権的秩序での通貨統合は部分的にしか進行しなかったのである．以上の構想と経緯については，Buggeln (2002) を参照.
40) Lipgens (ed.) (1985) [Joachim von Ribbentrop : speech on the prolongation of the Anti-Comintern Pact, 26 November 1941], pp. 91-92.
41) Lipgens (ed.) (1985) [Freiherr Ernst von Weizsäcker : diary extracts, Dec. 1939-Nov. 1941], p. 97.
42) Lipgens (ed.) (1985) [Vidkun Quisling : Norway and the Germanic task in Europe, 25 September 1942], p. 105, [Anton Adriaan Mussert : the Dutch state in the new Europe, August 1942], pp. 99-100.
43) Lipgens (ed.) (1985) [*La Légion Noire* : 'For Europe ! Everyone into fight !', April 1944], p. 237（ベルギー）.

44) Lipgens (ed.) (1985) [Arne Sørensen : 'International obligations', June 1944], p. 258 (デンマーク).
45) Lipgens (ed.) (1985) [Léon Blum : 'On the human scale', July 1941], p. 281 (フランス), [Socialist Party (PPS) : 'On the march towards a new Europe', September 1940], p. 623 (ポーランド).
46) Lipgens (ed.) (1985) [Maurice Lecroix : 'Europe', September 1943], p. 299 (フランス).
47) Lipgens (ed.) (1986) [Oscar Paul (Oscar Pollak) : Underground Europe calling, Spring 1942], p. 636, [Ernst Behm, Willy Brandt, August and Irmgard Enderle, Stefan Szende : 'On the Postwar Policy of German Socialists, July 1944], p. 612.
48) Lipgens (ed.) (1985) [Note for the Reich Foreign Minister, (prob.) September 1939], p. 56, [Reich Chancery memorandum : 'Organization of the German economy], p. 58.
49) Lipgens (ed.) (1986), p. 2.
50) Lipgens (ed.) (1985) [Altiero Spinelli : 'The United States of Europe and the various political trends', 1941-2], pp. 486-487.
51) Lipgens (ed.) (1985), pp. 27, 284, 344, (1986), pp. 10, 367.
52) Lipgens (ed.) (1985) ['The Action Party appeals to the Italians', 22 November 1944], p. 542 (イタリア).
53) Lipgens (ed.) (1985) [Paul Bastid : 'France and the ideas of Europe', April 1943], p. 542 (フランス).
54) Lipgens (ed.) (1985) ['Letters from the federalists interned in Ventotene to Count Sforza', 1941-2], p. 494 (イタリア).
55) Lipgens (ed.) (1985) [*Il Popolo* : 'We must unite or tear ourselves apart', 20 August 1944], p. 537.
56) Lipgens (ed.) (1985) [Vincent Auriol : 'Yesterday … tomorrow', September 1943], p. 317 (フランス).
57) Lipgens (ed.) (1985) [Comité Français pour la Fédération Européenne : 'Declaration', June 1944], p. 349 (フランス).
58) Lipgens (ed.) (1985) [Hans-Dieter Salinger : 'The Rebirth of Europe', autumn 1944], p. 596 (オランダ).
59) Lipgens (ed.) (1985) [Altiero Spinelli : 'The Unites States of Europe …'], p. 486.
60) 最上 (1990), 31頁.
61) Lipgens (ed.) (1986) [Ivor Jennings : A Federation of Democracies, May, June 1940], p. 76.
62) Lipgens (ed.) (1985) [Hans-Dieter Salinger : 'The Rebirth …'], pp. 596-598, [Carl Goerdeler : 'The Practical Steps towards the Reorganization of Europe', early 1944], p. 440 (ドイツ).

63) Lipgens (ed.) (1986) [William Beveridge : A Peace Federation, 1 May 1940], p. 75, [G. D. H. Cole : 'The Shape of the New Europe', Summer 1941], p. 198, [Walter Layton : European Unity, March 1944], p. 251.
64) Lipgens (ed.) (1985) [Joachim von Ribbentrop : European confederation, 21 March 1943], pp. 122-127, [Carl Goerdeler : 'Practical Steps …'], [Europa-Union : 'Guiding principles for a new Europe'], pp. 754-758. 同じ統合の磁場に立つ以上，この帰結は当然であろう．
65) Lipgens (ed.) (1985) [Francis Gérard : 'What is to be done with Germany ?, November 1943], p. 324 (フランス).
66) Lipgens (ed.) (1985) [*Vrij Nederland* : 'Order in liberated Europe', September 1943], pp. 578-579 (オランダ).
67) Lipgens (ed.) (1985) [René Courtin : 'Report on postwar economic policy', November 1943], p. 327 (フランス).
68) Lipgens (ed.) (1985) [René Courtin : 'Report …'], p. 326.
69) Lipgens (ed.) (1985) [René Courtin : 'Report …'], p. 327, [Le Franc-Tireur : 'Our Socialism', 1 March 1944], p. 340 (フランス).
70) Lipgens (ed.) (1985) [Luigi Einaudi : 'For an economic federation of Europe', 1 September 1943], p. 521 (イタリア).
71) Lipgens (ed.) (1985) [Hans-Dieter Salinger : 'The Rebirth …'], p. 596.
72) Lipgens (ed.) (1985) [Eugenio Colorni : 'Declaration', mid-August 1943], p. 512 (イタリア).
73) Lipgens (ed.) (1985) [René Courtin : 'Report …'], p. 327.
74) Lipgens (ed.) (1986) [Ronald Mackay : European Federation and the Peace, April 1940], pp. 68-69. ここでは行論との関連においてフランスに安全保障，ドイツに正義を与える必要があるという見解がとくに重要であろう．
75) Lipgens (ed.) (1986) [Louis de Brouckére : 'Some Western Problems', 14 May 1942], p. 432, [E. Leotard : 'An Iron and Steel Union for Western Europe', July 1944], p. 336.
76) ブラッハー，高橋・山口訳 (1976), 714-715, 793-804, 815-816 頁．なおブラッハーはゲルデラー・グループを抵抗派のごく一部を表すものとして消極的な評価しか与えていないが，ゲルデラーの鋭い経済認識やヨーロッパ統合構想への急激な傾斜から判断すると国民保守的反対派のレジスタンス運動家としてもっと正面だって考察を加えてもよいように思われる．Gillmann (2002) はそうした考察の流れを端的に表すものである．
77) Lipgens (ed.) (1985) [Carl Goerdeler : 'Principles of a peace-time economy', October 1940], pp. 380-381.
78) Lipgens (ed.) (1985) [from memorandum 'Das Ziel', late 1941], pp. 397-399.
79) Lipgens (ed.) (1985) [Carl Goerdeler : 'Statement on the Atlantic Charter, 13 December 1942], pp. 419-420.

80) Lipgens (ed.) (1985) [Hellmuth von Moltke : 'Initial Situation, Aims and Tasks', 24 April 1941], pp. 384-385, [Hellmuth von Moltke : 'Questions on the relationship between economic and foreign policy', 14 June 1943], p. 426.
81) Lipgens (ed.) (1985) [Carl Goerdeler : 'Peace plan', late summer-autumn 1943], p. 436.
82) Lipgens (ed.) (1985) [Carl Goerdeler : 'Practical Steps …'], p. 440.
83) Lipgens (ed.) (1985) [Carl Goerdeler : 'Germany's future tasks', 1-8 August 1944], pp. 445-446.
84) Gillmann (2002), S. 92.
85) Gillmann (2002), S. 96.
86) Lipgens (ed.) (1986) [Declaration of the Council for a Democratic Germany, April 1944], p. 610.
87) Lipgens (ed.) (1986) [Ernst Behm, Willy Brandt, August and Irmgard Enderle, Stafan Szende : 'On the Postwar …'], pp. 612-613.
88) Lipgens (ed.) (1985) [Alfred Delp : New Year mediation on Europe, 1 January 1945], p. 447.
89) Lipgens (ed.) (1986) ['Political Manifesto of the German Anti-Fascists in South America', 31 January 1943], p. 592.
90) Lipgens (ed.) (1986) [Erich Koch-Weser : 'A Constitution for a European Union', Autumn 1942-Spring 1943], p. 585.
91) Lipgens (ed.) (1985) [Combat : 'We have had enough …', March 1944], p. 341 (フランス), [Claude Bourdet : 'The Future of Germany ?', March 1944], p. 343 (フランス), [A. J. van der Leeuw : 'Annexations or European order ?', January 1945], p. 604 (オランダ), [Ernesto Rossi : 'Tomorrow's Europe', April 1944], p. 671 (イタリア).
92) Lipgens (ed.) (1985) [F. M. van Asbeck, J. Tinbergen, J. H. Verzijl and others : 'Postwar questions', August 1944], p. 590 (オランダ), (1986) [F. J. Josephy : 'Why Europe Must Federate', April 1944], p. 256.
93) Lipgens (ed.) (1985) [F. M. van Asbeck, J. Tinbergen, J. H. Verzijl and others : 'Postwar questions'], p. 589.
94) Lipgens (ed.) (1985) [A. J. van der Leeuw : 'Annexations or …'], p. 604.
95) Lipgens (ed.) (1985) [G. J. Heuven Goedhart : 'For the new freedom', 28 May 1943], p. 577 (オランダ), (1986) [Aneurin Bevan : 'Labour's European Policy', April 1944], p.258, [Ronald Mackay : European Federation and the Peace], p. 69, [F. L. Josephy : 'Why Europe …'], p. 256.
96) Lipgens (ed.) (1986) [Frans van Cauwelaert : 'Dangers of a European Federation', 2 April 1942], p. 429 (ベルギー亡命者). ただし彼は平和的なドイツに決定的に懐疑的であった．なおここで「狼の肉体」とはケインズも認識していた発展動力を内生化させている重化学工業的な生産力のことであり，「山羊の精神」とは民

主協調型の政治制度あるいは文化のことである．両者の不可分な結びつきに再生ドイツの鍵がかかっていたと考えてよい．ワイマル民主主義の暗転はヨーロッパ人に対し拭い切れないドイツ不信感をもたらしたのである．

97) Lipgens (ed.) (1985), p. 270. これはフランス・レジスタンス運動の指導者であるフレネ (Henri Frenay) の発言である．
98) Lipgens (ed.) (1986) [Lionel Robbins : The Cause of International Conflict, End 1939], p.45, note 6, p. 51.
99) Lipgens (ed.) (1985) [A. J. van der Leeuw : 'Annexations or …'], p. 605.
100) Lipgens (ed.) (1985) [Francis Gérard : 'What is to be …'], p. 324, [G. J. van Gordhart : 'On the coming peace', 12 December 1942], p. 574.
101) Lipgens (ed.) (1986) [Louis de Brockére : 'Some Western Problems'], p. 433.
102) Lipgens (ed.) (1985) [Francis Gérard : 'What is to be …'], p.323.
103) Lipgens (ed.) (1986) [Ivor Jennings : Collaboration with other States, May-June 1940], p. 158.
104) Lipgens (ed.) (1986) [The Economist : 'Britain in the World', September 1943], p. 239, [Frans van Cauwelaert : 'Dangers of …'], p. 429.
105) Lipgens (ed.) (1986) [The Economist : 'Britain in …'], p. 239, (1985) [Phillippe Viannay : 'The future of Germany', 20 March 1942], p. 287 (フランス).
106) Lipgens (ed.) (1986) [Ernst Behm, Willy Brandt, August and Irmgard Enderle, Stefan Szende : 'On the Postwar …'], p. 613, [Ronald Mackay : European Federation …'], p. 70.
107) Milward (1984), p. 167.
108) Lipgens (ed.) (1985) [Jacques Maritain : 'On political justice', spring 1940], p. 276 (フランス).

第2章 ドル条項とドイツ経済の復興

1 ドル条項と「強いドイツ」

　第二次大戦後，ドイツは重化学工業国（「強いドイツ」）として急速に復活する．これは西ヨーロッパ経済の危機，冷戦の激化とそれらの出来事に伴うアメリカの対ドイツ政策の転換を背景にしており，大戦後も影響力を残してきた大戦中のモーゲンソー・プランに示されるような対ドイツ破壊・懲罰（「弱いドイツ」）政策からの決別を意味した．何よりもまず，西ヨーロッパ全体の国際収支危機のなかで「ビジィー・ジャーマニー」こそ「ビジィー・ヨーロッパ」といった認識が再度浮上してきたからにほかならない．

　上に述べたように，ドイツを重化学工業国として復興させる動きに深い影響を与えたのは，確かにアメリカの対ドイツ政策の転換であるが，だからといってこうした政策転換の一方的押し付けだけがそうした経済復興を可能ならしめたということはできない．周知のように第二次大戦中にナチス・ドイツは西ヨーロッパを軍事的に制圧し，一種のヨーロッパ統合を実現させた．その覇権的な統合のなかで被占領国は苛酷な政治・経済的状態に置かれたのであった．大戦直後に残るこうした西ヨーロッパ近隣各国の悲惨な体験を考えれば，ドイツ経済の復興というものも容易に許容されえないような状況にあったのである．ドイツ脅威論が広く西ヨーロッパの政治を覆っても不思議ではなかったからである．

　しかしそうした難しい状況を覆す役割を果たすことになったのが，いわゆるドル条項問題であった．ドル条項とは後述するように，ドイツからの輸出をドル決済と義務づける——それは同時にドイツの輸入の厳格な統制を随伴した

——連合国管理理事会の規定のことであり，これは戦後の異常なドル不足の下では西ヨーロッパ近隣各国に著しい困難を課すものであった．すなわち，この時期にはこれらの国々の戦後復興ひとつをとってみてもアメリカの供給力に頼らざるをえず，その結果どの国々も対アメリカ貿易収支は大幅な入超を計上することとなったからである．戦前，これらの国々は必要とする資本財をドイツから輸入し，また農産物や原料・中間財をドイツに輸出していた．戦後の状況の下で強いられたアメリカへの貿易転換はドル不足問題を尖鋭化させるものとなったのである．

そうしたなかでドル条項はドイツをドル圏に組み入れることによってこの当時ヨーロッパを席捲していた夥しい数の双務協定網からドイツを隔離させたので，異常なドル不足のなかで西ヨーロッパ近隣各国の対ドイツ差別的な貿易政策を必然にした．そこでドル条項は当時，「鉄のカーテン」になぞらえて「ドルのカーテン」（Dollarvorhang）と非難される[1]深刻な問題となった．もっとも，実際にはドル条項問題の如何にかかわらず，当時のドイツ，とくに次第に鮮明になっていく東西ドイツ分断の下でドル条項問題の主たる対象地域となる英米2占領地区（後の英米統合地区，西ドイツの前身）にはこれらの国々の資本財需要に応えうる能力はさしあたりなかった．しかし，ドル条項はドイツに対して輸出できない問題と関連して，資本財供給国としてのドイツというかつての存在の重みを逆説的に浮かび上がらせたのであった．

すなわち，ドル条項問題を契機にして戦前のようにドイツ経済を中心とする西ヨーロッパ経済の国際的な貿易連関を再構築させようとする動きが近隣各国から出てくるのである．ドル条項はドイツからの輸出の困難，あるいはまた，ドイツの輸入の困難を媒介にして，当時ドイツがヨーロッパに供給していた石炭，木材，鉄屑などの原料輸出の実態[2]を越えてヨーロッパの心臓部としての重化学工業国ドイツの再生・復活を待望させる重要な要因となっていった．

このようにして，「弱いドイツ」から「強いドイツ」というアメリカの対ドイツ政策の転換を上からの転換とすれば，ドル条項問題はフランスを除く西ヨーロッパ近隣各国に対し「強いドイツ」を希求させる下からの転換の契機になっていくのである．このことは先にも述べたように，第二次大戦中被占領国となった国々を中心にこうした主張が出されてきた点において重要であった．そ

して，これは当時フランスが追求していたドイツ弱体化政策と真っ向から衝突する動きであった．したがってこれからの説明のなかで述べるように，ドル条項問題はフランスの対ドイツ占領負担の増大を引き起こす問題とも相俟って西ヨーロッパでのフランスの「孤立」を生み出し，フランスのドイツ弱体化政策を西ヨーロッパ内部から限界づけるものとなっていった．このことの歴史的意義は決して小さくない．

　本章は以上のような問題意識をもってドル条項の成立がいかなる批判を西ヨーロッパ内部に生み出し，それがどのようにドイツ経済の復興に向けた環境になっていったかを考察する．ドイツ経済の復興を第1義としたマーシャル・プランの構想発表以後もドル条項はなおしばらく存続するが，本章ではまたその存続の具体的な根拠とアメリカ政府内部でのドル条項批判を検討の俎上に載せながら，最後にドル条項の解消に言及していきたい．

2　優先控除原則とドル条項

2.1　優先控除原則の主張

　1945年5月8日にドイツは連合国に対して無条件降伏をおこなった．米英仏ソの4軍代表により6月5日にベルリン宣言が発せられ，占領軍によるドイツ主権の行使，4地域への分割占領などの方針が示された後，7月17日から8月2日まで米英ソ3国首脳のポツダム会談がおこなわれ，対ドイツ政策が正式に確定された．8月末にはその最高機関である連合国管理理事会が設置される．

　ポツダム会談ではアメリカ国務省がまとめた文書をたたき台にして討議がなされたが，その際国務省が一貫して主張し，アメリカ側が非妥協的な姿勢で臨んだ基本スタンスは，優先控除原則（the first charge principle）に集約された．優先控除原則とは，賠償支払いをおこなう前に輸出による輸入金融が優先されるというものである．すなわち，経常生産からの輸出所得はまず輸入支払いのために用いられ，ドイツの輸出所得が輸入コストをカバーするまで賠償支払いがあるべきではなく，対外援助なしにドイツ経済が存立する余地を確保することを内容とするものである．

　実はこの原則は1945年2月のヤルタ会談に向けた国務省の1月12日付けの

ドイツの経済政策に関する文書，1月16日付けの賠償政策に関する文書においてすでに基本目標として掲げられていたものであった[3]．1945年5月18日の国務省文書もまた，賠償問題に対する基本方針としてアメリカないしその他の国はドイツの復興のために，あるいはまた，賠償支払いのために直接・間接の金融をおこなわず，1920年代と同じような再建方式は採らないとする主張とともに賠償方式を経常生産物賠償から生産設備の撤去と移送（dismantling and removal of plants and capital equipment ; Demontage）とする転換政策を挙げながら，占領費，必須輸入品の支払いに充てる外貨を賠償以前に控除する優先控除原則の堅持を確認していた[4]．この優先控除原則の堅持は直接に占領政策を担う陸軍省の意向をも反映するものであったろう．

　さらにこの原則はイギリスにとって死活的な問題であり，イギリスによっても強く主張された．大戦によって不可避となった自国の国際収支ポジションの一層の弱体化と戦後確実に予想される国際収支危機からいって占領負担の持ち出しに深い懸念を抱くイギリスにとって賠償支払いよりも輸出による外貨獲得は喫緊の課題となっていた．アメリカ国内においてドイツの非工業化を目指す財務省が対ドイツ政策のヘゲモニーを握っていた1945年4月以前の段階から優先控除原則を主張していたのがもっぱらイギリスであったのは，この脈絡において容易に理解されることである．ヤルタ会談において米ソが協調し，イギリスがこれに対抗する形となったのも，賠償問題の処理がやがてくる占領政策の行方を左右すると認識されてのことであった．

　ヤルタ会談において対ドイツ賠償について総額200億ドルの要求を主張してきたスターリンにローズヴェルト（Franklin D. Roosevelt）がその主張をもとにした協議に応ずる姿勢を示したのに対し，チャーチル（Winston S. Churchill）は強硬に反対した．ヤルタ会談では各占領地区の確定もなされたから，チャーチルの反対表明には賠償問題に突出して現れているようなソ連の目立った攻勢に対して単にソ連を封じ込めるといった観点ばかりでなく，自国経済の状況を勘案した上での自占領地区の運営が賠償問題により経済的破綻の危機に晒されることを未然に防止する観点も込められていたのであろう．イギリスはそもそもそれよりも以前に対ドイツ経済政策として決められた米統合参謀本部（Joint Chiefs of Staff，以下JCS）1067号指令が1944年9月に米英連合参謀本部に回

された時にその承認を拒んだ頃から戦後の占領政策を真剣に考えていたように思われる．

　1945年4月におけるローズヴェルトの死後，財務省の政治的影響力が急速に低下するのとは対照的に国務省が急激に影響力を強めてくるにつれてアメリカの政策スタンスが大きく変わり，一転してポツダム会談では賠償政策をめぐって米ソが鋭く対立することになったが，これも優先控除原則に密接に関わる問題からであった．アメリカ国務省が賠償方式をそれまでの経常生産物賠償から生産設備の撤去と移送に転換するのも，輸出による外貨獲得が目指されたからにほかならない．ここには実際に占領政策を開始してドイツ経済の破綻が予想を上回るものであることが次第に明瞭化するにおよんで，そうした事態の重大さから政策スタンスを劇的に転換しなければならなくなった事情が投影されていよう．この事情はとくに戦争の被害が大きい工業地域を抱える英占領地区において最も深刻であったと推測される．

　結局8月1日に賠償合意に関わる西部地域からのソ連による賠償取り立てには適用しないとの妥協のうえに，①賠償支払いに際しては，ドイツ国民が対外援助に依存しないで生存するに足る資源を控除しなければならないこと，②連合国管理理事会により承認された輸入に対する支払いは，経常生産物の輸出代金から最初に控除されねばならないこと，の優先控除原則が認められた[5]．この点では賠償支払いの優先にあくまで固執するソ連側の要求に譲歩した格好となり，優先控除原則を占領地区にまたがって無条件に根拠づける試みは頓挫したとみるしかないが，ドイツに対外援助なしに生活できる余地を与える原則が盛り込まれ，賠償支払いに一定程度の楔が打ち込まれたことの意味は後の経緯から考えてみても決して小さくなかったといってよいであろう．

　ともあれ，優先控除原則はドイツ国民の生存という観点から妥協的に取り込まれた．それが妥協的であったために，ポツダム協定で定められた単一経済単位原則にもかかわらず，賠償の履行と同じく，当初からゾーン・アプローチ的方向にあったことは留意されてよい．実際，こうしたゾーン・アプローチと西側占領地区への運用的方向はまもなく言及する9月の輸出入規制のなかにはっきりと現れてくる．ポツダム協定のなかに優先控除原則が採用されながら，それがドイツ全体におよぶ規制ではなかったためにイギリスにとって「ささやか

な慰め」(ein schwacher Trost) にすぎない[6] と受けとめられた理由である．

2.2 優先控除原則とドル条項

　ところで，輸出による輸入金融という場合の獲得外貨は暗々裡のうちにドルが前提されていたことはいうまでもない．当時最も緊急性の高かった食糧ひとつとってみてもアメリカないしドル圏から輸入せざるをえなかったからである．そうした原則は実際に1945年9月20日の連合国管理理事会指令によって改めて追認された．これは全体としてのドイツの単一の輸出入計画についての連合国管理理事会の合意がなされるまで連合国管理理事会が定めた暫定的な輸出入規制ともいうべきであって，主な内容は，①ドイツの輸入は生存の需要に限定され，それは個々の占領地区の統治者により決定されること，②経常生産ないし在庫からの財の輸出はドルか，あるいはまた，連合国管理理事会により承認された通貨で支払われるべきこと，支払い額は軍政長官により暫時的に定められた価格にもとづいておこなわれ，この価格の最低80％であるべきで――80％条項といわれる――，これは1945年8月1日以降の輸出に遡って適用されること，③個々の占領地区の輸出所得はさしあたり当該地域の輸入金融に用いられること，他の占領地区の輸出所得から他の占領地区の輸入支払いはそれに照応する連合国管理理事会の決定か，もしくは個々の占領地区の統治者間の合意にもとづいておこなわれること，の3つであった[7]．

　この規制は必ずしも4ヵ国間での積極的な同意が得られたものではなく，その性格からいって西側占領地区に該当するものとされた[8]．そして，こうした貿易規制全体が後にドル条項というものを構成した．規定に立ち入ってみていくと①，③をみるかぎり，ゾーン・アプローチ的方向が明瞭である．ドル条項が西側占領地区に該当するといわれるのも，この点に起因しており，とりわけ英米の2占領地区を中心とするものであったことはいままでの経緯からことさら指摘するまでもない．②の規定では，ドルか，もしくは連合国管理理事会が認めた通貨となってはいるものの，もっぱらドルだけが想定されていたと考えてよい．これが通常ドル条項 (dollar clause ; Dollarklausel) といわれる規定の核心部分である．この規定は優先控除原則にうたわれた輸出所得，すなわち，外貨獲得に実質的内容を与えるものであった．したがって，以上の意味におい

て優先控除原則とドル条項とは一対のものであり，ドル条項は優先控除原則の実際的な表現にほかならなかった[9]。そして，それは紛れもなく分割占領の所産であった．

ともあれ，ドル条項の採用により当時の極端なドル不足の下で200以上もの双務協定を締結していた西ヨーロッパに突如として「双務主義の大海におけるハード・カレンシーの孤島」(eine Hartwährungsinsel im Meer des Bilateralismus)[10]が出現することになった．こうした事態が西ヨーロッパ近隣各国に大きな衝撃を与えたことは，以下の叙述のなかで詳しく論ずるとおりである．この点に関連してドル条項の場合に注意しなければならないのは，それが輸出によるドル獲得により輸入を賄うという点でのドル決済にとどまらず，他の西ヨーロッパ諸国よりもはるかに厳格な輸入統制という側面を必然的に随伴していたことである．これは先に言及した9月20日の連合国管理理事会指令における①の規定にもとづいており，その意味ではドル条項自体のなかに差別的な貿易政策を不可避とする性格が孕まれていたことになる．とりわけ，この当時の深刻な食糧危機においてはアメリカからの必須食糧の輸入が最優先されたので，西ヨーロッパ内部からの農産物などは輸入許可製品から除外されることになった．アメリカ軍政長官クレイ（Lucius D. Clay）がオランダからの野菜やイタリアからの果実の輸入を排除した[11]事実は，その端的な一例である[12]．

輸出した分で輸入を賄う発想は，ナチス体制下で1934年9月に経済相シャハトが導入した経済政策路線である「新計画」に相通ずるものがあり，占領負担持ち出しを極力回避するという論理から同様の貿易統制が再度採られざるをえなかったといえよう．

ドル条項は優先控除原則と同じくイギリスがそうした占領政策の実践的な観点から強く主張したといわれる[13]．確かに基軸通貨がドルである絶対優位の経済的現実を政治的に承認する意味においてドル条項はイギリスにとって屈辱以外の何物でもなかったが，占領地域が破綻に瀕したルール地方を中心とする工業地帯であり，しかも食糧危機が極めて深刻であったために本国からの持ち出しの軽減を可能なかぎり図らねばならず，背に腹は代えられぬ規定であった．その意味で資本主義の多角的な貿易金融システムの再建のために世界政策を指向したアメリカとは異なり，最も現実的な占領政策を展開する必要があったイ

ギリスの意向が如実に反映されていた．たとえば，イギリスが1945/46年の冬にドイツ鉄鋼業の許容生産水準を1946年3月の580万トンに比較すると1050万トンといった異例の高水準に据えようとした[14]事実は，英占領地区からの輸出所得をあげるためであり，イギリスの現実的な政策方向を端的に示すものであった．実際，1946年においても英占領地区ではドル圏から穀物を獲得する必要性によりドル流出が続いていた[15]．まもなく触れるように，石炭輸出によるドル獲得に制約がかけられていたことが考慮されねばならない．

このように賠償よりもドイツの輸出，すなわち，外貨の獲得を重視するイギリスの基本姿勢にはアメリカ国務省とは比較にならないほどの切迫した事情があったと考えられる．ともあれ，ドル条項は英米の2つの占領地区において極めて峻厳に運用されることとなった．なお，占領地区を自国経済復興に徹底的に利用しようとしていたフランスも7月にドル条項に賛成し，9月に改めて同意したといわれている[16]．こうして，先に暫定的なものとして指令されたドル条項の規制は分割占領の下でゾーン・アプローチ的性格を濃厚に有しながら，占領の具体的な困難という事実の重みに促迫されつつ，長期化していくこととなる．

ところで，実際になされたドイツの輸出はこの当時原料の輸出であった．それもとくに注目されるのは，「隠された賠償」(versteckte Reparation : hidden reparation) といわれる石炭，木材，鉄屑の世界市場価格以下での強制輸出であった[17]．ここには先に指摘した9月20日の管理貿易規制が西ヨーロッパ近隣各国との貿易を著しく阻害したため，強制輸出がその部分的代替の意味をもたされた事情が加わっていると思われる．この点では西ヨーロッパ石炭危機の深まりから1945年6月26日にJCS石炭増産指令が出された事実にみられるように，西ヨーロッパ経済を救済，援助するという枠組みが一方であるなかで，ドル条項は間接的にだがドイツを原料輸出国に変える働きをもったといってよい．石炭増産指令は一面では確かにかつて主張されたドイツの非工業化路線やJCS1067号指令の軌道修正であったが，強いドイツ論を唱えるアメリカ国務省や陸軍省にとっては，それが強制輸出であるかぎり，やはり一種の矛盾であった[18]．

それはともかく，アーベルスハウザーが指摘する[19]ように，輸出所得が低

く抑えられたので強制輸出がドイツの経済復興にとって現実的制約となったことは間違いないが，他面ではドイツからの資源の喪失が石炭，木材，鉄屑に限定されたといえなくもない．この当時西ヨーロッパを席捲していた双務協定の網の目にドイツが他の国々と対等な立場で加われたとは思えない．むしろ，ナチス・ドイツによる戦時中の占領政策への反動からいって不利な状態に置かれたままでドイツの資源の大規模な喪失が生じたと考えても不思議ではないであろう．ドル条項はそうした観点からみれば，一種の通貨・貿易障壁をかたちづくることによって強制輸出の対象拡大を狭めるように作用し，結果としてドイツの資源を温存させる積極的な役割を果たしたといってよい[20]．

3　モスクワ外相会議と優先控除原則

3.1　モスクワ外相会議前夜

　1946年に入って英米2占領地区の占領負担が膨らんで自国の持ち出しがかさむといった事情に加えて深刻な政治問題となってきたのが対ソ連問題であった．資本主義世界との非和解性を改めて表明する1946年2月のスターリン演説，それに続く翌3月のチャーチルの「鉄のカーテン」演説，アメリカの強大さとリーダーシップを前面に押し出し，対ソ強硬路線を反映したものと受けとめられた4月における陸軍記念日でのトルーマン演説，またその主たる背景をなす中東，東地中海地域での緊張の高まり，これら一連の事態を受けてなされた1946年5月における対ソ連向けイヤマーク10億ドルのフランスへの振替は，英米の対ドイツ政策にも重大な影響をおよぼしてきた．

　そうしたなかで，ソ連がポツダム協定で定められた西側からの賠償引き渡しに対する食糧，木材などの反対給付をおこなっていないとしてクレイが生産設備の撤去と移送を停止し，あるいはまた，クレイが国務省から派遣されてきた軍政府政治顧問マーフィー（Robert D. Murphy）とともにポツダム協定を棚上げして経済統合を推し進める[21]といった動きが現れてきていた．こうした動きは現地軍政遂行の現実的必要性の観点からドイツの経済復興に対する政策修正を強く求めてきたクレイなどの政策方向の延長線上にあった．パリ外相会議におけるドイツに関わる問題の公式討論のなかで7月11日国務長官バーンズ

（James E. Byrnes）は，英仏ソ3ヵ国に対しアメリカ占領地区との経済統合案を打ち出した[22]．バーンズの提案は事実上西側占領地区の統合を目指したものであり，7月30日にイギリスによって支持された．8月9日に英米両国は英米2占領地区の経済統合に向けた合同機構の設立の合意に達する．イギリスにとってはこの経済統合案はヤルタ会談以来の対ドイツ政策の政策的孤立から抜け出る決定的な1歩を踏み出すものと期待された[23]．占領負担の持ち出しが国内で深刻に問題視されるなかで，工業水準が見直され，持ち出しへの軽減の途が切り拓かれたからにほかならない．

1946年9月6日におけるバーンズのシュトゥットガルト演説は以上の文脈のなかでおこなわれた．シュトゥットガルト演説は，ポツダム協定がすでに履行されえない状況にあることを踏まえつつ，東西ドイツの分断を前提にして西部ドイツの経済復興とそれをバネとした西ヨーロッパの経済復興を強く主張したものであった．すなわち，ドイツの経済復興は西ヨーロッパの経済復興の前提であることが明言されたのである．この見解はイギリスのギリシア，トルコからの撤退とアメリカによるその肩代わりといった新たな事態を背景にしてなされた1947年3月12日のトルーマン・ドクトリンの発表に続く13日のモスクワ外相会議に向けた政策会議のなかで鮮明となる．会議では英米統合地区の重要性，工業水準の合意の喪失，ドイツ維持のための重工業的な発展の必要性およびドイツ重工業を柱とするドイツと西ヨーロッパの経済復興が対ドイツ政策の基本方針とされた[24]．

3.2　モスクワ外相会議と優先控除原則

1947年3月10日から4月24日にかけておこなわれたモスクワ外相会議において占領体制に関わるドイツの問題が討議された際，米ソの間で深刻な争点となったのは賠償問題であった．このなかで目新しいのは，賠償問題が新たにソ連側から提示されてきた経常生産物賠償方式をめぐって論議された点である．これまでソ連側が追求してきた賠償方式はすでに述べたように，生産設備の撤去と移送であった．ところが，この生産設備の撤去と移送の方式は，未熟な者によって拙速になされたため大失敗であることがすぐさま露呈され，早くも1945年末までにはソ連はこの賠償方式に大いなる幻滅を感じるようになって

いた[25]．こうした事態を受けてソ連側も賠償方式を軌道修正して経常生産物賠償に転換せざるをえなくなるに至ったのである．

　1946年7月のパリ外相会議ではそうした転換を図るためにソ連は，それまでの方針を転換してドイツ工業力の復興の立場を表明した．8月にはソ連は経常生産物賠償の取り立てを可能にし，また輸出能力を高めるための許容生産水準の引き上げを提案した[26]．これは1946年3月に連合国管理理事会により決定された第一次工業水準計画——正式には賠償および戦後ドイツの経済水準に関する計画——からの逸脱であり，大幅な軌道修正であった．こうして，単一経済単位原則を棚上げし西部占領地区の経済統合に踏み出すことによってドイツ経済の復興を前面に出すアメリカとは政策的背景が異なるものの，ソ連もまた，弱いドイツ論からの転換を図ることになったのである．その意味ではソ連はアメリカとの間に妥協の余地を見出しうる政策転換をしたとみなしてよい．

　しかしこの点でアメリカの態度ははっきりしていた．すでにパリ外相会議での7月9日に国務長官バーンズがポツダム協定における優先控除原則の合意を楯にとりながら，自占領地区での占領負担の持ち出しが膨らんでおり，事実として賠償支払いが困難になっているとの見解を表明していた[27]のである．賠償方式が経常生産物賠償となれば，優先控除原則と真っ向から衝突することは明らかであり，いまや西部地域の経済統合，とくにさしあたっては英米占領地区の経済統合の下で経済復興を強く打ち出し始めたアメリカ，そしてイギリスにとって経常生産物賠償は決して容認できない賠償方式であった．

　また，これに関してはドイツ経済の危機的様相が指摘されねばならない[28]．1946年当時のドイツ経済は，①原材料の調達困難，②運輸網の寸断による運輸活動の極端な不振，③食糧危機による労働意欲の減退，によって停滞色を強めていた．①に関連しては，たとえば石炭の強制輸出が国内の石炭不足を招来し，産業活動はいうまでもなく，民衆生活の安定を損なっていた．加えて，モスクワ外相会議が開催された当時は，西ヨーロッパでは50年来の厳冬で，その影響による輸送危機などを受けてドイツ経済の危機は一段と進行していたのである．1946年から1947年にかけては各地で食糧デモが生じており，都市の住民は近郊農家に盛んに「買出し行脚」（Hamsterfahrt）をおこなっていた[29]．まさに1946年秋から1947年秋にかけてのドイツ経済は輸送危機を核心とする

「(経済)麻痺危機」(Lähmungskrise)の局面にあった[30]．こうした状態のなかでは経常生産物賠償は占領負担の持ち出しを一層膨らませるものでしかなかった．

したがって，モスクワ外相会議では賠償問題をめぐって英米とソ連が鋭く対立するのは明らかであった．この対立は上述の説明から理解されるとおり深刻で3月末には容易に打開できない状態となっていたが，それを後押ししたのが国務長官マーシャル (George C. Marshall) にトルーマン (Harry S. Truman) 大統領が宛てた4月1日付け緊急極秘電報であった．電報では経常生産物賠償問題は，①それが輸出を阻害せず，輸出による外貨は経済復興に必須な財に充てられる——この点は英米統合地区の成立後発足した共同輸出入庁 (Joint Export Import Agency, 以下 JEIA) の「B」物資(輸出に必要な原材料)の輸入確保の方針に合致する——こと，②経常生産物賠償は連合国とドイツの石炭と資源の消費を妨げるものであってはならないこと，③他の連合国は僅かな賠償を受け取ったにすぎないのに対し，ソ連はすでに自占領地区から大規模に賠償の取り立てをおこなっているうえに西部の占領地区からも賠償の支払いを受けており，こうした均衡を失したなかでの経常生産物賠償は不当であること，が指摘されていた[31]．

電報はすでに既定の方針となっている経済復興を前面に出しながら，国務省が1945年初め以来強調してきた優先控除原則を改めて確認する内容であった．電報はさらにマーシャルに対してソ連の経常生産物賠償の要求に非妥協的な立場を一貫させることを求め，モスクワ外相会議の決裂を指示していた[32]．イギリス側もまた，4月8日のベヴィン (Ernest Bevin) とマーシャルとの英米会談において鉄鋼生産1000万トンを基礎とする新工業水準の設定とそれを前提とする賠償問題の再検討を提案し，4月18日に両者の合意をみる[33]．工業水準の引き上げは生産設備の撤去と移送の縮小に繋がるものである．こうした状況のなかで，モスクワ外相会議は最終的に決裂し，その結果，賠償問題の「決着」が図られ，さしあたり英米統合地区の経済復興が推進されていく．

次におこなわれる1947年11月25日からのロンドン外相会議がもはや決裂するかどうかではなく，いかに決裂するのか，あるいはまた，決裂させるのかと目され[34]，さらにその後，1948年2月に開催されたロンドン6ヵ国(英米

3 モスクワ外相会議と優先控除原則

仏ベネルクス3ヵ国）外相会議のコミュニケ発表に抗議して3月にソ連が連合国管理理事会から退席し，その結末として連合国管理理事会が決裂状態に陥る．以上の経緯を考えれば，モスクワ外相会議の決裂がドイツの問題および賠償問題を公式に討議するという脈絡において決定的な重要性を帯びているのは，明らかであろう．事実そのことを示すように，ベヴィンは1947年1月の段階でもなお平和にとってソ連の脅威よりもドイツの脅威を深刻視していたが，外相会議を経た7月にはドイツの潜在的な経済力が西ヨーロッパの経済再建計画のなかで考慮されねばならないと確信するようになっていたのである[35]．ここにはむろん，マーシャル・プラン構想の影響が投影されていようが，それにしても政策スタンスの変化は劇的であったといってよい．

そしてまた，ここでの議論の文脈において肝要なのは，ソ連の経常生産物賠償の要求が英米の非妥協的な姿勢により拒否され，賠償問題が生産設備の撤去と移送の縮小とともに「事実上」決着された点である．いわゆる賠償指定はマーシャル・プランの実施とともに緩和化の方向に動いて軍需工場を除く大半が指定解除され，1951年末には生産設備の撤去と移送そのものが正式に中止の運びとなるが，こうした動きは上述した事実上の決着の延長線上にあった．そうした事実上の決着のなかでこれまで英米の賠償政策の楯となってきた優先控除原則はもはや重大な争点たりえなくなり，その存在意義を失うのである．これはドイツの問題にとってひとつの画期であった．

しかしそうだとしても，それは優先控除原則と一対の関係にあったドル条項の解消を意味するものではない．ドル条項それ自体は輸入金融の手段として存続する．むしろ一面では，ドイツ経済の復興に向けた工業用の原料物資獲得のためにドル条項が改めて政策的に重視される局面が訪れるものであった．と同時に他面では，それは西ヨーロッパ近隣各国にとって貿易障害をなすものとしてのドル条項問題が本格的に浮上してくる局面でもあった[36]．この問題はこれまで賠償問題の処理の陰に隠れていた問題であった．それはマーシャル・プランによるヨーロッパ復興計画を契機に正面だった批判として登場してくるのである．

4 マーシャル・プランとドル条項批判

4.1 マーシャル・プラン構想の発表

　1947年4月28日にモスクワ外相会議の報告をラジオ演説でおこなったマーシャルは，西ヨーロッパの問題状況に言及して「われわれは時間という要因を無視できない．ヨーロッパ復興は予想よりはるかに遅れており，その崩壊の危機は顕著となっている．医師が熟考している間に患者は衰弱しており，疲労による妥協を待って行動を始めることはできない」[37)] と指摘した．とくに50年来の厳冬を迎えて輸送危機，石炭不足，電力不足，工業操業停止に陥った1947年はドイツ経済にとってだけでなく，西ヨーロッパ経済全体にとっても「決定的な年」（a decisive year）というべき時期にさしかかっていた[38)]．また夏を控えて1946年に続いて干ばつが西ヨーロッパを襲った．いずれにせよ，1947年初めの時期には西ヨーロッパ経済の極度の混迷と不振についてアメリカが過小評価していた[39)] 事実が明瞭となったのである．

　このような状況のなかで1947年6月5日にマーシャルのハーバード大学における演説がおこなわれる．演説は，「事態の真相はヨーロッパにおいて今後3，4年間の外国産の食糧と必需品——主にはアメリカからの——に対する需要が支払い能力をはるかに上回っているので，相当の援助が追加されなければヨーロッパは大変深刻な経済的，社会的，政治的な崩壊に直面するしかない．救いの途は，こうした悪循環を断ち切り，ヨーロッパ全体ならびに各国の経済的将来に対する信頼を回復させることである」と述べてヨーロッパに対する援助テコ入れの用意があることを表明しつつ，「事態を緩和し，ヨーロッパ世界が回復の軌道に乗るのを助けるためにアメリカがさらに一層の努力をおこなう前に，まずヨーロッパ諸国で現在何が必要か，アメリカの行動を効果的にするためにヨーロッパ各国がどのような役割を果たすかについて，ヨーロッパ側で何らかの意見の一致をみなければならないことはすでに明らかである．ヨーロッパが経済的に自立しようとする計画をアメリカが一方的に立案することは適当でもなければ，効果のあるものともいえない」と指摘したうえで「イニシアチブはヨーロッパ側から出なければならない」と考える見解を披瀝した[40)]．

4 マーシャル・プランとドル条項批判　　　　　　　　65

　こうして，マーシャル・プランは開始されることになるが，この場合留意されねばならないのは，マーシャル・プランがドイツの経済復興と西ヨーロッパ経済への復帰を核心的な内容のひとつとするものだったということである．この内容を抜きにしてマーシャル・プランは論じられない．それはたとえば，1946年9月のバーンズのシュトゥットガルト演説からドイツのみならずヨーロッパ経済復興にとってのドイツ重工業の意義を強調する1947年3月におけるフーバー使節団の報告書提出，ヨーロッパの工場としてのドイツ再建方針を明らかにした5月における国務次官アチソン（Dean G. Acheson）のクリーブランド演説を経て，「秩序ある繁栄したヨーロッパにとって，安定した生産的なドイツの経済的な貢献が必要である」との認識に立って工業水準を引き上げた7月11日のJCS1779号指令，「ヨーロッパの復興はドイツの復興を含んでおり，ドイツの復興なしにはヨーロッパの復興はありえない」とした11月18日におけるマーシャルのシカゴ演説といった一連の経緯を考えれば一目瞭然である．

　実際，6月5日のマーシャル演説以前にすでに西ヨーロッパの危機の分析がヨーロッパ経済はドイツ経済，それもとりわけルール地域の潜在力なしには再建されえないという古い認識を蘇えらせていたのであった[41]．トルーマン大統領の要請でドイツとオーストリアを視察した元大統領フーバー（Herbert C. Hoover）もまた，1947年3月18日における報告書提出後の3月23日にヨーロッパ経済が原料と完成品の交易によってドイツ経済と最も緊密に結びついており，この交易関係における購買者および供給者（Abnehmer und Lieferant）としてのドイツを考慮することなしにはヨーロッパの生産力は再生されえないと結論づけていた[42]のである．1947年6月にトルーマン大統領によって委託された3委員会のうち最も重要な委員会であるハリマン委員会（対外援助委員会）はニューディール的伝統を踏襲しながら政府，産業界，労働組合の代表者と独自の専門家から構成されて審議を重ね，11月17日にハリマン報告を提出したが，報告はヨーロッパにおけるドイツの位置を西部ペンシルヴァニアからイリノイに展開するアメリカの工業地帯になぞらえてヨーロッパの経済回復とアメリカの援助との脈絡づけをおこなった[43]．

　後にマーシャルはドイツ経済の復興に関してそれをヨーロッパ復興計画の枠

組みのなかで西ヨーロッパ経済に最大限の貢献をするような形でなされるべきであると位置づけた[44]が，最大限の貢献の中身とは購買者および供給者としてのドイツの西ヨーロッパ経済への復帰であった．すなわち，それは伝統的な資本財輸出国への回帰であり，ドイツ経済の復興をテコに西ヨーロッパ経済に貿易転換効果と貿易創出効果がもたらされ，ヨーロッパ内部における多角的な貿易網の形成とドル不足の大幅な軽減・解消を図ることが想定されていたのであろう．たとえば，この点は，まさしくその当時の西ヨーロッパのドル不足がドイツからの資本財輸出の欠如に直接関連していたと指摘される[45]理由である．

そしてこの場合，最大限の貢献とはJCS1779号指令での基本認識である「安定した生産的なドイツの経済的な貢献」と同じ意味であり，占領直後からなされていた石炭，木材，鉄屑の強制輸出のような原料輸出の形での西ヨーロッパに対する部分的，あるいはまた，限定的な貢献を否定するものにほかならない．このような原料輸出国化はドイツ弱体化政策と相通ずるものがあったが，何よりも西ヨーロッパの救済，援助を第1に優先させようとする国務省の方針であった．マーシャル・プランの構想はこうした従来の国務省の方針を180度転換して西ヨーロッパ復興計画の核心部分をドイツ経済の復興に置き，ドイツ弱体化政策を完全に払拭するものであった．その意味でマーシャル・プランの実施がアメリカの利害に照らして原料輸出の「隠された賠償」を放棄させることを援助国に促しえたとするアーベルスハウザーの指摘[46]は傾聴に値しよう．さらに，これは1947年4月8日におけるベヴィンとマーシャルの会談でのイギリス側の工業水準引き上げ提案にみるようにイギリス側の意思でもあった．この点では，「マーシャル・プランとはドイツ第1主義である」としたフランス共産党の主張[47]にも的を射た側面があったわけである．

4.2　西ヨーロッパ近隣各国のドル条項批判

ところで，こうしたドイツ経済の復興構想は英米にかぎられたものではなく，実は西ヨーロッパ近隣各国にも等しく共有されたものであった．1945年秋以来燻り続けたこの問題に対する不満と批判がドイツ経済の復興のあり方と直接関わって登場してくるのである．その典型がベネルクス3ヵ国であった．マーシャル・プランの受け皿作りのための準備交渉の場として招集された第1回ヨ

ーロッパ復興会議の7月17日の総会においてベネルクス代表団のヒルシュフェルト（Max Hans Hirschfeld）は，ベネルクス3ヵ国にとってドイツの「通貨のカーテン」(the currency curtain) が「鉄のカーテン」にも匹敵する悪しき問題であるとしてドル条項を批判した．イギリスとフランスの代表はこの問題は会議の問題ではないと応えたが，イタリア代表はベネルクス3ヵ国と同様にイタリアにとってもドイツが主要な市場であることを根拠にしてベネルクス代表団の立場を支持した[48]．これに関連して，復興達成の後ヨーロッパ市場を支配しようとするフランスの政策が槍玉に挙げられ，そこでベネルクス3ヵ国の市場にとって必要なドイツ復興の提案がなされる一方で，フランスの近代化計画であるモネ・プランへの支持はなされなかった[49]．モネ・プランの背後にある反ドイツ的野心[50]が忌避されたものと推測される．

　復興会議はフランスを除く西ヨーロッパ近隣各国がドイツのこれからの帰趨についての国際的な決定に参加できる最初の機会であったが，その場において西ヨーロッパ近隣各国は英米が合意していた以上に迅速なドイツの経済的再建を強く訴え[51]，自らの経済復興にとって一大制約とみなしていたドル条項に鋭い批判を加えたのであった．ドル条項が「鉄のカーテン」になぞらえられながらそれと同等の位置をもつ深刻な事態として非難された点にドル条項に対する西ヨーロッパ近隣各国の反発と不満の奥深さが滲み出ている．ここではドイツ脅威論は影を潜めているのである．

　ここで重要なのは，小国の立場を代弁してベネルクス3ヵ国，それもとりわけてオランダが自国とヨーロッパの経済復興はドイツの協力によってのみ達成されうるという見解を国際舞台の場で強調してきたという事実である．オランダはドイツの通貨政策的孤立がヨーロッパ経済復興にとって不利に働くことを早くから認識し[52]，すでに1946年8月には英仏との話し合いの場において「われわれは東部国境において万里の長城に直面している」と指摘してドル条項による貿易障害の壁に突き当たっていることを問題とし，ドイツ工業の復活と同時にドイツへの輸出機会を奨励する主導権を発揮すべきであることを主張していた[53]．

　さらにまた，オランダは戦後になっても自国経済の長期復興にドイツが不可欠であるという事実にいささかも変わりはないことを踏まえたうえでその最大

の貿易相手国であるドイツを排除するいかなる協力形態をも考慮しないし，ドイツの非工業化を目指すどのような計画にも支持を与えないとした[54]．ここで留意されるのは，おそらくドル条項を補完する形で進行しているドイツの原料輸出国化であろう．オランダの差し迫った利害と関心は，こうした「異常な」(anomalous)[55]事態を早期に脱却して両大戦間期の国際的な貿易・金融関係を再構築することに向けられたのである[56]．オランダ政府はすでに1947年3月にはヨーロッパ経済復興へのドイツの無条件の参加を表明していた[57]．

こうした事態はスウェーデンでも同様であった．戦後のスウェーデンを国際収支危機に陥れ，ドル不足と輸入制限に導いた事実と密接に関わり合っているのは，何といっても自国貿易連関からの最重要な貿易相手国ドイツの脱落 (Ausfall) であり，完成品の輸出によって特徴づけられる伝統的な貿易構造と比較すれば「まったく新しい事態」となった原料の輸出，とりわけ石炭の強制輸出であった[58]．かつての最大の貿易相手国ドイツの脱落は，それを補うためにアメリカからの資本財の輸入急増を招き，スウェーデンの外貨準備高を短期間に激減させたのである．この困難な状況はドイツが再びヨーロッパの経済的中軸になることをスウェーデンに待望させた．

9月22日にパリで署名されたヨーロッパ経済協力会議(Committee on European Economic Cooperation) 報告は，ヨーロッパの経済的回復がドイツの経済的復興なしには不可能であることを率直に認め，とくにヨーロッパ経済全体にとって必須なルール炭鉱地帯の生産がドイツによりヨーロッパの安全保障の脅威となるような方法で再び用いられてはならないとしながらも，ドイツ自身を含めてヨーロッパ全体の復興と経済的安定に貢献しなければならないとした．そのうえで報告は西側地区の経済が麻痺しているかぎり，他の西ヨーロッパ各国は繁栄することはできず，ヨーロッパが対外的な援助から自立するためには西側地区の大幅な生産増大が必要とされるとした[59]．

さらに，当時国務省のドイツ・オーストリア経済問題局長であったキンドルバーガー (Charles P. Kindleberger) の現地からの書簡においてもドル条項問題が取り上げられ，ドイツとオーストリアの貿易障害はオーストリアにはドイツからの輸出品にドルで支払う能力に欠け，またドイツへの輸入許可に該当する製品がないことにあると述べられていた[60]．こうした困難がオーストリアの

アメリカ軍政府関係者から「ドルのカーテン」と形容されて非難されたことはすでに述べたとおりである．加えて，国際決済銀行の1947/48年度年次報告もまた，ドイツの輸出に対するドル決済の強制がヨーロッパ域内交易の再生に関する最大の障害になっていると指摘した[61]．

4.3 ヨーロッパからの復興構想とドイツ経済の復興

　以上の事実から窺われるように，ドル条項はヨーロッパ内部では貿易障害をもたらしているものとして悪名高き存在と化していた．そして，ドイツの原料輸出国化とともにドル条項はかえって伝統的な資本財供給国ならびに需要者（アブソーバー）としてのドイツ本来の姿への復帰の主たる契機となったのである．モスクワ外相会議の報告をおこなったラジオ演説のなかでマーシャルは，ヨーロッパの国々が現在の悲惨な状態を生み出したドイツに対して厳しい態度をとっていると述べた[62]が，実際にはベネルクス3ヵ国の姿勢に端的にみられるように，少なくとも政府の姿勢に関するかぎりドイツに対する懲罰的姿勢は大きく後景に退き，「強いドイツ」が望まれるものとなっていたのである．これら西ヨーロッパ各国の共通認識は，現在の国際収支危機の大きな原因となっているのが何といっても伝統的な産業基軸国 (industrial heartland) ドイツがヨーロッパの国際的な貿易連関のなかに入っていないということであった[63]．

　すでに述べたように，マーシャル・プランは，経済復興に必須なヨーロッパからの構想を求めていたが，ここではその構想はあくまでもドイツ弱体化政策を追求するフランス——これまでの説明からフランスのこの政策がもはや貫徹しえない状況が出来上がっていた——を除けばドイツの重化学工業国としての早期的な復興と西ヨーロッパ経済への速やかな復帰の要請として具体化してきたといえよう．1947年9月に西側16ヵ国会議において西部ドイツが復興援助の対象となることが承認されたが，このような早い決定も単に英米のいわば上からの押し付けではなく，西ヨーロッパ内部からの強い呼応に裏づけられてのことであろう．事実，7月に開かれた復興会議の席上，ベネルクス代表団は西側占領地区のマーシャル・プランへの参加を強く主張していたのである[64]．

　また，復興会議から3週間ほど経ってフランスがベネルクス3ヵ国に対して西ヨーロッパ関税同盟形成の提案をした際に，ベネルクス3ヵ国は直ちにドイ

ツの経済復興が自国経済復興にとって不可欠であり，どのような同盟もドイツが参加する可能性をもつものでなければならないとの回答をおこなった[65]．西ヨーロッパ関税同盟はフランス，イタリア，ベネルクス3ヵ国との間に緊密な経済協力を探る統合案（後のフリタルクス構想の前身）であったが，ベネルクス3ヵ国にとってドイツなしには実現されえないものであった[66]．

こうした構想は前章でも詳しく論じたように，実は第二次大戦中に各国の国内，亡命レジスタンス運動やイギリスの知識人からも盛んに表明されていたものであった．いうまでもなくこれは戦後ヨーロッパ統合の文脈で論じられたが，それをもう1度繰り返し簡潔に要約すれば，アメリカと競争しうるヨーロッパの経済的再建のためには少なくとも「健全で勤勉なドイツ」を必要としたうえで，そのためにはドイツ経済の破壊ではなく重化学工業の生産力の維持が肝要だというものであり，ドイツ問題とは「狼の肉体に山羊の精神を宿すドイツ」にすることでなければならず，ドイツが健全となって初めてヨーロッパも健全たりえ，ドイツの創造性と活動力がヨーロッパに最も寄与しうる枠組みを創り出すこととされた．

このように，レジスタンス運動に収斂する戦後統合構想で練られていた共通認識はドイツ抜きのヨーロッパはありえないというものであったが，戦後直後における西ヨーロッパの国際収支危機や自国経済復興の遅々とした歩みはこうした基本認識を改めてヨーロッパ内部から胚胎させたのであった．これが先にアメリカの対ドイツ政策の転換への西ヨーロッパ内部の「呼応」と形容した理由である．その際大きな制約であるがゆえにそうした衝迫要因となって浮かび上がってきたのがドル条項とドイツの原料輸出国化であった．そこで，実際には当時のドイツ経済の実態からいって輸出余力がまったく不十分であるにもかかわらず，あるいはむしろそのためにそうした事態をドイツに強い，西ヨーロッパの貿易連関の逼塞感を増幅しているとみなされたドル条項に批判が集中したのである．西ヨーロッパ近隣各国にとってドル条項の存在と原料輸出国化は表裏一体の関係にあった．そこにドル条項の制約を部分的に相殺する関係に立っていた石炭などの強制輸出という事情があったことはいうまでもないからである．こうした後向きのヨーロッパ経済復興への貢献の問題点がヨーロッパ復興計画の構想をきっかけにしてヨーロッパ内部から鋭く問われてくるに至った

4.4 フランスのドイツ弱体化政策の限界と破綻

　ところで，ドイツに対する上述のような西ヨーロッパ内部からの復興構想が生じたことに関連して指摘されねばならないのは，こうした構想がフランスの西ヨーロッパ内部での反発を招いて孤立を深め，フランスのドイツ弱体化政策に決定的な楔を打ち込んだことである．先に述べた西ヨーロッパ関税同盟案に対するベネルクス3ヵ国の反応はその好個の例である．フランスのドイツ弱体化政策は，戦後ヨーロッパにおいて中心国として台頭する途を模索し，大陸西ヨーロッパ内部での政治的，経済的ヘゲモニーを握ろうとする大国願望の裏返しの表現であり，ドイツの工業水準を低く抑えつけたままでのルール石炭の輸出の確保がフランスにとって鉄鋼業など重工業の復興，近代化計画と結びついている関係では経済的な裏づけをも有していた[67]．したがって，こうしたフランスの政策が一貫したものとなっているのは当然であり，その政策方向は復興会議においても貫かれようとしていた．

　復興会議の直前の7月9日にも国務次官補クレイトン（William L. Clayton）とフランス外相ビドー（Georges Bidault）との意見交換においてビドーは賠償の放棄と工業水準の引き上げを受け入れられないとし，それをすれば復興会議は失敗を運命づけられるであろうとの意見を表明していた[68]．ところが，復興会議の場ではベネルクス3ヵ国から西側占領地区のマーシャル・プランへの参加が強く主張され，またドル条項を非難する声が挙げられた．しかも，フランスの近代化計画も反発の対象となった．フランスの思惑は物の見事にはずれたわけである．そしてさらには，すでに述べたように，1947年7月11日には英米統合地区の工業水準の引き上げを図るJCS1779号指令が軍政長官クレイに送付され，ヨーロッパ復興計画の中心にドイツ経済復興を置く意図が明確化された．このJCS1779号指令の公表は国務省のフランスに対する政治的配慮から一時延期され，結局フランス側の黙認という体裁をとって[69]8月29日に公表される．こうして，フランスのドイツ弱体化政策は復興会議と前後してその破綻が露呈されるのである．

　フランスのドイツ弱体化政策の破綻に関連してはドル条項下でのフランス占

領政策の困難が指摘されよう[70]．1945年から1947年までのフランス占領地区の貿易収支は若干の黒字で，英米2占領地区における巨額の入超とは対照的であったが，これはフランス占領地区からの輸出の85％がフランス向けであることにあった．すなわち，一般に低価格で買いたたかれていたとはいえ，フランス占領地区にとってフランスがドル獲得源となっていたのであって，このドル収入でアメリカから食糧，とりわけ穀物を輸入していたのであった．先にも指摘したように，フランスはもともとはフランス占領地区を自国経済復興のために最大限利用するという政策的意図をもっていたが，ドル条項の下では英米統合地区がヨーロッパ各国に財を輸出できないでいたのに対し，フランスは自占領地区に必要とされたドルを供給することになっていたのである．

その意味では，フランス占領政策の本来的な意図にもかかわらず，実態はフランスの自己搾取（Selbstausbeutung）といった帰結を生んだのである．1947年9月にフランスのドル不足が深刻になるにおよんでこうした政策方向が転換されたが，そこで今度はフランス占領地区からの輸出にとってドル条項が貿易障害として立ちはだかってくることになった．その結果はフランス占領地区の経済停滞と相俟って生じた1948年における大幅な入超であり，そうなれば当然のことながら，それまでのドル供給とは違った意味において占領負担の持ち出しが改めて問題となり，やがてはフランス占領地区というものの重荷を取り払う必要性に駆られてこざるをえない[71]．

1948年10月にフランス占領地区の貿易管理機関である外国貿易庁（Office du Commerce Extérieur de la Zone Française d'Occupation）がJEIAに合流するのは，以上の占領政策の困難に起因するものであった．このように，フランスはドイツ弱体化政策を破綻させたのみならず，ドル条項下でフランス占領政策の厄介な重荷を払拭することを余儀なくされるに至るのである．この点ではドル条項がある意味で英米仏3占領地区の最終的な統合に導くきっかけになったと考えられよう．西ドイツ経済の成立にとっての意義は大きかったといわねばならない．

いずれにせよ，マーシャル・プランの発表はフランスのドイツ弱体化政策を尻目にヨーロッパ経済復興への自助努力に訴えることを通じて西ヨーロッパ近隣各国からのドイツ経済の復興とそれのヨーロッパ経済復興への最大限の寄与

を求めるヨーロッパからの復興構想を急激に表舞台に登場させ，それに大きなはずみを与える役割を果たすものとなった．ドイツの将来の帰趨が決まるまで西ヨーロッパ各国はいかなる満足すべき経済計画も策定できなかったからである[72]．そしてこの場合，こうしたヨーロッパからの復興構想を内部から衝き動かしていたのは，ドル条項問題であった．それが復興会議においてベネルクス代表団から「通貨のカーテン」問題として取り上げられたのが，何よりの証左であった．

5　ドル条項の解消

5.1　アメリカ政府内部からのドル条項批判とドル条項の存続

マーシャル・プランの構想と実施は，ドル条項の存在それ自体の問題性を鋭く浮かび上がらせるものであった．というのも，無償のドル贈与により西ヨーロッパ全体に貿易創出効果をあげる国際的なスペンディング・ポリシーをおこない，同時にドイツ重化学工業の復活による貿易転換効果を通じて西ヨーロッパの国際収支危機を解消し，ひいては大ヨーロッパ統合の進展を世界経済の多角的貿易金融システム再編のテコにしようとするアメリカ国務省の政策意図からすれば，西ヨーロッパに「ハード・カレンシーの孤島」をもたらし，域内貿易進展の一大障害となっているドル条項はもはや邪魔な存在でしかないからである．

そればかりではない．マーシャル・プランは周知のように域内の多角的決済を促進するために有償ドル援助をも含んでいた．したがって，一方では，域内多角決済のための引出権供与の基礎となるドル援助をおこないながら，他方では，ドイツを相変わらずドル圏に編入して厳しい輸入統制を敷き，そのことでかえって西ヨーロッパ各国に対ドイツ差別貿易政策を余儀なくさせているのは，矛盾以外の何物でもなかった．

そうしたなかでマーシャル・プランの構想発表と踵を接してアメリカ政府内部からドル条項批判が相次いで出されてくるようになる．

1947年6月末に軍政府政治顧問マーフィーは，とくに切迫した政策課題として英米統合地区の新たな工業水準計画と通貨改革を挙げつつ，ドイツと西ヨ

ーロッパ近隣各国の間の貿易関係を阻害しているドル条項を「ドルの垣根」（Dollar-Zaun）と批判し，それをヨーロッパ域内貿易拡大のために撤廃しなければならないと指摘した[73]。

また，先に指摘した商務長官ハリマンを長とする「対外援助委員会」は11月に提出した報告書のなかで軍政府の貿易政策，それもとりわけドル条項がドイツ経済を西ヨーロッパ近隣各国から隔離することになっているとしてドル条項を非難した[74]。ハリマン委員会にマーシャル・プランのアメリカ側の監督機関である経済協力庁（Economic Cooperation Administration，以下ECA）の長官となるホフマン（Paul Hoffman），書記にECAの指導的協力者であったビッセル（Richard M. Bissell）が加わっていた事実は重要であろう。というのも，1948年から1949年にかけてECAは国務省とともにドル条項への批判をおこなうからである。すなわち，この時期ヨーロッパ経済復興のためにドイツの潜在的な経済能力を必要不可欠とする前提の下でマーシャル・プランの実施を推し進めていた国務省はドル条項を「もはや時代にそぐわない」とみなし，この見解にECAは積極的に同調していく[75]が，その下地はすでに十分にできていたのである。ドル条項批判は煮詰まっていたわけである。

このように，ドル条項の存廃をめぐってはアメリカ国務省と陸軍省，それもとくにドイツ占領政策に直接的な責任を負うアメリカ軍政府との間に厳しい対立があったものと推測される。しかもそこには軍政長官クレイの強い意向が働いていたと考えられる。国務省からみれば，ドイツの経済復興はあくまで西ヨーロッパ経済に最大限の貢献をなすものでなければならず，ヨーロッパ復興計画の枠組みのなかで位置づけられるのに対して，クレイはドイツ経済の速やかな復興，再建の必要性だけをみていた。もともとクレイなど軍政府首脳はJCS1067号指令が存在する時期からその改訂要求をおこなうといったように，占領に直接関わる現実的必要性の観点を押し出していた。こうした位置づけの相違が西ドイツの経済復興路線の定着とともに露わになり，それを受けてドル条項は容易に妥協を許さない争点のひとつとなっていったのである[76]。

また，ここには1947年7月15日に「愚の骨頂」と後に形容される[77]ポンドとドルの交換性回復を開始して以来，英米金融協定により借款供与され，1947年前半に持続的に吐き出されていた37億5000万ドルの残りの大半をポ

ンド売り投機と洪水的なドル流出を通じて瞬く間に失い,わずか1ヵ月足らずの8月20日に交換性停止に追い込まれたイギリスがこれまで以上に占領負担の持ち出しの回避に拘泥せざるをえなかった事情が横たわっていたと思われる.

いずれにせよ,クレイのみるドイツ経済の実態は,鉱工業生産が1947年初めの厳冬,石炭不足などにより再度落ち込み,その後1947年8月から秋にかけての輸送網の復旧—— 11月完全復旧——[78]などがあり1948年にかけて回復するものの,なお1936年水準に遠くおよばず,1947年8月29日に公表された工業水準引き上げが積極的な意味合いをもたないといったものであったろう.物資不足による闇取引の横行とインフレの高進,生活難による労働意欲の減退も持続していた.貿易収支の動向も西ヨーロッパでは出超であったが,対米の圧倒的入超が続いていたため占領負担の懸念は相変わらず深刻なままであった.こうしたなかで一国的な観点に立って経済復興を図ろうとすれば,貿易面では管理貿易を強化してより一層のドル獲得を目指し,それを通じた工業用原料の確保が不可欠と受けとめられたのである.

この点に関連して国務省の経済専門家であったプルードム(Hector Prud'homme)は1948年4月にこの当時のアメリカ軍政府内部には貿易政策をめぐって2つの派が対立していたことを指摘している[79].ひとつは,クレイ軍政長官下でのベルリン派で,ドル条項に固執する考えをもち,ドイツ経済を西ヨーロッパ近隣各国から遮断し,ドイツのヨーロッパ経済復興への実質的な貢献を阻止して輸入財の人為的な管理を図ろうとする派であり,いまひとつはドイツ経済の西ヨーロッパ近隣各国への開放を指向し,伝統的な国際分業関係の再建を主張するフランクフルトで働く軍政府関係者やJEIAの若手の経済専門家からなるフランクフルト派であった.

プルードムは国務省とECAに対してフランクフルト派の貿易政策を支持するように薦め,ヨーロッパ近隣各国との現物取引拡大とドル援助の一部による西ヨーロッパからの購入を主張した.先に言及したビッセルは,ベルリン派に対するプルードムの批判を完全に支持した.ハリマンもまた,1948年7月にドイツを訪問した際にフランクフルト派の貿易政策を支持し,西ヨーロッパの経済復興のために従来以上にドイツ経済が西ヨーロッパ近隣各国に対して開かれるべきことを主張した.

このように，軍政府の貿易政策の核心的内容をなすドル条項に対しては軍政府内部でも批判の声が高くなってきていた．マーフィーは，国務省から派遣されていたとはいえ，「協力的な人間で，彼がいるかぎりいかなる問題も生じない」とクレイに言わしめる[80]くらいにクレイと行動を共にして彼の信頼の厚い人物であったが，ドル条項に関するかぎり，マーフィーとクレイの対立は明瞭であった．ドル条項を「ドルの垣根」として問題視する点ではマーフィーはフランクフルト派に近い立場に立っていたといえよう．

こうしたアメリカ政府内部からのドル条項批判にもかかわらず，基本的にはクレイなど軍政府首脳の意向が通ってドル条項は撤廃されなかったが，それに関連してさらに指摘されるべき重大な背景としては経済統制下で繰り延べられているインフレの解決の問題があった．すなわち，戦時過剰購買力の処理を図る通貨改革がどの時点において実施されるかという問題であり，これを欠いてはドイツの貿易自由化は考えられないことであった．クレイは通貨改革にドイツ経済の復興がかかっていると認識していた[81]．

実際にも1920年代初めに戦時，戦後の過剰購買力の未整理と放置が賠償問題との関わりで天文学的インフレを招き，ドイツ経済を破綻の淵に追いやった経験がインフレ後遺症として深く残っているなかでは，輸出産業のビジネス・コンフィデンスは容易に盛り上がらなかった．この時点では企業はやがて着手されることになるはずの通貨改革を経るなかでの生き残りの途を模索しており，通貨改革後を睨んだ生産準備の強化に力を注いでいた[82]．企業にとって重要なのは通貨改革の全容であり，その全体的帰趨はビジネス・コンフィデンスの回復と貿易拡大にとって必要不可欠なステップであった[83]．

しかし通貨改革の実施もまた，すぐさまドル条項の廃止につながるものとはならなかった．この点ではたとえば，経済統制の撤廃とも連動する通貨改革による市場メカニズムの再活性化（Revitalisierung），貿易の脱官僚主義化（Entbürokratisierung），マーシャル・プランの実施の3者がそれぞれ不可分な関係に立つというのが，1947年6月末に英米占領地区の統合に照応して軍政府に対応するドイツ側議会および行政機関として設立された経済評議会（Wirtschaftsrat）の経済本部に結集した通貨専門家の代表的な考えであった[84]が，軍政府は通貨改革の時点ではいまだドイツ経済の安定が実現したとはみな

さず，実際的な占領政策の観点からドル条項を温存させた．ちなみに，エアハルトはドル条項に対して強い不満を表明し，クレイとイギリス軍政長官であったロバートソン（Brian H. Robertson）を激怒させたといわれている[85]．

クレイが通貨改革をドイツ経済の復興の重要な節目とみていたことは明らかなように思われるが，ここには前述したような企業事情が背景にあるうえに，たとえ通貨改革がなされたとしてもその後に生じるであろう調整インフレなどの余波の問題があり，経済復興が確実に見込めるかどうかはいまだ不確定たらざるをえない懸念があったに違いない．実際クレイの立場からすれば，経済復興に占領政策の重心が移った以上，そのひとつの里程標をなす通貨改革が実施されたからといって直ちにドル条項が撤廃されるといったものではなかったであろう．

さらに，いまひとつの事情が加わる．すなわち，クレイが先に指摘した経済評議会の設立を背景としながら，1947年12月のロンドン外相会議の決裂を契機に英米統合地区の政治的再建を推進していく[86]ことがそれである．この動きは，翌1948年の2月に開催されたロンドン6ヵ国外相会議における西側占領地区の軍政終結の合意，同年6月におけるロンドン協定にもとづく西ドイツ政府樹立の決定により加速される．これはドル条項の存廃に大きく影響するようになったものと推測される．というのも，こうした西ドイツの政治的再建が現実の日程にのぼるにおよんで，ドル条項問題については軍政府の下で決着がつけられるというよりも新しく形成される西ドイツ政府自身の手にその帰趨を委ねる動きが出てくるからである．

5.2 ドル条項の解消

このようにドル条項は様々な批判に晒されながら，マーシャル・プランと通貨改革の実施以後なおも維持された．事態が変わるのは1949年に入ってからである．1949年1月頃にクレイは国務省やECAとの間で繰り返された対立に疲れて辞意を表明するようになった[87]．これにはおそらく軍政府内部からの批判の強まりが加わっていよう．さらに重要なのは，この時期になるとフランス占領地区の英米統合地区への政治的合流が目前に迫り（4月），西ドイツ政府の樹立と軍政の終結がいよいよ現実のものになってきたことであろう．直接

占領から間接占領への移行が間近になってきたのである．そして，ボン基本法が可決・公布される5月にクレイはドイツを去る．これはひとつの転換をなすに違いない．その後8月の第1回連邦議会選挙を経て9月にドイツ連邦共和国（西ドイツ）が発足し，アデナウアー政権が誕生する．それとともに10月15日以降，JEIAによって統轄されていた重要な機能が西ドイツの政府機関に委譲され，1949年末にはJEIAが機関として廃止される．

こうした動きと軌を一にして8月におけるスイスとの双務協定を皮切りに9月にはオランダ，11月にはノルウェー，オーストリア，ベルギー，ルクセンブルク，デンマーク，スウェーデンと貿易自由化に向けた一連の通商協定が締結され，当時「むこうみずな冒険」（ein Sprung ins Dunkle）といわれた[88]エアハルトの貿易自由化路線，それもとりわけて大胆な輸入自由化路線が採られる――この結果，これまで必要不可欠とみなされていなかった畜産・酪農品，繊維製品などの輸入ブームが生じる――．オランダやスウェーデンが待ち望んでいた事態が訪れたのである．こうした貿易自由化のなかでドル決済の義務づけは放棄され，ドル条項は解消に向かう．ドル条項は内外の改変圧力に晒されながらも軍政府の手によって撤廃されたのではなく，ドイツ連邦共和国の成立という実態に促されつつ，その下での自主的な貿易政策の展開によりなしくずし的に消滅する過程を辿る[89]．結局，クレイの辞任という大きな変化があったとはいえ，英米両軍政府いずれもドル条項の存廃については間接統治への移行の政治的スケジュールに委ねる方向を採ったのである．

以上，ドル条項の成立と解消を論じてきた．本書の問題視角からいえば，ドル条項の解消過程はさほど重要ではない．マーシャル・プランと通貨改革の実施からいってドル条項の廃止は遠からずいずれは必至のものだったからである．クレイを頂点とする軍政府の西ドイツ一国的な経済復興と直接的な占領政策の観点からその日程がやや後までずれ込むことになったが，西ドイツ政府の樹立と間接占領への動きが自ずとドル条項の廃止に繋がっていった．この過程自体には別段劇的な内容はない．

重要なのはドル条項が問題化し，それが「ドルのカーテン」とか「通貨のカーテン」といった表現をもって西ヨーロッパ近隣各国から厳しい非難と強い不満を浴びせられた時期である．マーシャル・プランの構想発表はそうした非難

や反発を表舞台に登場させるきっかけを与えた．そして，それは受け皿としてヨーロッパからの復興構想を必須の前提にしていた．これを受けて，ヨーロッパからの復興構想はドル条項の制約を媒介にしてドイツの経済復興と西ヨーロッパ国際経済連関への復帰の要請として現れる．すなわち，ドイツがヨーロッパのなかで唯一ドル圏に位置しながら，厳しい輸入統制と対ドイツ差別的貿易政策との悪循環に陥り，部分的にそうした制約を相殺するものとしてドイツ経済自身が原料輸出国化しているという変則的な事態が，逆説的にだが，ドイツの西ヨーロッパへの対等なパートナーとしての復帰を強烈に求める動きを西ヨーロッパ内部に生み出すのである．

その際大きな役割を果たしたのが，ベネルクス3ヵ国に代表される近隣小国の政治的対応であった．これらの国々はナチス・ドイツの軍事占領を受けた国々であり，本来ならば道徳的感情からいってドイツに対して初期のアメリカ占領政策以上に懲罰的な態度をとり続けてもおかしくはない国々であった．しかしオランダの行動に集約されるように，これらの国々は戦後の異常なドル不足と国際収支危機に直面するなかでかつての国際的貿易連関の再構築を強く訴えた．すなわち，資本財供給国であると同時に大きなアブソーバーとしてのドイツの復活ないし再生にほかならない．西ヨーロッパの国際的貿易連関への産業基軸国ドイツの復帰がヨーロッパ内部からの復興構想として具体化したのである．ここでは原料輸出国ドイツは西ヨーロッパの経済復興に貢献するものではないとして完全に否定されている．おそらく，こうした内容を有する構想は，ドル条項が「鉄のカーテン」に比すべき深刻な問題として西ヨーロッパ近隣各国に立ちはだからなければ，これほど明確な形をとって現れてはこなかったであろう．

ドル条項はそれと表裏一体の関係で進行するドイツの原料輸出国化を軌道修正し，かつての重化学工業国としてのドイツの経済的再生を促すような契機に転化していった．そのことはまた同時にフランスの西ヨーロッパ内部での孤立をもたらし，フランスのドイツ弱体化政策を頓挫させ，限界づけるものともなった．以上の意味において，ドル条項はそれへの批判や非難を通じて改めてドイツ経済の存在の重みを西ヨーロッパ近隣各国に認識させ，フランスの対ドイツ政策の根本的な転換を不可避にした．そうした自身に有利となった政治的・

経済的な国際環境のなかで西ドイツの政治的再建と経済復興が軌道に乗っていったのである．

1) Buchheim（1990a），S. 43. これはオーストリアのアメリカ軍政府関係者の発言である．
2) Abelshauser（1990），S.107,（1991），pp. 379-380,（2004），S. 88. これら3品目はすべて世界市場価格の3分の1の価格で強制輸出された．
3) 牧野（1993），245-246頁．
4) 牧野（1993），253頁．
5) 牧野（1993），259頁．
6) Foschepoth（1985），p. 66.
7) Buchheim（1990a），S. 1.
8) Buchheim（1990a），S. 1. この点に関連してソ連がドル条項に反対した形跡はないという．これはソ連が自占領地区についてゾーン・アプローチ的方向を明確にしており，ドル条項に対して黙認的な姿勢をとったためであると思われる．なお，英米占領地区の統合を詰めていく段階において80％条項の廃止が決められ，100％支払いとなった．Kessel（1989），S. 119, 127. したがって，この厳格なドル条項が英米統合地区の貿易管理機関であるJEIAの貿易原則となり，問題をより一層尖鋭化させたことは想像に難くない．
9) Buchheim（1990a），S. 4,（1990b），S. 90.
10) Buchheim（1990b），S. 90-91.
11) Kindleberger（1991），p. 99.
12) クレイのこうした立場は一貫しており，西ドイツ経済の一国的復興の観点から輸出にはドルを要求したほか，ドルでの輸入支払いを拒否し，アントワープおよびロッテルダム港を利用する西ドイツの貿易再構築を阻止しようとした．Hogan（1987），p. 132. 行論のなかで述べるように，クレイのこうした一国的な観点がドル条項の固執に帰着していった．ドル条項の存続はクレイという人物の個性と不可分に結びついていたといってよいかもしれない．なお，クレイは1945年4月に軍政長官代理に任命されて占領政策の経済問題を担当し，1947年3月から軍政長官になる．
13) Buchheim（1990a），S. 1.
14) Watt（1985），S. 23, Foschepoth（1985），S. 74.
15) Farquharson（1985），pp. 120-121.
16) Mai（1995），S. 211. なお，同じくドル条項に言及したハルダッハは，ドル条項を適応したのが英米2占領地区であると述べてフランスを除外している．Hardach（1994），S. 26. ブッフハイムはいうまでもなく，フランスが最終的にはドル条項に同意したと指摘する．Buchheim（1990a），S. 3. ビューラーは1945年9月20日の連合国管理理事会指令が3つの西側占領地区を対象にしたものであ

ると意見を表明している．Bührer（1990），S. 148. フランス占領地区でもドル圏からの輸入調達は不可避であったのでドル決済は当然なことのように思われる．本書はフランス占領地区でもドル条項が適用されたとの見地に立つ．
17) Abelshauser（1990），S. 107，（1991），pp. 379-380，（2004），S. 79, 87-88, 152. 西側占領地区における石炭の強制輸出だけでも1947年末までに2億ドルの外貨損失に結果したといわれる．Cf. Kramer（1991），p. 99.
18) 強制輸出は陸軍省および現地軍政府にとって輸出所得を実質的に目減りさせる点で深刻な問題であったろう．この点で，1948年12月に軍政府がドイツの石炭価格を引き上げた際に，商務長官ハリマン（W. Averell Harriman）がその措置をヨーロッパの復興を阻害するものだとして抗議したが，これに対してクレイは自らが世界市場価格以下での販売をドイツに強いるような困惑する立場に置かれていると応えた事実は示唆的である．Schwartz（1991），p. 177.
19) Abelshauser（1991），p. 379. Cf. Borchardt and Buchheim（1991），p. 414.
20) 第1章で言及したように，近隣各国（とくに後にEECを形成する国々）には東南ヨーロッパ諸国をはるかに凌駕するライヒスマルク残高が残されていた．ブッフハイムによれば，戦時中に蓄積された巨額のライヒスマルク残高にもとづいてドル条項がなければドイツからの経済資源の大規模な流出に結果したであろうという．さらに彼は，ドル条項と違った選択肢では双務主義への「対等なパートナー」（gleichberechtigter Partner）としてのドイツの編入ではなく，現実の支払いなしに外国へのドイツの資源流出に繋がったであろうとも述べている．Buchheim（1990a），S. 11-12. Cf. Nicholls（1994），p. 173.
21) 牧野（1993），271頁．Cf. Hogan（1991），p. 119.
22) 牧野（1993），276頁．
23) Foschepoth（1985），S. 70-71.
24) 牧野（1993），288頁．
25) Kindleberger（1991），pp. 79, 104.
26) Forschepoth（1985），S. 74.
27) 牧野（1993），275頁．
28) この点，戸原（1974），118-119頁を参照．
29) Wildt（1994），S. 30.
30) Abelshauser（1990），S. 105，（2004），S. 13.
31) 牧野（1993），289頁．
32) 牧野（1993），289-290頁．
33) 眞鍋（1989），152頁．
34) 眞鍋（1989），180頁．
35) Young（1984），pp. 55, 66.
36) この点，注8）を参照．
37) 眞鍋（1989），180頁．
38) Kramer（1991），p.92.

39) Schröder (1990), S.241.
40) Merril (general ed.), (1996), pp. 172-173. また，永田 (1990), 251-252 頁をも参照. ヨーロッパからイニシアチブが出されなければならないことは，ドル贈与をどのくらい求めるかに関してヨーロッパ側のモラルの問題があるので十分条件というわけではないが，ドル贈与策を賢い支出 (wise spending) にするための必要条件であった. イニシアチブにはこの場合，構想と主導権の2重の意味が含意されている.
41) Herbst (1989), S. 44.
42) Herbst (1989), S. 44.
43) Dulles (1993), pp. 45-46.
44) 眞鍋 (1989), 210 頁.
45) Milward (1991), p. 453.
46) Abelshauser (1983b), S. 139. アーベルスハウザーは最近の日本における基調報告のなかで,「西ドイツ経済の負担で西ヨーロッパの復興を促すことをやめ」,「ドイツ経済の潜在力を西ヨーロッパの再建に利用する」とのアメリカの決定が下され,「この決定そのものの方がドイツ経済の復興にとっては，その援助プログラムよりも，比較にならないほど重要であった」と指摘している. アーベルスハウザー (雨宮・浅田訳) (2006), 107 頁. 以上は本章全体が説明を意図していることである. それに関連していえば，彼は資本ストックの健在や運輸網の回復を西ドイツ経済の復興要因とするかつての自説を事実上修正していることになる. Vgl. Abelshauser (2004), S. 151. なお，彼の説に関しては注 83) をも参照.
47) 上原 (1994), 284 頁.
48) Milward (1984), p. 72. なお，ベネルクス3ヵ国がドイツ問題を討議する 1948 年2月のロンドン6ヵ国外相会議において英米仏と並んでその重要な一角を構成した事実にみられるように，小国といってもこの3ヵ国の国際的な発言力は相対的に強かったことは留意されてよい.
49) Hogan (1987), p. 63.
50) 廣田 (1998), 138-140 頁. モネ (Jean Monnet) は第二次大戦末期の 1944 年にドイツの弱体化をヨーロッパ統合の要件とする意見表明をおこなっていた. 廣田功 (2004), 121 頁. ドイツの経済復興をフランスの利害に即して制御しようとする制限的意図が背後にあったと理解するしかないであろう.
51) Milward (1984), p. 72.
52) Kersten (1990), S. 123, Heinen (1990), S. 90.
53) Griffiths (1990a), p. 11.
54) Griffiths (1990a), p. 10.
55) Schwade (1991), p. 232.
56) Kersten (1990), S. 125.
57) Kersten (1990), S. 119.
58) Fritz (1990), S. 99, 102, 111.

59) Dulles（1993），pp. 46-47.
60) Kindleberger（1989），p. 50.
61) Buchheim（1990a），S. 26.
62) 眞鍋（1989），154 頁.
63) Giersch, Paqué, Schmieding（1992），p. 92.
64) Poidevin（1991），p. 339.
65) Milward（1984），p. 234.
66) この経済協力がドイツなしに実現しない点についてはフランス外相シューマン（Robert Schuman）とオランダ外相スティッカー（Dick Stikker）との間で合意をみていた．Kersten（1990），S. 125.
67) 上原（1994），278-279 頁.
68) Poidevin（1991），pp. 338-339.
69) Maier（1991），p. 25.
70) 以下の言及については，Buchheim（1990a），S. 35-42, 69 を参照.
71) Abelshauser（1983b），S. 132-134.
72) Ellwood（1992），p. 73.
73) Hardach（1994），S. 72, 91.
74) Hardach（1994），S. 59-60.
75) Buchheim（1990a），S. 46-47，（1990b），S. 91.
76) 国務省はマーシャル・プランの実施前にすでに西側占領地区の西ヨーロッパ近隣各国の開放を指向していたが，クレイ軍政長官下での軍政府に対してそうした意向を貫くことができなかったという．Hardach（1994），S. 151.
77) 米倉（2003），26 頁，（2006），253 頁．この場合，「愚の骨頂」という形容はより直接的には英米金融交渉の最高責任者であったケインズが，過酷な条件での借款供与にもかかわらずそのえさに抗しきれず交換性回復を受け入れてしまった（米倉（2006），164-166, 173-175, 189-193, 206-208 頁）事実およびマーシャル演説にもかかわらず，戦後直後における世界政策展開上に関する思いあがりをアメリカ（国務省・財務省）が完全に払拭しえなかった事実の双方に向けられると筆者は判断している．協定発効後たった 1 年での IMF 協定第 8 条国化は無謀の極みであったというほかないのである.
78) Kramer（1991），pp. 99-100.
79) 以下の叙述については，Hardach（1994），S. 151-153 を参照.
80) Krieger（1987），S. 118.
81) 眞鍋（1989），197 頁.
82) Buchheim（1990a），S. 55ff.
83) この点で本書は西ドイツ経済の復興に関して 1947 年——正確には 1947 年秋——を画期とするアーベルスハウザーの見解を相対化させる．本章でも述べるように，1947 年は輸送網の回復を受けて西ドイツ経済が本格的な復興に向かう転換の年であるが，戦時過剰購買力の整理なくしては企業生産能力の向上は望めな

かった．通貨改革はこの脈絡において重要な画期であった．通貨改革の意義を軽視することはできない．とすれば，1947年の輸送網の回復，1948年の通貨改革を合体させた1947年，1948年を転換の年とするのが妥当であろう．一方を捨てて他方を選択する問題ではない．本書はこの見地に立つ．この意味において，本書は1947年という時期をアーベルスハウザーが過大評価していると考える．バランスのとれた説明が必要とされよう．

84) Brackmann（1993），S. 253.
85) Nicholls（1994），pp. 208, 211.
86) 眞鍋（1989），202頁．
87) Schwartz（1991），p. 178.
88) Bührer（1990），S. 158, Buchheim（1990a），S. 98.
89) この点に関連してエアハルトは，「ドル条項のせいでドイツの世界市場復帰がもっともはばまれた．最初は双務決済により，その後はヨーロッパ決済同盟（Europäische Zahlungsunion : European Payments Union，以下 EPU）を通じて行われた決済によって，段階的にドル条項の障害ははずされ，または除去され，こうして初めてあらゆる方面における目覚しい発展がもたらされ，ドイツは需要者（Abnehmer）ならびに供給者（Lieferant）として，ふたたび世界貿易の必要不可欠な仲間の一人に復帰した」と指摘した．Erhard（Hrsg.）（1953），S. 81-82［有沢訳（1954），100頁］，（2006），p. 82.

第 3 章 | 経済の奇跡と EEC 加盟への道

1 「長き 1950 年代」

　西ドイツ経済史において 1950 年代は特別な位置を占める時期である．1950 年代の西ドイツ経済は「経済の奇跡」といわれる高成長を遂げ，成長率の高さは年平均で 8％強におよんだ．この水準は成長率が鈍化して 5％台に落ち込む 1960 年代のそれをはるかに凌いでいた．より長期的にみた場合にはとくに 1950 年代の成長率の高さが例外的であることが際立ち，この時期が特筆すべき経済発展局面であることは明らかである．そして，こうした背景の下で「民主主義の奇跡」(Demokratiewunder) や「被追放者の奇跡」(Vertriebenenwunder) と形容されるような政治的，社会的安定がもたらされたのであった[1]．それは「ブーム民主主義」(Boomdemokratie) と呼ばれており，総じて 1950 年代は戦時期を経て困難な経済復興に追われる 1940 年代ともその後半に経済政策の転換を招くような戦後初の鋭い景気後退に見舞われる 1960 年代とも異なり，順調な歩みの続く「長き 1950 年代」(die langen 50er Jahre : the long 1950s) であった[2]．

　この「長き 1950 年代」は一方ではヨーロッパ経済統合が著しく進展した時期でもある．部門別統合を果たした ECSC から全般的経済統合である EEC の動きがそれを代表するが，何といってもこのうえなく重要なのは，EEC の形成であった．というのも，ECSC はいうなれば傾斜生産方式のヨーロッパ版であり，経済復興に向けた緊急的な打開策としての性格を帯びているのに対し，EEC は復興軌道から成長軌道への転換を図る 6 ヵ国からなる「小ヨーロッパ」の関税同盟（共同市場）の形成を目指したものであり，マーシャル・プランに

おいてアメリカが考えていたヨーロッパ統合構想から大きく逸脱するものであったからである．そして，これはイギリスを盟主とするEFTAの対抗リージョナリズムを生み出して「西ヨーロッパの分断」(eine Aufspaltung Westeuropas)を西ヨーロッパ経済にもたらすものであった[3]．

　西ドイツは周知のようにEECの創立メンバーとなり，EECの経済統合のなかで産業的に重要な位置を占めることになるが，果たしてEECへの西ドイツの加盟は自明のことであったのだろうか．従来この点が問われたことはあまりない．というよりもむしろ，西ドイツのEEC加盟は当たり前のこととして受けとめられ，西ドイツとEECとの経済関係を問う作業はおろそかにされてきたといってよい．西側陣営への組み込みやECSCの形成に集約される独仏の歴史的和解からいって西ドイツのEEC加盟は自明視されていたとみられる．EEC発足以後の域内貿易の急進展を背景としたEECの経済的成功もまた事実の重みからこうした論点を希薄にしてきた．

　さらに研究史のなかでこの問題をみてみると，西ドイツのEEC加盟に際して絶えず強調されてきたのは，「政治の優位」(das Primat der Politik）であった[4]．すなわち，「アデナウアーの首相民主主義（Kanzlerdemokratie）の下での外交政策」が議論の前面に押し出され，外交政策の著しい人格化とともにアデナウアーの政治的指導力が独仏関係の改善，強化を軸にして強力に発揮されたというものである[5]．アデナウアーは西側統合路線はむろんのこと，大陸西ヨーロッパに西ドイツを深く繋ぎ止める政策方向を追求したのである．

　以下の叙述のなかで触れるように確かにこの側面があったことは否定できない．しかし，そうだとしてもその点だけで西ドイツのEEC加盟を説明しきれるであろうか．そこには西ドイツがEEC加盟をめぐってこれから立ち入って検討するような厄介な問題に直面しながら，最終的にEECを選択する経済的要因が働いていたとみなすのが妥当なのではないのだろうか．

　本章はこのような問題意識に立って西ドイツのEEC加盟を改めて「経済選択の問題」として捉え直し，1950年代における西ドイツの貿易構造の側面に考察の重心を置きながらこの問題を検討していきたい．貿易構造に力点を置くのは，第1に，戦後世界資本主義の再建，成長がまずもって自由・無差別の国際通商秩序の再構築に向けた貿易自由化と貿易拡大を基調にしながら，西ドイ

ツ経済がそうした動きに最も積極的に同調したからであり,第2に,「経済の奇跡」がそうした同調の路線にのっとり輸出主導型成長 (exportinduziertes Wachstum : export-led growth) に依拠していたからにほかならない.本章の問題関心から1950年代といってもこの時期を全体的に通観するのではなく,1950年代中葉における貿易構造に注意を払う.本章の説明の骨格をなすので,この点をあらかじめ強調しておきたい.というのも,EECが正式に発足するのは1958年1月からだが,西ドイツがEECの選択を明確に決断するのは1955年6月のメッシナでのECSC 6ヵ国外相会議においてであり,翌1956年にかけてはEECの形成に向けて積極的な行動をとるからである.また序章で言及したように,ヨーロッパにおいて「貿易ブーム」を生じるのがこの時期にあたるからでもある.

なお,本章は以上述べたように貿易構造の面から1950年代における西ドイツ経済の動向に言及するが,この点との関連において国内経済の動きについてもできるかぎり取り上げることにしたい.

2 西ドイツ貿易構造の特質と経済の奇跡

2.1 OEEC, EPU的枠組みと西ヨーロッパ偏重の貿易

1950年代における西ドイツの輸出成長率は異例に高く,「経済の奇跡」に対応して「輸出の奇跡」(Exportwunder) と呼ばれるほどであった[6].表3-1にみるように,1950年代の10年間の輸出成長率は国際的に比較して隔絶した高水準にあり,1950年からEEC発足までの時期の輸出成長率は年平均20.4%であ

表3-1 世界輸出に占める各国のシェア
(%)

	1950年	1960年
ベルギー	3.0	3.0
西ドイツ	3.6	8.9
フランス	5.6	5.4
イギリス	11.0	7.8
アメリカ	18.2	16.0

資料:Buchheim (1990a), S. 177.

表 3-2 鉱工業生産指数
(1962 年 =100)

1950 年	36.4 (―)
1951	42.7 (17.3)
1952	45.6 (7.0)
1953	49.6 (8.8)
1954	55.3 (11.5)
1955	64.1 (15.9)
1956	69.5 (8.4)
1957	73.3 (5.5)
1958	75.4 (2.9)
1959	81.0 (7.4)
1960	90.2 (11.4)

資料：Statistisches Bundesamt (Hrsg.) (1972), S. 176.
注：括弧内数字は前年度比伸び率.

表 3-3 設備投資動向
(100 万マルク)

	機械・設備	全体
1950 年	8,630 (―)	18,740 (―)
1951	10,970 (27.1)	22,900 (22.1)
1952	12,790 (16.6)	26,830 (17.2)
1953	13,780 (7.7)	30,440 (13.5)
1954	15,880 (15.2)	34,090 (12.0)
1955	20,060 (26.3)	42,630 (25.1)
1956	21,670 (8.0)	47,380 (11.1)
1957	21,770 (0.5)	48,770 (2.9)
1958	23,440 (7.7)	52,380 (7.4)
1959	26,020 (11.0)	60,070 (14.7)
1960	30,990 (19.1)	68,960 (14.8)

資料：Statistisches Bundesamt (Hrsg.) (1972), S. 266.
注：括弧内数字は前年比伸び率．機械・設備投資以外は建設投資を指す．

った[7]．まさしく，西ドイツの輸出は経済的成功の「儀仗馬」(Paradepferd) となったのである[8]．この輸出成長が国内の鉱工業生産を引き上げ，国内の設備投資増を誘発して経済成長を押し上げるものとなったことはいうまでもない（表 3-2, 3-3 を参照）．

この場合注目さるべき事実は，輸出拡大が西ヨーロッパ地域に集中していたことである．表 3-4 にみるように，西ドイツの輸出は 1948 年 6 月に発足したOEEC 地域と 1950 年 7 月に発足した EPU の地域が圧倒的比重を占めている．OEEC 地域と EPU 地域はほとんど重なり合っている[9]が，経済的内容からしても相互補完関係にある．すなわち，前者が数量的輸入制限を漸次的に緩和して貿易自由化を目指すのに対して，後者は双務的な純債権・債務を多角的に相殺し，その交換尻を EPU に対する債権・債務に転換しようとする機構で加盟国間での多角的決済を通じて「域内」市場の拡大を図ることからいって第二次大戦後における西ヨーロッパ経済史上のひとつの画期をなし，通貨経済協力の成功したパイオニア的努力と形容されており[10]，ともに西ヨーロッパ域内貿易の拡張に促進的に作用するものである．

OEEC，EPU いずれもがブレトン・ウッズ（IMF）体制と関税と貿易に関する一般協定（General Agreement on Tariffs and Trade，以下 GATT）体制の成立

2 西ドイツ貿易構造の特質と経済の奇跡

表 3-4 1950 年代西ドイツの輸出入

(100 万マルク)

	1950	1951	1952	1953	1954	1955	1956	1957	1958 年
輸出									
全体	8,318	14,578	16,909	18,526	22,035	25,717	30,861	35,968	36,998
EPU	6,228	10,426	11,964	13,029	15,580	18,280	21,606	24,736	25,034
OEEC	5,685	9,071	10,622	11,385	13,495	15,736	18,596	21,094	21,135
米	433	904	1,049	1,249	1,237	1,626	2,091	2,523	2,702
輸入									
全体	11,356	14,720	16,203	16,010	19,337	24,472	27,964	31,697	31,133
EPU	7,585	8,556	9,826	10,215	11,898	15,068	16,413	17,719	18,476
OEEC	5,711	6,073	7,343	7,717	9,112	11,506	12,693	13,959	14,969
米	1,810	2,722	2,507	1,658	2,237	3,210	3,998	5,672	4,219
収支									
全体	-3,038	-142	701	2,516	2,968	1,245	2,717	4,271	5,865
EPU	-1,357	1,870	2,138	2,814	3,682	3,212	5,193	7,017	6,558
OEEC	-26	2,993	3,277	3,668	4,383	4,230	5,903	7,945	6,166
米	-1,377	-1,728	-1,458	-409	-1,000	-1,584	-1,907	-3,149	-1,517

資料：Buchheim (1990a), S.186, Anhang Tabelle b.

条件がいまだ未整備なためそれにとって代わる組織であり，マーシャル・プランにもとづくアメリカ主導の西ヨーロッパ経済再建のための機構である．そこで重要なのは冷戦秩序の形成の下で OEEC, EPU 的枠組みによりいまだ経済統合体までは進化していないものの，経済相互依存体としての西ヨーロッパ経済圏ともいうべき地域経済圏が形成されたことである．むろんそこには昔からの地理的，歴史的条件に起因する「自然的な貿易ブロック」(a natural trading bloc)[11] としての地域経済圏の基盤があったことは間違いないが，戦後的状況の下で再編，「組織化」された経済圏が出現したのである．西ドイツの輸出はフィンランドを除き OEEC, EPU 的枠組みを触媒として急増することとなった．

西ドイツの輸出が西ヨーロッパ地域に偏重しているのは確かに戦前来の伝統的な貿易パターンへの復帰を示すものではあるが，ここに戦前ドイツ貿易の重要な一角を構成していた東南ヨーロッパ諸国が社会主義圏に包摂されてヨーロッパ経済圏から離脱した事実があることは注意されてよい[12]．すなわち，戦前来の伝統的な貿易パターンへの回帰とはいいながら，西ドイツの輸出が戦前以上に西ヨーロッパ偏重にならざるをえない背景が存在していたことになる．

1950年代における西ドイツの輸出の西ヨーロッパ集中は以上述べた変化と表裏一体の関係で理解されねばならない．OEEC，EPU 的枠組みによる西ヨーロッパ経済圏は，ひとつにはマーシャル・プランによるヨーロッパ経済の自立化に向けた対米貿易差別政策の容認，もうひとつには金・ドル準備の極力の節約の要請から対米差別の一種の「保護された市場」となり，その結果西ドイツの輸出に極めて有利に働くことになったのである．「ヨーロッパ依存」（Europaabhängigkeit）[13] は 1940 年代末から 1950 年代前半にかけてはマーシャル・プラン型「保護された市場」によりもたらされたが，これは後の経緯に照らしてみると西ドイツ経済史から統一なったドイツ経済史を貫く文脈において戦後再編されたかたちで鋳型をはめ込まれた基本的特質として重要視されねばならない．

ところで，いわゆるマーシャル・プランはその構想の中心にドイツ経済の復興を置いていた．そこから重化学工業国としてのドイツの経済的復興と西ヨーロッパ経済への早期復帰が主張されてくるが，それは戦後西ヨーロッパにおける異常なドル不足に起因するものであった．そこでドル節約からアメリカへの輸入依存度を極力減殺し，西ヨーロッパの工業的ニーズをドイツの供給力により充足するシステムが必要とされたのである．西ヨーロッパにおいてなお第1級の重化学工業国として供給力に関する潜在的な地力をもつのはドイツ以外になかったからである．OEEC，EPU 的枠組みはその一大支柱となった．第2章で指摘されたドイツ経済待望論がこの枠組みと裏腹の関係にあることはいうまでもない．

2.2　代表的な輸出品目と貿易黒字の形成

ところで，この輸出主導型の経済成長において代表的な輸出品目となったのは，機械，自動車，化学，電気機械であった．図 3-1，3-2，3-3，3-4 にみるように，全工業製品輸出の西ヨーロッパ依存度は 1950 年代初めより明白であるが，そのなかで繊維製品より化学製品，化学製品よりも一般機械や輸送機械の急速な輸出伸張が目立っている．とくに機械，輸送機械の輸出の伸びは際立っており，これらは西ドイツ経済を牽引する輸出品目となった．総じて機械産業は西ドイツの「お家芸」として再生したのである．前掲表 3-4 に窺える

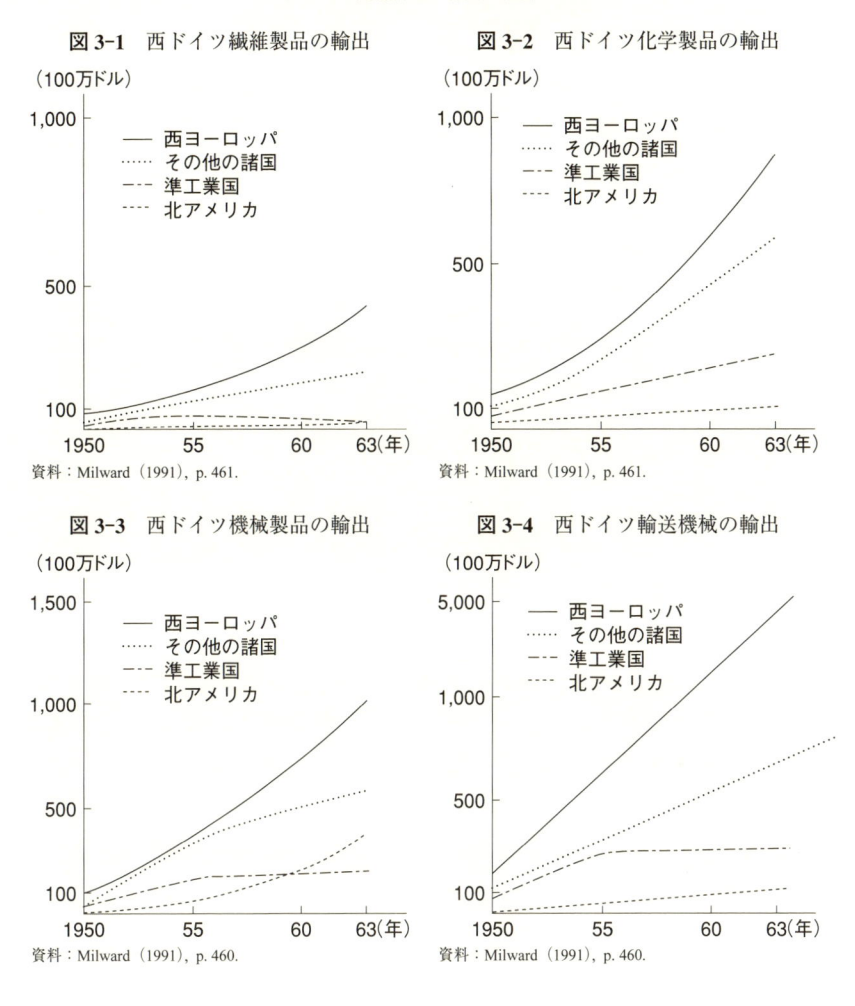

2 西ドイツ貿易構造の特質と経済の奇跡

図 3-1 西ドイツ繊維製品の輸出
(100万ドル)
― 西ヨーロッパ
…… その他の諸国
―・― 準工業国
‐‐‐‐ 北アメリカ
資料：Milward (1991), p.461.

図 3-2 西ドイツ化学製品の輸出
(100万ドル)
― 西ヨーロッパ
…… その他の諸国
―・― 準工業国
‐‐‐‐ 北アメリカ
資料：Milward (1991), p.461.

図 3-3 西ドイツ機械製品の輸出
(100万ドル)
― 西ヨーロッパ
…… その他の諸国
―・― 準工業国
‐‐‐‐ 北アメリカ
資料：Milward (1991), p.460.

図 3-4 西ドイツ輸送機械の輸出
(100万ドル)
― 西ヨーロッパ
…… その他の諸国
―・― 準工業国
‐‐‐‐ 北アメリカ
資料：Milward (1991), p.460.

OEEC, EPU 地域に対する 1951 年以降の貿易収支の黒字幅の累増は以上の品目を軸に導かれたものであった．

　ここで特徴的なことは，これらの品目の輸出拡大が先に指摘したような OEEC, EPU 的枠組みが必然的にもたらした対米差別の「保護された市場」において果たされ，それもとりわけて近隣の比較的小国を中心としていた事実である．貿易が経済の国際的な発展動力の主たる経路をなし，加えてその貿易自体が西ヨーロッパ域内貿易を中心にする経済の「限定された」グローバル化の

なかでの輸出成長の秘密はここにある[14]．具体的にいえば，オーストリア，ベルギー，オランダ，デンマーク，スウェーデン，スイス，ノルウェーなど1人あたりの所得水準が相対的に高い国々が西ドイツの主要輸出先となった．ミルワードが指摘する[15]ように，この事実が西ヨーロッパのドル不足を緩和させるのに大いに貢献したことは明らかである．これは西ドイツの「世界市場への復帰」が19世紀末の第二次産業革命的な発展要素を主因としながらも自動車生産の拡張に示される西ドイツ経済の重化学工業化の高度化をも含んですぐれて西ヨーロッパ市場への浸透を実質的内容にしていたことと表裏一体の関係にあった．

　この点は以下の事実によりさらに裏づけられる．表3-5から理解されるように，1950年代に入って機械類のスウェーデンのアメリカからの輸入は激減しており，それにとって代わって西ドイツからの輸入シェアの上昇が顕著である．これは必ずしもスウェーデンにかぎられた特殊な例などではなく，表3-6にみるイタリアの実例でも明白であり，機械産業のイタリア市場シェアの変化はスウェーデンと同じく劇的である．このようにみれば，こうした貿易転換の変動は西ヨーロッパ全般にわたる現象であったとみなして差し支えないであろう．まさしく，戦後西ドイツ機械メーカーはアメリカの同業者の犠牲のうえに西ヨーロッパ市場に成功裡に進出したのである[16]．のちにも詳しく検討するが，1950年代において西ドイツ製機械製品の3分の2以上が西ヨーロッパ市場に流れた[17]．こうした事情はイギリス機械製品輸出の過半が英連邦諸国に出回った[18]のとはおよそ対照的であった．西ドイツ機械メーカーは成長性を示した西ヨーロッパ市場において誇張していえば1人勝ち的立場を占めたといってもよい．

　後掲表3-8にみる構造的失業に起因するもともとの賃金水準の低さおよび輸出の奇跡による数量景気と相俟って労働生産性の動向との関連で示される相対的にモデレートな賃金上昇——労働組合の賃金政策は自制的ないし慎重であり，決して攻撃的ではなかった[19]——に裏打ちされた価格競争力——製品コストの無比の安定を表すものだが，1950年代において工業部門の生産者価格の落ち着きぶりはこの点で際立っていた（表3-7を参照）——に加えて伝統的な「メイド・イン・ジャーマニー」の非価格競争力が強く働いたのである[20]．事

表3-5 スウェーデンにおける機械類輸入の
アメリカと西ドイツの比率

(%)

	アメリカ	西ドイツ
1948年	28.7	1.6
1949	24.5	5.8
1950	24.6	14.3
1951	18.1	27.2
1952	12.8	34.1
1953	15.2	35.7

資料：Fritz (1990), S. 115.

表3-6 イタリアにおける機械・装置の西ドイツ，アメリカからの輸入

(100万リラ)

	輸入全体価額	西ドイツ	アメリカ
1947年	7,786	175 (2.2)	1,194 (15.3)
1948	11,226	585 (5.2)	2,300 (20.5)
1949	34,474	6,323 (18.3)	12,184 (35.3)
1950	52,111	12,342 (23.7)	22,193 (42.6)
1951	84,428	23,880 (28.3)	29,970 (35.5)
1952	91,736	27,414 (29.9)	29,076 (31.7)
1953	103,713	40,272 (38.8)	21,593 (20.8)
1954	106,051	40,256 (38.0)	24,753 (23.3)
1955	94,610	40,757 (43.1)	11,606 (12.3)
1956	92,585	43,819 (47.3)	13,617 (14.7)
1957	111,367	50,916 (45.7)	16,136 (14.5)

資料：Rieder (2001), S. 441.
注：括弧内数字は輸入全体価額に占める比率．

態をもっと正確にいうならば，「メイド・イン・ジャーマニー」の品質定評を側面から支えていたのが価格競争力であった．ただし，価格競争力は過大評価されてはならない．西ドイツの品質定評が決定的で価格弾力性は比較的に低かったからである．西ヨーロッパの需要者は西ドイツ経済の西ヨーロッパ国際経済連関への完全復帰を待っていてくれたのである．条件が整えば，西ヨーロッパの需要者はいつでも西ドイツ製品に直ちに乗り換える機会を窺っていたとも言い換えることができよう．「作れば売れる」事態が生まれた．そうした状況を受けて，前掲表3-3にみられるように1954年から1955年にかけて第一次設備投資ブームが盛り上がり，前掲表3-2にみるとおり鉱工業生産指数も異例の

表 3-7　工業製品の生産者価格指数

(1962 年 =100)

	工業製品全体	加工製品全体	投資財製品
1950 年	80.3	81.9	72.9
1951	95.6	97.9	85.1
1952	97.3	98.9	92.6
1953	94.2	94.7	91.1
1954	92.6	93.0	88.5
1955	94.4	94.9	89.5
1956	95.8	96.2	91.2
1957	97.5	97.6	93.0
1958	97.0	96.9	93.9
1959	96.1	96.0	93.1
1960	97.2	97.2	94.5

資料：Statistisches Bundesamt (Hrsg.) (1972), S. 248.
注：工業製品には電力・ガス・水道は含まれていない．

上昇をみせた．この点に関して付け加えると，フランス産業の近代化の関連で1954-1955 年頃から出てくるフランス側の西ドイツに対する経済的関心の一方でのちに共同市場交渉過程においてフランス側が対西ドイツ競争の緩衝材としてイギリス参加を望んだという位置づけ[21]は根拠が薄かったとみなければならない．イギリスに対西ドイツ競争を拡散させる緩和力があったとは思えないからである．

　耐久消費財についても同様の事情があった．戦後西ヨーロッパ市場において最大のシェアを失ったのは自動車，冷蔵庫，ラジオ，テレビ，洗濯機のアメリカのメーカーであり，それに代わってシェアを伸ばしたのは西ドイツのメーカーであった[22]．とくにテレビの伸びは顕著で，テレビはエアハルトにより「経済の奇跡の最愛の子」(Wirtschaftswunders liebstes Kind) と形容された[23]．また，1950 年にはドル支出の選別がいまだ厳しい状況のなかで世界輸出のシェアの50％を占めていた蓄音機，新型レコード・プレーヤー，テープ・レコーダーについてもアメリカはシェアを低下させ，その代わりに西ドイツのメーカーが大きな地歩を獲得した[24]．前掲表 3-1 にみられるような西ドイツの世界輸出シェアの急伸には以上の経済的要因があった．ドル不足という特有の困難とも相俟って西ヨーロッパの需要者は西ドイツ機械産業が供給力をつけるのを待機していたわけであり，またそうせざるをえなかったのである．マーシャル・プラ

表 3-8　失業者数の推移

(人)

年	失業者数
1950年	1,868,504 (11.0)
1951	1,713,887 (10.4)
1952	1,651,915 (9.5)
1953	1,491,000 (8.4)
1954	1,410,717 (7.6)
1955	1,073,576 (5.6)
1956	876,287 (4.4)
1957	753,711 (3.7)
1958	763,850 (3.7)
1959	539,942 (2.6)
1960	270,678 (1.3)

資料：Statistisches Bundesamt (Hrsg.) (1972), S. 148.
注：括弧内数字は就業人口に占める比率.

ンが創り出した対米差別の保護主義的な枠組みがアメリカとの競争の仕切り板を形成し，西ドイツの資本財，耐久消費財の輸出増に繋がったのである．1955年にはヨーロッパ市場への西ドイツの輸出が1936年の戦前水準を超えるまでに急速な伸張をみせる[25]．

こうして，1950年代を経るなかで機械，電気機械，自動車といった製品の輸入がアメリカから西ドイツへとシフトする特殊化の利点（Spezialisierungsvorteil）を随伴した「地域的転換」(eine regionale Umorientierung) が大規模に生じたのである[26]．需要発動は極めて集中的であったといってよい．序章で触れた貿易ブームが訪れた．そして，西ドイツは貿易黒字国になると同時にこのような貿易ブームのなかで国内経済は連動的に拡大し，それにつれて表3-8にみるとおり1950年に11％であった失業率は年々減少し，EEC発足前夜には4％を切るまでになっていくのである．通貨改革以後の調整インフレ不況により引き起こされ，1940年代末から1950年代初めにかけて西ドイツ経済の構造的問題とされてきた失業問題は急速に解消した．こうした事態は被追放者に職に与えて生活するメドの道筋をつけ，速やかに西ドイツ社会に同化させたという意味において労働力吸収の勢いを示しており，先に「被追放者の奇跡」と指摘した理由はここにある．

2.3 輸入国としての西ドイツの登場と貿易関係の核の形成

1950年代前半に明らかになったもうひとつの経済的事実は，西ドイツが近隣の西ヨーロッパ各国にとって最大の輸出市場になったことである．すでにドイツ連邦共和国の設立から3年ほどして西ドイツはイギリス，アイルランド，ポルトガルを除くOEEC加盟国にとって最大の，そして最も急速に拡大する市場となった[27]．ここには経済相エアハルトの輸入自由化路線が作用しており，西ドイツは実際，朝鮮戦争勃発直後の国際収支の急激な悪化に起因する「ドイツ危機」あるいは「ドイツ自由化危機」[28]を短期間のうちに克服した1952年以後貿易自由化の先導者（Vorreiter）ないし「砕氷船」（Eisbrecher）としての役割を果たしてきた[29]．前掲表3-4にみるように，OEEC地域あるいはEPU地域からの輸入価額が着実に上昇しているのはこのためである．1953年には輸入自由化率は90％にのぼり，1955年末までには100％に達して完全自由化が実現する．1950年代の輸入成長率は17.9％であった[30]が，1950年代中葉には西ドイツは西ヨーロッパ各国のなかで最も保護主義的でない国に生まれ変わった[31]．

先にも言及したように，マーシャル・プランでは供給者としてのドイツとともにアブソーバー（需要者）としてのドイツの西ヨーロッパ国際貿易連関への復帰が構想されていたが，この構想が早くも現実のものとなり，経済成長の「機関車国」としての西ドイツが大きく浮かび上がることとなった．エアハルト自身が自由貿易と競争秩序の再構築を社会的市場経済の基本的柱と考えていたからにほかならない[32]．西ドイツ市場は西ヨーロッパ近隣各国にとって安定的な成長動因として作用することになったのである．第1章，第2章で触れたように，こうした「強いドイツ」（重化学工業国）の復活はベネルクス3ヵ国がかねてより積極的に強調してきたものであり，戦時中のレジスタンス運動から唱えられていた「健全なドイツ」のヨーロッパに対する経済的貢献の構想の延長線上にあった．事実，この点でイタリアも同様の立場を1947年7月の第1回ヨーロッパ復興会議において表明していたことはすでに述べたとおりである．アブソーバーとしての西ドイツの浮上は西ヨーロッパ近隣各国において進んでいた工業化と近代化による「工業化ブーム」（the industrialization boom）を支えるものであった[33]．すなわち，供給者としての西ドイツの復活が工業

化ブームに火をつけ，西ドイツとの水平貿易関係がそれを流動的に促進するという好循環が生まれたのである．1950年代の西ヨーロッパ国際経済連関が西ドイツを中心とする戦前の貿易パターンの再現とはいいながらも，水平的貿易関係が急展開する兆しをみせるのがこの時期の特徴であった[34]．西側統合への政府の基本路線や労使協調の姿勢に代表される団体調整的なボン民主主義の確実な歩みが側面から作用していたといってよい．

　こうして，西ヨーロッパ近隣各国にとってアブソーバーとしての西ドイツの位置が決定的となるが，輸出面と合わせて検討するとここに特有の貿易関係が形成されてくることがわかる．そこで表3-9，3-10，3-11をみてみよう．表3-9は金属加工機械（工作機械）の西ドイツ輸出市場のシェアを示すものであるが，それによると満遍ない西ヨーロッパ市場への浸透のなかでフランスとイタリアのシェアの高さが顕著である．イタリアのシェアの高さは前掲表3-6からもその一端が窺えよう．ベルギー，ルクセンブルク，オランダのシェアも相対的に大きく，いずれも有力市場といってよい．表3-10の一般機械のシェアではオランダが第1位を占めており，次いでフランス，イタリア，ベルギー，ルクセンブルクが続いている．表3-11の電気機械の輸出シェアでも第1位をほとんど占めているのがオランダであり，それに続くのがスウェーデン，ベルギー，ルクセンブルク，イタリアである．むろんこれは西ドイツ機械類の輸出からみた一側面にすぎないが，機械産業は西ドイツのお家芸であり，経済の推進軸であったからその影響は大きい．輸出先の工業化に与える効果も甚大である．それを踏まえていえば，総じて西ドイツにとってベネルクス3カ国が極めて重要な意味合いをもっていることは明らかである．これはこの時期オランダの工業化が著しく進捗した事実と無縁ではない．そして，それに次いでフランス，イタリアの健在ぶりが目立っている．

　これを表3-12と合わせて考えてみると，1950年代中葉頃の西ドイツをめぐる貿易関係の特徴的な姿が浮かび上がってくる．表3-12から理解されるように，西ドイツの輸出入における貿易相手国として最有力になっているのはオランダ，ベルギーであり，イギリス，フランス，イタリアの地位はそれほど大きくない．スウェーデンもかなりの重要性を担っているが，実はスウェーデンの貿易相手国としてはなおイギリスが優位にあった．フランス，イタリアの地位

表 3-9　西ドイツ金属加工機械の輸出市場シェア

(%)

1950		1951		1952		1953		1954		1955 年	
スウェーデン	10.18	イギリス	13.36	イギリス	20.31	イギリス	13.82	フランス	11.07	フランス	12.13
オランダ	9.28	スウェーデン	10.64	アメリカ	9.99	イタリア	10.85	イタリア	9.66	イタリア	8.93
ベルギー・ルクセンブルク	8.47	フランス	8.88	フランス	8.44	フランス	10.51	ベルギー・ルクセンブルク	8.11	イギリス	8.79
フランス	7.89	オランダ	8.62	イタリア	8.41	アメリカ	7.17	イギリス	7.99	スウェーデン	6.64
チェコスロヴァキア	7.67	ブラジル	7.41	スイス	6.68	スイス	6.61	スイス	6.71	ベルギー・ルクセンブルク	6.34
イタリア	7.49	スイス	6.95	ベルギー・ルクセンブルク	6.01	ベルギー・ルクセンブルク	6.41	ユーゴスラヴィア	5.68	スイス	6.12
ハンガリー	7.15	イタリア	6.90	スウェーデン	5.79	スウェーデン	4.58	オランダ	5.17	オランダ	5.51
スイス	6.05	ベルギー・ルクセンブルク	3.96	ブラジル	5.63	ユーゴスラヴィア	4.38	ブラジル	5.15	オーストリア	4.76
ブラジル	5.13	アメリカ	3.95	オランダ	5.01	オランダ	4.05	アメリカ	4.44	スペイン	4.23
ルーマニア	3.20	オーストリア	3.25	オーストリア	4.01	スペイン	3.23	日本	4.41	インド	3.93

資料：Milward（1991), p. 468.

表 3-10　西ドイツ一般機械の輸出市場シェア

(%)

1950		1951		1952		1953		1954		1955 年	
オランダ	11.03	オランダ	10.56	オランダ	7.69	オランダ	8.00	オランダ	8.85	オランダ	9.45
ベルギー・ルクセンブルク	9.41	フランス	8.03	フランス	7.51	イタリア	7.91	イタリア	7.21	フランス	7.64
フランス	9.31	ブラジル	6.53	イタリア	7.37	ベルギー・ルクセンブルク	6.41	フランス	6.65	イタリア	7.54
イタリア	5.57	ベルギー・ルクセンブルク	6.31	ブラジル	7.28	スイス	4.90	ベルギー・ルクセンブルク	6.18	ベルギー・ルクセンブルク	6.40
スイス	4.56	スウェーデン	6.05	ベルギー・ルクセンブルク	6.60	南アフリカ	4.55	スイス	5.52	スイス	5.96
スウェーデン	4.42	イタリア	5.75	スウェーデン	5.25	イギリス	4.54	オーストリア	4.90	オーストリア	5.60
ブラジル	4.35	スイス	5.72	スイス	5.25	スウェーデン	4.32	スウェーデン	4.60	スウェーデン	4.80
デンマーク	3.18	オーストリア	4.00	イギリス	5.15	ブラジル	3.97	イギリス	4.38	イギリス	4.54

資料：Milward（1991), p. 470.

の相対的な低さはこれら2ヵ国が近隣小国と比較すると高関税国であることによるものである。ただしイタリアからみると，この時点でもすでに輸出入に占める西ドイツへの依存度は最大となっており，数字以上に両国の結びつきは緊密となっていた[35]。イタリアからは繊維製品，ワイン，果実，野菜が主に輸出されていたが，その一方で電気機械，一般機械，自動車，化学産業の発展が

2 西ドイツ貿易構造の特質と経済の奇跡

表 3-11 西ドイツ電気機械の輸出市場シェア

(%)

1950		1951		1952		1953		1954		1955 年	
オランダ	15.20	オランダ	11.63	スウェーデン	9.32	オランダ	8.82	オランダ	10.38	オランダ	11.61
スウェーデン	8.65	スウェーデン	10.85	オランダ	7.81	スウェーデン	7.48	スウェーデン	7.40	スウェーデン	7.80
ベルギー・ルクセンブルク	6.69	トルコ	5.81	ベルギー・ルクセンブルク	6.57	イタリア	6.94	ベルギー・ルクセンブルク	6.49	ベルギー・ルクセンブルク	5.91
オーストリア	5.15	フランス	5.63	トルコ	5.33	ベルギー・ルクセンブルク	6.77	イタリア	5.42	イタリア	5.27
スイス	4.53	ベルギー・ルクセンブルク	5.03	イタリア	4.69	スイス	5.19	スイス	4.96	スイス	4.97
デンマーク	4.06	ノルウェー	4.66	フランス	4.56	ノルウェー	5.17	フランス	4.56	オーストリア	4.55
イタリア	3.80	イタリア	4.60	スイス	4.40	フランス	4.99	アルゼンチン	4.38	フランス	4.40
フランス	3.15	スイス	4.37	ノルウェー	4.31	ブラジル	4.16	ノルウェー	3.79	ノルウェー	3.41

資料:Milward (1991), p. 472.

表 3-12 西ドイツの主要貿易相手国の輸出入価額(1948-1969 年)

(100 万マルク)

年	オーストリア 輸入	輸出	ベルギー 輸入	輸出	フランス 輸入	輸出	イタリア 輸入	輸出	オランダ 輸入	輸出	旧ソ連 輸入	輸出	スウェーデン 輸入	輸出	イギリス 輸入	輸出	アメリカ 輸入	輸出
1948	32	121	80	263	11	223	68	69	122	224	4	—	94	75	129	256	1,574	102
1949	44	229	418	403	91	514	318	217	402	368	3	—	295	241	182	380	2,588	160
1950	178	312	405	677	690	612	507	486	1,246	1,164	1	—	637	531	489	361	1,735	430
1951	237	500	610	987	621	973	549	674	1,022	1,456	2	—	803	974	498	878	2,722	989
1952	369	627	943	1,196	606	1,077	643	632	1,170	1,345	17	1	927	1,239	525	955	2,505	1,044
1953	407	668	850	1,308	780	1,084	744	1,240	1,251	1,657	66	7	811	1,173	645	788	1,655	1,243
1954	565	1,034	867	1,580	965	1,194	843	1,341	1,526	2,059	93	53	904	1,476	847	858	2,228	1,227
1955	697	1,359	1,385	1,733	1,445	1,458	1,044	1,434	1,770	2,422	151	112	1,103	1,779	866	1,026	3,202	1,611
1956	781	1,417	1,343	2,106	1,345	1,947	1,223	1,656	2,002	2,876	224	289	1,276	1,956	1,147	1,257	3,970	2,074
1957	902	1,761	1,316	2,145	1,547	2,253	1,553	2,000	2,258	3,246	409	250	1,486	2,169	1,135	1,407	5,629	2,494
1958	916	1,847	1,409	2,453	1,595	2,164	1,698	1,853	2,500	2,995	386	303	1,411	2,266	1,361	1,460	4,193	2,642
1959	998	1,960	1,776	2,489	2,761	2,970	2,182	2,202	3,124	3,465	443	383	1,533	2,285	1,630	1,661	4,576	3,776
1960	1,152	2,444	2,441	2,890	3,998	4,202	2,631	2,847	3,638	4,210	673	778	1,804	2,593	1,956	2,147	5,974	3,723
1961	1,247	2,686	2,355	3,262	4,618	4,777	3,043	3,385	3,762	4,755	796	823	1,930	2,614	1,965	2,122	6,097	3,454
1962	1,376	2,757	2,765	3,583	5,270	5,440	3,735	4,106	4,196	4,883	861	826	2,000	2,670	2,351	1,954	7,033	3,858
1963	1,369	2,938	3,359	4,142	5,495	6,432	3,700	5,462	4,789	5,718	835	614	2,014	2,981	2,472	2,212	7,942	4,195
1964	1,524	3,295	4,305	4,879	6,270	7,424	4,468	4,593	5,350	6,736	937	774	2,304	3,259	2,782	2,717	8,066	4,785
1965	1,712	3,798	5,416	5,558	7,843	7,792	6,562	4,499	6,826	7,371	1,101	586	2,742	3,573	3,141	2,804	9,196	5,741
1966	1,695	4,219	5,607	6,421	8,617	9,216	6,680	5,657	6,870	7,988	1,153	541	2,389	3,574	3,155	3,129	9,177	7,178
1967	1,477	4,097	5,436	6,439	8,488	10,050	6,436	6,890	7,275	8,628	1,100	792	2,167	3,534	2,932	3,472	8,556	7,859
1968	1,766	4,420	6,799	7,444	9,778	12,242	8,066	7,568	8,810	10,114	1,175	1,094	2,489	3,850	3,407	4,028	8,850	10,835
1969	2,190	4,857	8,987	9,277	12,697	15,118	9,491	9,260	11,256	11,522	1,306	1,582	2,897	4,369	3,913	4,591	10,253	10,633

資料:Mitchell (1992), p. 596.

顕著であった．西ドイツと比較すると，いまだ生産のスピードの遅れ，割高感，品質の劣位が目立っており[36]，十分に肩を並べるまでの競争力を備えてはいなかったものの，機械類の西ドイツ，フランスへの輸出の伸びは大幅であった[37]．それだけに工業化と近代化の要請は強く，そのためにも西ドイツとの水平的な貿易関係の形成は不可避であった．イタリアにおける保護主義の撤廃の動きは以上の脈絡のなかで出てくる．

　先に「健在ぶり」を指摘したフランスの動向とも相俟って開放経済体制移行前のこの事態は注目に値しよう．総合的に判断して，上に述べた事実は当時西ドイツとベネルクス3ヵ国の貿易関係を中心にしながらすぐ背後において第2列にフランス，イタリアが位置するといった大陸西ヨーロッパ間の貿易連関のコア部分が形成されていたことを物語るものである．すなわち，西ドイツはフィンランドを除く西ヨーロッパ各国に遍く輸出浸透する一方で，他方では極めて収斂度の高い内部的な貿易関係を結んでいたことになるわけである．したがって，西ドイツが貿易ブームのなかで大ベネルクス（Greater Benelux）の自然的基盤を形成・発展させる推進力になっていた事実は見過しえない．ECSC 6ヵ国の関税同盟の実現を目指す構想が早くも1952年にオランダのベイエン・プランとして登場してくる経済的根拠はここにあった．通商的共生（the commercial symbiosis）[38]を目指すなかでの西ドイツ貿易構造の西ヨーロッパ集中を指摘するだけでは事は済まず，EECの成立に繋がってくる1950年代における西ドイツ貿易構造の重層性が注目されねばならないわけである．

3　西ドイツのEEC選択と加盟

3.1　OEECの役割の終焉とEPU内での西ドイツ問題

　2節で論じたように，西ドイツの貿易は広く西ヨーロッパ市場に目線を置く発展方向を示しつつ，「小ヨーロッパ経済統合」に収斂していくような内なる傾向をみせていた．このような重層性は1954年からの貿易ブームのなかで増幅され，失業問題の解消を含め西ドイツ経済の経済成長を後押ししてきた．ここでは以上の事実を踏まえながら西ドイツのEEC選択を検討していきたい．

　ここでまず指摘されねばならないのは，1950年代後半にさしかかった時期

にはOEECがそれまでの積極的な役割を果たし終えたことである．OEECは確かに1950年代前半に数量的輸入制限を漸次緩和させて西ヨーロッパ域内貿易拡大に大いに貢献したが，貿易自由化のもうひとつの柱をなす関税軽減問題に応えられない決定的な限界を有していた．したがって，OEECによる貿易自由化比率が引き上げられるとともにこの問題が改めて認識されるようになったのである．GATT体制の目指す多角的貿易システムの整備に向けてという意味でもこれは重大な問題であった．OEECはヨーロッパ域内貿易の自由化の進展とEPUの設立によって「統合の潜在能力」(Integrationspotential) を使い果たしたといってよい[39]．OEECは貿易ブームを先導する役割を担ったものの，アメリカの期待とは異なり発足当時の組織では経済統合を推進するには不十分であることが露呈されたのである．

これに関連していまひとつ挙げられるのは，前掲表3-4に明瞭にみてとれるように，時を経るとともに西ドイツの貿易収支黒字体質が明らかになるにつれEPU内での貿易不均衡の問題が浮上してきたことである．貿易ブームのなかで輸出入が大幅な伸びを示しながら，輸出成長率が輸入成長率を凌駕していることに起因する構造的黒字が貿易摩擦を生み出した．すでに貿易ブームの兆しがみられ，西ドイツの貿易黒字が鮮明になった1953年にはOEEC，GATT側から西ドイツの経常収支黒字の削減を求める要求が出されていたし，EEC形成の準備段階をなす1955年春から1957年にかけては西ドイツの輸出「攻勢」に対する批判が相次ぎ，内需拡大要請にもとづいて一方的な関税引き下げを図る措置が実施されていた[40]．貿易ブームが本格的に訪れるのは1954年からであるが，その前の1953年にすでに構造的黒字が国際的な問題となっていたことには注目する必要がある．かつての「ドイツ危機」の下で導入された選択的保護主義は撤廃されるが，それに代わって過小評価されたマルクが問題化し始めるのである．この問題が通貨投機として顕在化し，本格的に過小評価の是正を迫られるのはドルの過大評価が表面化する1960年代初頭に入ってのことなので，次章の検討課題になるが，問題の火種はすでに燻り始めていた．

ともあれ，1954年頃までにEPU自身が域内の多角的決済を促進して域内通貨の事実上の交換性を回復することに貢献し，それを受けて1955年6月にヨーロッパ通貨協定（European Monetary Agreement）への発展的解消が現実の日

程にのぼっていた事情が考慮されねばならないが，OEEC の限界はむろんのこと，過小評価されたマルクに裏づけられた西ドイツの対 EPU 純債権の累積は域内決済の均衡を著しく失するという意味において EPU の機構的限界を示すものであった．このような限界を孕んでいる以上，EPU の下での貿易拡大には輸入自由化の遮断を含む制度的支障が立ちはだからざるをえない問題が横たわっていたからである．

　こうして，西ドイツ経済の成長に寄与してきた OEEC，EPU 的枠組みはその歴史的な役割を果たし終え，機構的な有用性を顕著に低下させるに至った．西ドイツはそれゆえ新たな成長の枠組みを模索する局面を迎えたのである．OEEC，EPU が西ドイツ経済にとって ECSC と並んで戦後第 1 のヨーロピアナイゼーションであるとすれば，それは経済統合の前進であるかどうかはともかくとして第 2 のヨーロピアナイゼーションが求められたといってよい．事実としては同時期に形成への準備段階に入った EEC の経済統合はひとつの有力な選択肢を与えるものとなった．

3.2　ベネルクス主導の関税同盟（共同市場）構想と西ドイツの積極的呼応

　先にも指摘したように，1952 年から 1953 年にかけて当時実現が目指されていたヨーロッパ政治共同体（European Political Community，以下 EPC）構想のなかに経済統合構想を盛り込ませるべく第一次から三次にわたる関税同盟案であるベイエン・プランが提示された[41]．EPC 構想は 1954 年 8 月のヨーロッパ防衛共同体（European Defensive Community，以下 EDC）に対するフランス議会の批准拒否により挫折したが，関税同盟構想はすぐさま経済統合の核心をなす位置づけの下に新たにベネルクス主導の提案として出されてきた．具体的には 1955 年 3 月にベネルクス外相会議において「6 ヵ国のベネルクス」（a Benelux of the Six）を目指すベイエン関税同盟案が提起され，これを受けて 5 月にベネルクスによる部門別統合案を並立させた「全般的共同市場」に関する覚え書（ベネルクス覚え書）が出される[42]．これが 6 月の ECSC 6 ヵ国外相会議におけるメッシナ決議につながっていくのは周知のことであろう．

　ここで関税同盟構想がベネルクス主導で提示された点に意味がある．とくにオランダから絶えず共同市場案が一貫して強調されてきたことは注目に値しよ

3 西ドイツの EEC 選択と加盟

う.確かにベイエン・プランの当初西ドイツ側から積極的な反応はなかったが,この当時西ドイツは主権をいまだ回復しておらず対外的に行動する余地はかぎられていた.1955年5月には前年10月のパリ条約を踏まえて主権を回復し,経済統合案に意欲的に対応する余地ができていた.事実,西ドイツはメッシナ決議に積極的に賛同する.EDC 批准失敗によるフランスの経済統合主導性の後退から西ドイツの行動の余地が広がったといえよう.

そこにはむろん,様々な要因が働いていた.それはベネルクス3ヵ国のなかでもとりわけオランダの首尾一貫したドイツ政策と密接に関連している.その点をまず検討していこう.第1には,すでに第1章において論じたように,第二次大戦期のオランダ・レジスタンス運動のなかで「古い帝国主義のワインを新しい『民主主義』のボトルに入れ替え」,「狼の肉体に山羊の精神を宿す」ドイツがヨーロッパに対して前向きの経済的貢献をなすべきとの主張がなされていたこと,第2に第2章で検討したことであるが,そもそも第一次ヨーロッパ復興会議の当初からオランダは西部ドイツの OEEC 早期参加を表明したのに加えて,ベネルクス3ヵ国を代表してドイツと西ヨーロッパ近隣各国との貿易障害となっているドル条項に厳しい批判をおこなって西ヨーロッパ国際貿易連関へのドイツの速やかな復帰を求めていたこと,第3に,1949年秋におけるフリタルクス構想の際にフランスの統合主導性に反発し,西ドイツの完全な一員化を強く働きかけていた[43]こと,の3点である.

以上の要因から考えて,オランダを軸にしたベネルクス関税同盟案が提起されてきた時に西ドイツにはそれに積極的に呼応せざるをえない事情があったとみなしてよいだろう.オランダ側からいえば,こうした主張が絶えずなされるのは,いうまでもなく戦前にあった伝統的な貿易・金融関係を再構築しつつ,自国の工業化をより一層推し進めることにもっぱらの利害関心があったからで,間接的ながら貿易構造面での理由にもとづくものといってよい.ここでもオランダを中心としたベネルクス提案は西ドイツの国際政治上のプレゼンスを高める途を用意したのである.

これらの条件があったとはいえ,そこにはやはり先に指摘した現実の貿易構造が決定的に作用していたものと考えられる.表3-13をみてみよう.表3-13は世界貿易の10大ルートを戦前,戦後にかけて示したものであるが,EEC の

表 3-13　世界貿易の 10 大ルート

(%)

順位	1938 貿易ルート	比率	1948 貿易ルート	比率	1955 貿易ルート	比率	1962 貿易ルート	比率	1970 年 貿易ルート	比率
1	EEC – EEC	5.69	アメリカ – ラテン・アメリカ	10.43	アメリカ – ラテン・アメリカ	8.09	EEC – EEC	10.94	EEC – EEC	15.48
2	アメリカ – ラテン・アメリカ	4.79	アメリカ – カナダ	6.39	EEC – EEC	7.37	アメリカ – カナダ	6.03	アメリカ – カナダ	7.05
3	日本 – 東南アジア	4.29	アメリカ – EEC	5.21	アメリカ – カナダ	7.10	アメリカ – EEC	5.63	アメリカ – EEC	5.35
4	イギリス – EEC	3.68	アメリカ – 東南アジア	3.98	EEC – アフリカ	4.94	アメリカ – ラテン・アメリカ	5.31	日本 – アメリカ	3.80
5	EEC – ラテン・アメリカ	3.65	東南アジア – 東南アジア	3.79	アメリカ – EEC	4.46	EEC – アフリカ	4.06	EEC – アフリカ	3.65
6	アメリカ – カナダ	3.53	EEC – EEC	3.49	アメリカ – 東南アジア	3.04	イギリス – EEC	3.20	アメリカ – ラテン・アメリカ	3.61
7	アメリカ – イギリス	3.53	イギリス – 東南アジア	2.73	EEC – ラテン・アメリカ	2.91	アメリカ – 東南アジア	2.99	イギリス – EEC	2.82
8	イギリス – 東南アジア	3.33	EEC – ラテン・アメリカ	2.67	イギリス – EEC	2.86	EEC – ラテン・アメリカ	2.79	アメリカ – 東南アジア	2.63
9	アメリカ – EEC	3.32	イギリス – EEC	2.29	イギリス – Au・Nu	2.70	日本 – アメリカ	2.41	日本 – 東南アジア	2.59
10	東南アジア – 東南アジア	3.10	EEC – 東南アジア	1.69	東南アジア – 東南アジア	2.32	日本 – 東南アジア	1.77	EEC – ラテン・アメリカ	2.12

資料：平田（1973），188-189 頁．

形成を目指すメッシナ決議が取り上げられた 1955 年を中心に検討していくと，この年にはのちに EEC を形成する各国間の貿易が世界貿易の最大ルートとなるような動きをみせ，戦前のシェアを早くも凌駕している．ドル不足が深刻であった 1948 年と比較すると貿易の伸張は一目瞭然である．また，戦前の地位の復権という以上の成長力が働いて西ヨーロッパの歴史的復権の様相が窺える．「EEC 域内貿易」がアメリカの輸出力の減殺に関する最大要因となったことは疑いえない．すなわち，1960 年代には隔絶した伸びを示すが，この時期早くも「EEC 域内貿易」はのちの時期に先駆ける成長展望性を示し，「内なる市場」の可能性を垣間みせていたことになろう．その原動力の重要な一角を西ドイツとベネルクス 3 ヵ国との貿易関係がかたちづくっていたことはすでにみたとおりである．ちなみにいえば，前章で言及したポンドとドルの交換性失敗にみられるアメリカ再建構想の挫折を経た状況ではこのような経路を通じてしか世界資本主義の再建はありえなかったわけである．

3.3 「開かれた」EEC とイギリスの自由貿易圏構想

ところで，EEC は必ずしも 6 ヵ国に限定されていたものではなかった．これは ECSC と同様である．メッシナ決議を受けたスパーク委員会にはイギリスがオブザーバーとして参加しており，イギリスのデンマークや北欧諸国への影響力を考えると，EEC は開かれた性格をもっていた[44]．実際にはイギリスは 1955 年 11 月にスパーク委員会からの撤退を表明し，ここに「6 ヵ国のヨーロッパ」の基本的形姿が確定することとなるが，イギリスは西ドイツ宛の書簡のなかで 6 ヵ国の共同市場に反対し，OEEC 加盟国を基礎とするより広い自由貿易圏構想への支持を要請した[45]．同年 12 月にはそうした構想が「大構想」（Grand Design）として生まれてくる[46]．そしてこの構想はスパーク委員会の報告を承認した 1956 年 5 月におけるベネチアでの ECSC 6 ヵ国外相会議に対抗するものとして 7 月に OEEC 規模での自由貿易圏構想を検討する OEEC 閣僚会議における特別委員会の設置として具体化する．9 月には小冊子報告「プラン・G」が出され，6 ヵ国の関税同盟構想に対するノルウェー，スウェーデン，デンマーク，スイス，オーストリアから懸念表明されたことへの対応がなされる[47]．この背景には上にも述べた 1956 年に入ってのスパーク報告の提出（4 月），報告の政府間交渉の基礎受け入れ（5 月）といった EEC 交渉の思わぬ急展開があった．この間におけるフランスの統合主導性の低下と共同市場案への躊躇がイギリスにとって交渉ブレーキ予想の有力な根拠となっていたのである[48]．イギリス側のシナリオが覆ったことに対する回答が自由貿易圏構想にほかならない．

こうした一連の経緯は西ドイツに真に深刻なジレンマとはいえないまでも相当程度の攪乱的な問題を提供することになった．すでに論じたように，西ドイツの輸出は OEEC，EPU 的枠組みのなかで西ヨーロッパ市場を舞台に展開していった．西ドイツ経済の高成長はこうした西ヨーロッパ偏重の貿易構造をテコにしていたのであり，その点ではのちに EEC を形成するインナー・シックスとのちに EFTA となるアウター・セブンの地域に同等の比重を有していた．西ドイツにとってオランダ，ベルギーが緊密な関係をもつ有力市場であっただけでなく，オーストリア，スイス，スウェーデン，デンマークなども決して無視しえない有力市場であった．たとえば，1950 年代前半における西ヨーロッパ

経済の特徴的な出来事のひとつとして西ドイツとデンマークの貿易関係が急速に進捗した事実があった．戦後以来からデンマークの歴代政府は西ドイツとの貿易関係をとり結ぶことにかなり慎重であった．理由は対西ドイツ競争脅威論からである．そしてこれは産業界と労働組合の一致した意向でもあった．それにもかかわらず，西ドイツからの工業製品の輸入は急増し，デンマークからはベーコンとバター以外の畜産・酪農品の輸出が着実に増加し，部分的に工業製品の輸出さえみられた[49]．さらにもう一例挙げれば，電気機械産業では冷蔵庫や洗濯機の輸出が活発に展開するが，この輸出先については後の EFTA 地域にも最良ともいうべき顧客が存在しており，1960 年代初めに入って EFTA の形成により明確になる西ヨーロッパ経済の分裂に重大な懐疑を示す向きが業界のなかにあったぐらいなのである[50]．

とすれば，EEC の結成に参加し，6ヵ国の「小ヨーロッパ経済統合」に向かい，関税同盟を形成することは必ずしも当時の西ドイツの経済利害に合致するものとはいえなかったことになろう．少なくとも留保条件がつけられたといっても不思議ではなかった．なお付け加えれば，スパーク委員会にイギリスがオブザーバーとして参加することに西ドイツが大きな期待を抱いたとしても不自然ではない．EEC 以外の地域を軽視し，「排他的クラブ」を創り出す「小ヨーロッパ的論理」は西ドイツにとって決して自明のものではなかった．この点を受けて EEC は西ヨーロッパ全体を含むイギリスの自由貿易圏構想に比べて「見劣りする解決策」（an inferior solution）と主張されてもきたのである[51]．

こうした懐疑は実はレプケ（Wilhelm Löpke）やミュラー・アルマック（Alfred Müller-Armack）などのオルド自由主義を信奉する知識人によってだけでなく，エアハルトによっても強く表明された．彼らは一様に EEC が有する第 3 国に対して保護主義的で自国産業に補助金をつけコスト上昇へと調和させる「国家」主導主義的傾向を危ぶんだ[52]．より具体的にいえば，社会政策の調和，競争政策の調和，通商政策と対外関税の調和などを内容とする保護主義的な「国家」主導主義はエアハルトにより徹底して忌避されたのである．その結果，EEC の選択問題に関してエアハルトとアデナウアーが鋭く対立した．閣内では結局のところエアハルトが孤立し，またアデナウアーが 1956 年 1 月に間接的にエアハルトを対象にしてメッシナ決議を断固として遂行する旨の閣

僚向け文書を出すなどの攻勢をかけたりする[53]．スエズ運河の物理的支配を目指したイギリス軍とフランス軍の植民地主義的軍事介入がポンド危機を受けてのイギリスの撤退決定により挫折を余儀なくされる[54]最中，1956年11月30日におこなわれたアデナウアーとフランス首相モレの会談において「国家主導主義」と競争秩序との妥協に即してフランスの共同市場参加の合意をとりつけ，EEC形成の不安要因であったフランスの参加がほぼ確定する．

エアハルトはEECの選択問題では終始イギリスの自由貿易圏構想を支持し，イギリス側も過度な期待をエアハルトにかけるといった事態が生まれる[55]．1957年2月のOEEC閣僚会議では西ドイツを代表してエアハルトは改めて国家の十分な経済発展条件としての経済的自由を位置づけ，自由貿易圏構想に保護主義を取り払う選択肢としての評価を与えた[56]．自由貿易圏構想に共鳴していたスイスもイギリスのフランスや西ドイツへの影響を期待する一方でエアハルトを頼みにしていた[57]．レプケもまた，EECを「超国家主義的なコレクティヴィズムの政策」とか「誤った国際主義」と厳しく批判する一方でOEECに大きな信頼を寄せた[58]．西ヨーロッパの経済的分断に対する懸念がここには大きく働いていたといわれる．皮肉なことに，このような自由貿易圏構想への共鳴はフランスに西ドイツの共同市場離れと「規制された競争」の利益喪失に対する懸念を抱かせ，共同市場へのフランス参加を強く促すこととなった[59]．

1節において言及したように研究史の教えるところによれば，EECの選択問題に関してはアデナウアーの政治的手腕が遺憾なく発揮され，西側統合路線に実質的な内容を与えるためにECSCに結実した独仏の歴史的和解の延長線上に独仏協調が最優先されたということである．また，EDC批准失敗によりヨーロッパ統合の主導権を失い，共同市場案にも消極的であったフランスに強く経済統合を働きかけ，それを踏まえて西ドイツの国際的な発言力を高めようとのねらいがあったとされる[60]．ベネルクス主導の関税同盟構想に乗りながら独仏主導の経済統合路線を追求する姿勢が強調されねばならないであろう．

いずれにしても，政策理念追求のエアハルトとは対照的に実務型政治家としてのアデナウアーの政治的指導力が発揮されたことは間違いない．その意味ではドイツ問題の統合的解決のためにも「政治の優位」が有効に作用したことは

確かだが，そこにはやはり有力市場の広範な包摂か，最有力市場を核とする「内なる市場」の形成かといった経済の論理が貫いていたのを見過すわけにはいかない．それは先述した1月の閣僚向け文書においてアデナウアーが国内市場（Binnenmarkt）に準じたものとしての共同市場に言及している[61]点に端的に現れている．また，1945年10月にアデナウアーがヨーロッパの東西分断を前にしてこの深刻な事態を西側ドイツ，フランス，ベルギー，ルクセンブルク，オランダの経済統合でのみ対処できると指摘していた[62]事実はこの脈絡において留意されてよい．第1章で言及したように，アデナウアーがもともと1920年代からヨーロッパの共同市場形成に関心を抱いていたことから考えても，大陸西ヨーロッパの結束の動きは脈々と流れていたといえよう．

ともあれ，アデナウアーの以上のような「小ヨーロッパ統合」への深いコミットメントにもかかわらず，外務次官ハルシュタイン（Walter Hallstein）が1957年3月に連邦議会外交委員会においてEECを含めた自由貿易圏というイギリスの構想の可能性を探るために全力を尽くすと表明したり，同年5月西ドイツを訪れたイギリスの首相マクミラン（Harold Macmillan）との最終コミュニュケにおいてEECの補完としての自由貿易地域の早急な創出の必要性を確認するといった経緯[63]は，自由貿易圏の補完としてのEECという位置関係の転倒があるとはいえ，まもなく述べるように，単に外交上のリップ・サービスだけとは解釈しきれず，そこには当時の西ドイツが貿易上の一筋縄ではいかない問題にある程度苦慮していた姿が投影されているのではないかと推測される．もともとマクミランはEEC形成によるドイツ支配のヨーロッパに政治的嫌悪を示していた[64]人物であるから，そうした人物に対しても自由貿易圏に傾いた意思表明がなされるのはそうした西ドイツの「ジレンマ」を浮かび上がらせるものであろう．ドイツ工業全国連盟（Bundesverband der Deutschen Industrie, 以下BDI）の会長ベルク（Fritz Berg）もまた，アデナウアー宛の書簡のなかで西ヨーロッパの貿易対立に懸念を表明し，彼に交渉継続を求めていた[65]．産業界（とくに輸出産業）はEEC形成の成長刺激に期待しながら，なおかつOEEC規模での自由貿易圏によるEECの補完の要求を掲げていた[66]．電気機械産業がこうした意向を代表するものであったことはすでに指摘したとおりである．1960年代に入ってのEEC域内貿易の爆発的成功は当時なお未知数だっ

たからにほかならない．

3.4　EECの「大市場」による新たな「保護された市場」の追求

　OEEC規模での自由貿易圏というイギリス構想が西ドイツ側に相応の逡巡と当惑を与えたことはすでに論じたとおりであるが，西ドイツは結局のところEEC加盟の途を貫いた．そこには具体的にどのような経済的誘因が働いていたのであろうか．この点を検討してみたい．

　第1に考えられるのは，「保護された市場」の枠組みの転位という点である．この枠組みの転位が含意するのは，かつてOEEC, EPU的枠組みによる「保護された市場」に代わって新たなそれが安定的な成長機構として追求されたことである．新たなヨーロピアナイゼーションの登場にほかならない．EECが対外共通関税を設定して「保護された市場」であることはつとに指摘される点であるが，これをより立ち入ってみていくとどの国にとっての最良の「保護された市場」であるかということが問われる．当時の西ドイツの産業企業，それもとりわけて代表的な輸出産業である機械，電気機械，自動車，化学産業が有する競争力的優位からすれば，何といっても西ドイツにとっての「保護された市場」ということになろう[67]．EECのアメリカに匹敵する人口1億7000万人弱の「大市場」における競争力的優位の発揮が一大誘因となっていたのではないだろうか．実際，他の西ヨーロッパ各国に先駆けて「生産のアメリカ化」を選択的ながら受容した西ドイツにとってひとつのまとまりをもった流動的に拡大する市場は差し迫って必要とされたのである．関税同盟型共同市場のヨーロピアナイゼーションが西ドイツ経済の発展と不可分一体のものとなった．

　第2に指摘されるのは，フランス，イタリアの開放経済体制への大いなる期待である．これら両国は1950年代に高関税国として低関税国であるベネルクス3ヵ国と対照的な立場に立っていた．EEC加盟による域内関税の撤廃は両国とのこれまで以上の域内貿易の拡大を意味し，西ドイツにとって最有力貿易相手国としての浮上を現実の日程にのぼらせる．ドイツの産業界はこの2大市場の重要性を認識しており，小国への輸出では成長性を持続しえないと考えていた[68]．事実，前掲表3-12にみるように，1960年代に両国の西ドイツに対する輸出入は飛躍的に増大し，とくにフランスは脱植民地主義化を劇的に推し進

めながら西ドイツの最大の貿易相手国となる．ここには相互の市場開放による大規模な流動的市場形成という EEC のねらいが凝縮されている．前掲表3-13に示される「EEC 域内貿易」の成長性はこの両国との緊密な貿易関係を軸に導かれたのである．フランスは「西ヨーロッパか植民地か」の岐路に立たされたが，貿易関係からして前者の途以外に選択肢はなかった．イタリアにも工業国としての存在感を示すためには他に選択肢はなかった．西ドイツの期待と両国の発展方向性が交差する豊かな可能性が潜在化していたわけである．

　第3には，EEC 内部での域内相互貿易の拡大を通じて EPU 内でみられたような貿易摩擦を引き起こさずに輸出利益を確保しうるという展望である．このことはすでに指摘したように，1950 年代中葉にみられた「EEC 域内貿易」の成長性と密接に関連している．EEC は輸出体制の安定と強化に対する懸念要因をもたらさない調和的な経済秩序として歓迎されたのである．

　第4に，EEC という緩衝体を通ずることによって西ドイツが大陸西ヨーロッパの核を形成する地域において「覇権なき」産業基軸国の途を歩むことができるという可能性が開けた点を挙げることができよう．それは政治的突出を極力控えながらドイツ問題の統合的解決を介して経済的地位のさらなる上昇を意味する．対独不信の払拭を政治的に可能とする機構の下で経済大国となる発展指向が模索された結果にほかならない．ちなみにこの点は，これまでのリージョナリズムの域を越えてアメリカ主導のグローバリゼーションに似せながら，それに対抗してミニ・グローバリゼーションの方向性を辿る現在のヨーロッパ統合においても問われ続けており，ことに統一ドイツの出現および 2004 年 5 月に EU 加盟を果たした旧東欧社会主義諸国との貿易，投資の急伸を背景とする「ヨーロッパのドイツ化」の懸念をめぐって一大関心事となった．ナチス・ドイツによるヨーロッパ統合の過去があるだけに，このことはのちの歴史的経緯のことであるとはいえ，十分留意されてよい．

　最後に第5に，以上の諸点を総合的に判断してドイツ・モデルの発展的基盤が生み出されるということである．ドイツ・モデルとは後に 1950 年代，そして 1960 年代を含んで位置づけられる成長モデルのことにほかならないが，先に述べたヨーロピアナイゼーションがそうしたモデルの持続的な成長性を保証することになった．このような展望が EEC の形成により切り拓かれたことは

3 西ドイツのEEC選択と加盟

間違いなく加盟への途に向けた選択を導いたのである．起伏を帯びつつも総体として1960年代の相対的な高成長は以上の条件を欠いては実現しえなかったと考えてよい．ただし，この成功体験が西ドイツ経済の「弱み」に転化することになる点については第5章で言及するとおりである．

以上論じてきたように，西ドイツは1950年代前半にOEECの貿易自由化とEPUによる域内多角的決済を享受して西ヨーロッパ経済の「機関車国」となるような産業的復活・再生を遂げることができた．そこにはそうした産業的再生を熱望し，待っていてくれた西ヨーロッパ近隣各国があった．「経済の奇跡」の推進力となったのはいうまでもなく貿易である．貿易ブームは起こるべくして起こった．こうした背景にはドル不足を乗り越えてヨーロッパ域内貿易を活性化させようとするアメリカの重点的なねらいがあったことはもちろんだが，西ドイツは世界恐慌を経て1930年代におけるブロック経済化と世界貿易の異常な収縮からの反転として国際経済のグローバルな展開力が貿易にあった1950年代に西ヨーロッパ市場に優先度を置いて「世界市場への復帰」を果たしてきた．西ドイツはブレトン・ウッズ（IMF）体制，GATT体制を中核とする戦後通貨・通商秩序がいまだ十分に形成されえない状況の間隙を縫って西ヨーロッパ経済の貿易主導型経済再建・成長の牽引力となった．そして，こうした牽引力たりえることによって戦後通貨・通商秩序が成立していく条件が漸次的に整えられていったのである．

しかし，他方でこのような域内貿易の自由化の進展は西ドイツとベネルクス3ヵ国との貿易関係を中心としてそこにフランス，イタリアをも含み込むような濃密な経済相互依存関係を生み出し，従来のOEEC，EPU的枠組みよりも一段と内部的結束を強める地域的な経済連関が創り出されてきた．ここに「内なる市場」を形成するような経済統合の求心力が固い核としてかたちづくられ，それとともに西ドイツは一方でOEEC的枠組みを踏襲するイギリスの自由貿易圏構想を有力な選択肢としてもちながら，他方で小ヨーロッパ経済統合に収斂していくような新たな選択肢に向かい合うことになった．

そのなかで西ドイツは独仏主導へと経済統合のイニシアチブの転換を巧妙に実現しつつ，独自な発展軌跡を象徴する関税同盟型ヨーロピアナイゼーションにもとづいて共同市場における西ドイツ産業企業の相対的優位性の維持と19

世紀末的発展要素と融合するアメリカ的生産力の内発的受容の基本的枠組みとしてEECを選択する．西ドイツのEEC選択は当時における貿易を推進軸とする経済のグローバル化がかえって内向きのリージョナリズムを台頭させるなかでなされたものといえよう．それは苦渋の面があったことは否定できないにしても，明確に能動的な選択だったのである．

1) Schröter（1992），S. 107, 119.
2) Loth（1992），S. 48, Abelshauser（2004），S. 408,（2005），pp. 133-135.
3) Dickhaus（1996），S. 238.
4) Dickhaus（1996），S. 238, Neebe（1990），S. 201.
5) クレスマン，石田・木戸訳（1995），259頁．Niedhardt（1993），S. 815.
6) Neebe（1990），S. 200, Dickhaus（1996），S. 258, Reindl（2001），S. 387. Cf. Giersch, Paqué, Schmieding（1992），p. 88.
7) Braun（1990），pp. 237-238.
8) Schröter（1992），S. 100.
9) OEEC加盟国はベルギー，デンマーク，フランス，オランダ，ノルウェー，オーストリア，ギリシア，イギリス，アイスランド，イタリア，ルクセンブルク，ポルトガル，スウェーデン，スイス，トルコ，西ドイツであり，EPU参加国は，イギリスを含むスターリング諸国，フランス，ベルギー，オランダ，西ドイツ，スウェーデン，スイス，イタリア，ノルウェー，デンマーク，ポルトガル，オーストリア，トルコ，ギリシア，アイスランドである．スターリング諸国を含んでいるのが大きな差異である．
10) Kaplan and Schleminger（1989），p. vi．
11) Lindler and Holtfrelich（1997），p. 418. Cf. Eichengreen（1995），p. 190.
12) 西ドイツ産業界はそれにもかかわらず中東南ヨーロッパ諸国に経済的関心を持ち続けていた．冷戦体制崩壊後，近隣各国から「中欧パクス・ゲルマニカ」（a middle-European Pax Germanica）の恐れが表明されてきたのはその一端であった．Berghahn（1993），pp. 97-99．後の経緯からみると，この懸念は一時的なものにすぎなかった．
13) Wilmes（1996），S. 22, 27, 238.
14) アイケングリーンは第二次大戦後のヨーロッパ経済が貿易を成長のテコとして発展してきたと指摘する．Eichengreen（1995），p. 190.
15) Milward（1991），p. 454. Cf. Berger and Ritschl（1995），p. 226.
16) Radkau（1993），S. 136.
17) Kramer（1991），p. 189.
18) Kramer（1991），p. 189. Cf. Milward（1992），pp. 152-153,（2002），p. 188.
19) Giersch, Paqué, Schmieding（1992），pp. 75-78．なお，労働組合が温和な賃金政

策を展開したのは，下の付表にみられるように賃金所得が 1950 年代を通じて大幅に増加したからであろう．これは安定協調的な労使関係の形成に実質的な内容を与えた．企業側からみた場合，賃金水準がもともと相当低位にあったことが有利な条件となっており，労働生産性の伸びも相対的に順調であったことも重なって「輸出の奇跡」といわれる数量景気に支えられながら輸出ブームの急激な盛り上がりにより大幅な収益増（高水準の売上高利益率）がもたらされ，その果実を分け与えるという関係のなかで賃金水準の労働生産性を上回る上昇の余地が拡がったのである．粗利益（売上高利益）の伸びは賃金・俸給のそれを大幅に凌駕していた．Kramer（1991），p. 211, Figure 6.11．表 3-7 にみられるように，生産者価格が異例の落ち着きぶりを示しているのは，数量景気によるものであった．いよいよ如実になるマルクの過小評価が側面からの支援要因になっていたことも見逃せない．このことがまた，輸出成長率と国内投資水準の高さに結びついたのである．この局面では労働生産性の相対的な高さに裏打ちされながら数量景気的な要因を背景にして物価上昇に帰結することなく賃金増がなされたといってよい．その意味では 1968-70 年の輸出主導の好況的拡大による例外的状況がある——この時には実際に第 5 章で言及するように後に資本分配率の是正を求める動きが労働運動のなかから出てきて賃金爆発現象の引き金となる——とはいえ，数量景気的な要因が希薄になったうえに労働生産性が鈍化してくる 1960 年代とは蓄積条件が異なるものだったといえよう．1950 年代は労働生産性の伸びと賃金上昇率の格差が問題となる時期ではなかったのである．むしろ，賃金増加を背景にインフ

付表　労働生産性と賃金所得の推移

1962 年 =100

	被雇用者時間あたり労働生産性	時間あたり稼得額
1950 年	51.6 （—）	38.9 （—）
1951	55.1 （6.7）	44.7 （14.9）
1952	57.1 （3.6）	48.2 （ 7.8）
1953	59.5 （4.2）	50.5 （ 4.8）
1954	62.7 （5.4）	51.8 （ 2.6）
1955	66.8 （6.5）	55.3 （ 6.8）
1956	69.3 （3.7）	60.8 （ 9.9）
1957	74.1 （6.9）	66.1 （ 8.7）
1958	77.1 （4.0）	70.6 （ 6.8）
1959	83.2 （7.9）	74.4 （ 5.4）
1960	90.0 （8.1）	81.3 （ 9.3）
1961	94.4 （4.9）	89.7 （10.3）
1962	100.0 （5.9）	100.0 （11.5）

資料：Statistisches Bundesamt（Hrsg.）（1972），S. 180, 254.
注：括弧内数字は年増加率である．

レなき豊かな社会が形成されるようなこれまでみられなかった新たな変化の時期だったとみてよい．それはすなわち，個人消費を新たな成長動因とするようなアメリカ型の蓄積体制の出現であった．社会的市場経済の政策理念はこの点でも成功の裏書きを与えられたのである．

20) Ambrosius（1993），S. 113.
21) 廣田（2002），4, 14 頁.
22) Milward（1991），p. 478.
23) Reindl（2001），S. 234.
24) Milward（1991），p. 478.
25) Milward（2002），p. 230.
26) Bellendorf（1994），S. 6, Buchheim（1990a），S. 174.
27) Milward（1992），pp. 119-121, 134-135, Milward and Sørenson（1993），p. 13.
28) Abelshauser（2004），S. 224, Buchheim（1990a），S. 126-133．なお，この時の国際収支危機を扱った研究として，Hölscher（1990），S. 33-43, 石坂（1999），63-83 頁がある．
29) Schmieding（1989），S. 251, 259, Abelshauser（2004），S. 224.
30) Ambrosius（1984），S. 273.
31) Milward（1992），p. 144.
32) Van Hook（2004），S. 206.
33) Milward（2002），p. 186.
34) Milward（2002），p. 185．このような貿易拡大はヨーロッパ・ブームとも呼ばれた．
35) Milward（1992），p. 137.
36) Rieder（2001），S. 443.
37) Fauli（1997），p. 237.
38) Milward（2002），p. 183.
39) Hardach（1994），S. 101.
40) Schmieding（1989），S. 262-263, Smeets（1989），S. 240, Kaplan and Schleminger（1989），p. 249．また，西ドイツの貿易黒字の累積に対する批判や非難がこの時期拍車がかかった点については，石坂（2006），271-274 頁を参照．
41) この点，小島（2007），269-270 頁を参照．
42) Griffiths（1990b），pp. 172, 179, Herbst（1989），S. 161-162.
43) Kersten（1990），S. 125, Milward（1986），S. 242.
44) Herbst（1989），S. 163.
45) Urwin（1991），p. 91.
46) この構想は NATO 評議会においてロイド（Selwyn Lloyd）が提案したことで知られるようになった．Urwin（1991），p. 92.
47) Herbst（1989），S. 187．なお，この時期における「プラン・G」を含めたイギリスの自由貿易圏構想を考察した比較的新しい研究として，Ellison（2000）がある．

48) 共同市場案に外務省が西ドイツとの競争の恐れから難色を示し，これがフランスの参加の障害になっていたことはよく知られている．加えて 1952 年から 1955 年までの間フランスは国際収支危機により最も保護主義的な国であった．変化がみられるようになるのは，1956 年 1 月に首相モレ（Guy Mollet）と外相ピノー（Christian Pineau）が登場するようになってからである．両者とも経済統合にフランス経済の活路を見出していた．Lynch (1993), pp. 77, 84. 後にも触れるように，スエズ危機により立場はふらつくが，スエズ危機の顛末はフランスの植民地主義に最終的決着をつけることとなり，共同市場交渉の遅滞が西ドイツの離反を招く懸念を生み出したことと相俟ってフランスの共同市場参加が定まっていくのである．
49) Sørensen (1993), pp. 89, 96-98.
50) Reindl (2001), S. 331.
51) Lindler and Holtfrerich (1997), p. 413.
52) Dyson (1999), pp. 222-223. この背景には競争秩序の維持を第 1 とし，そのうえで確立される市場経済が経済成長にとって最も適切な秩序原理であり，フランスの影響を受けたディリジスム（国家管理経済）を拒否する経済政策理念があると思われる．EEC は保護主義的でフランス流ディリジスムの延長線上にあるものとして受けとめられたのであろう．
53) Adenauer (1988), S. 253-255, Leaman (1988), p. 98, Nicholls (1994), p. 344.
54) 佐々木 (1997), 192, 208-213, 226-227 頁．
55) Herbst (1989), S. 189, Loth (1992), S. 51, Küsters (1995), p. 70, Bührer (1995), p. 106. Cf. Tietmeyer (1999), pp. 11-12, Ellison (2000), pp. 108-109, 191. Vgl. Koerfer (1999), S. 159.
56) 廣田愛理 (2004), 73 頁．Bührer (1995), p. 107.
57) Frech, Gees, Kropf, Meier (2002), S. 246-247.
58) Curzon (1989), pp. 186-187.
59) 廣田 (2002), 17 頁．
60) Niedhardt (1993), S. 815.
61) Adenauer (1988), S. 254.
62) Ninkovich (1995), p. 70.
63) Koerfer (1989), S. 145.
64) Milward (2002), p. 207.
65) Bührer (1995), p. 107.
66) Rhenisch (1999), S. 174, 196, 201ff, 255.
67) 時期を下って西ドイツにとって EC 市場が一種の保護された市場であり続けていた点については，諫山・工藤 (1992), 247, 255 頁を参照．
68) Milward (1992), p. 197.

第 4 章 | 1966/67 年不況と高成長の翳り

1　1966/67 年不況をめぐって

　1950 年代における西ドイツ経済の成長率は年率 8％を超え,「経済の奇跡」と形容された. 1949 年秋に始まる輸出ブームが火付け役となり, 輸出拡大・国内設備投資連動型の景気拡張がさほどの凹凸なく持続的に進んだのである. 一般に, 1960 年代の西ドイツ経済の成長率は鈍化し, フランス経済の成長率の後塵を拝して西ヨーロッパ平均に落ち込むといわれている.「奇跡の子」は「普通の子」になったわけである. とはいえ,「奇跡の子」の余韻がなくなったというわけではなく, 事実高い成長率を示す年が少なくなかった (後掲表 4-3, 図 5-1 を参照). 1960 年代を平均的に観察すると「普通の子」になったといえるのである.

　この点は次のように指摘できよう. すなわち, 1950 年代においては高度成長の「光」の側面が浮かび上がっていたが, 1960 年代には「影」の側面が表に登場することになったのである.「光」と「影」の帳尻が西ヨーロッパ平均並みの経済成長率に帰着した. 要するに, 1960 年代には高い経済成長余力を保持, 発揮する局面と経済成長余力に乏しい局面が交錯して現れ, 後者の端的な表出が 1966/67 年不況となり, 全体として経済成長率が 1950 年代に比して著しく低落することになったわけである. 経済成長の変動が激しい時代に突入したと考えられよう. とすれば, 本章の問題関心は 1950 年代とは異なる「影」の側面に焦点を合わせるものでなくてはならないであろう.

　実際, 1960 年代は 1966/67 年に不況に見舞われ, それは戦後初の景気後退としておよそ 20 年来成長神話に酔っていた民衆に多大な衝撃を与えた.

1966/67年不況時には経済成長がまったく微弱ではあれマイナスとなり，西ドイツ経済が水面下に没することになった．後の経済史からみれば，確かに短期のマイルドな景気後退であったと評価されるような局面ではあったものの，この不況体験は西ドイツ経済が何らかの「転型期」にさしかかったことを示すものであった．実際にもこれからの叙述のなかで論じるように戦後政治体制や経済政策の基本的枠組みの組み替えが生じるのである．その意味でも1966/67年不況は戦後西ドイツ経済の一大転換点をなすものとみなして差し支えなかろう．

　本章は「経済の奇跡」と形容された1950年代の西ドイツ経済の発展軌跡を踏まえて1960年代の西ドイツ経済を捉え，そのなかで1966/67年不況に立ち至った原因と背景を考察し，戦後西ドイツ経済の一大転換点としての位置づけを与えようとするものである．したがって，1960年代前半の経済動向をまず探ることが課題となるが，1970年代前半に戦後最大のクリティカルな局面としての1974/75年不況を迎える後の経緯をも念頭に入れて議論を進める．

　その場合の基本的論点は以下の4点である．以下では研究史を織り交ぜながらこれらの点について立ち入った説明をしておこう．

　第1は，1960年代前半の経済動向を踏まえたうえで1966/67年不況に関する性格と形態的特質を明らかにすることである．それは上に述べたような「転型期」として1960年代前半の西ドイツ経済を捉えることであり，不況展開メカニズムをそのなかに位置づけることである．形態的特質として設備投資の急性的な収縮といった需要不足に原因を見出すというのが本章の結論であるが，供給サイドに問題があったのかなかったのか，仮にあったとした場合，なぜ需要サイドの問題として1966/67年不況が現れたのかが問われてこよう．それはとりもなおさず，不況展開メカニズムの変質として把握することにほかならない．なお，投資需要の減退に不況の原因をみるという点に関しては輸出拡大・国内設備投資連動型の経済拡張の変容が含意されている．この点の明確な位置づけも必要とされる．以上の意味からも1966/67年不況の性格と形態的特質を押さえておくことは議論としては欠かせないのである．

　この点に関連して1966/67年不況に関して正面だった考察はごく僅かであり，1966/67年不況は圧倒的に戦後西ドイツ経済におけるひとつのエピソードとしてごく簡単に触れられるだけに終始している．したがって，この経済的事象自

体は周知のこととなっているが,実態はおよそ明らかにされていない.そこで数少ないわが国の研究史を振り返っておくと,出水(1978)の過剰生産恐慌説と佐藤(1983)の需要不足説が代表的である[1].また1966/67年不況に言及した佐々木(1990)は財政支出抑制による過剰資本説を指摘している[2].このうち出水の過剰生産恐慌説は一見すると商品過剰論に立つ実現恐慌論の外観を与えているが,それに関する叙述を仔細に検討すると生産能力過剰説であり,資本過剰論である.全般的危機論の影響を受けたと考えられるにしても,なぜ過剰生産恐慌と規定したかはなお不明であるが,実態としては本書の需要不足にもとづく資本過剰説に近い.ただし,これからの論述のなかで検討するように,1966/67年不況が恐慌といわれるような激発性を有していなかったことは確かである.佐藤の需要不足説は説明としては最も妥当なものであり,本書はこれを積極的に支持するものである.むろん,この場合過少消費による需要不足ではなく,投資需要の不足である.ただし,佐藤は1966/67年不況の形態的特質について立ち入った検討をしておらず,1974/75年不況との関連について需要サイドと供給サイドの問題に分けて別個に扱っているので,この点で本書の立場とは異なる.

　佐々木の財政支出抑制による資本過剰説は必ずしも誤りというわけではないが,財政抑制は金融引き締め政策に比べてあくまでも脇役でしかなく,この副次的要因が資本過剰をもたらしたということはできない.財政抑制が投資需要の減退に間接的に寄与したことは否定できないにしても,この景気反転効果は極めて迂回的であり,到底主因ではありえない.佐々木はこの副次的要因をあまりに過大評価している.金融引き締めが景気反転に効果をもった点については戸原(1992)が正当に取り上げ,それによる民間設備投資の抑制と鉱工業生産の停滞を導き出している[3].需要不足説に立っているとみてよいだろう.とはいえ,戸原は1966/67年不況をマイルドな性質との評価を下しており,結果的に1966/67年不況が軽視される内容となっていることは否定できない.この点では,1963年8月14日の法律にもとづいて1964年2月に設置された西ドイツ政府の経済諮問委員会[5賢人委員会](Sachveständigenrat zur Begutachtung der gesamtwirtschaftlichen Entwicklung(1967))もギールシュ,パケ,シュミーディングの共著(Giersch, Paqué, Schmieding(1992))も1966/67年不況を

「鋭い不況」(die scharfe Rezession : the sharp recession) と特徴づけている[4]ことが注目される．本書はこの特徴づけを重要視するものである．

　第2は，上述した第1の論点と研究史における立場の相違についての吟味を踏まえたうえで1966/67年不況が戦後西ドイツ経済にとっていかなる歴史的分水嶺をなすのかといった点を跡づけることである．それは先に指摘した「転型期」の内容とも密接に関わる問題点であろう．さらには，「経済の奇跡」と形容された1950年代の経済発展との異同を浮き彫りにすることでもある．

　第3は，1966/67年不況が1974/75年不況とどのような位置関係に立つのかという点である．結論を先に述べるならば，1974/75年不況は供給サイドの問題として生じた．それは1960年代末から1970年代初めにかけて生じた「賃金爆発」による労働コストの上昇に石油価格の上昇が加わった複合的な騰貴が供給サイドを急激に冷え込ませたことによってもたらされた経済困難である．需要不足が原因と思われる1966/67年不況とは明らかに異なる．そうだとしても，そこに何らの連関性もないのか．性格の異なる不況としてまったく別物として捉えることが妥当かどうかの問題にほかならない．この議論は上に示唆した不況展開メカニズムの変質と関連させれば極めて重要である．本章は1974/75年不況との関わりでいえば，1966/67年不況を「過渡的不況」として特徴づけることが妥当と考えるものである．詳しくは当該箇所に委ねるが，この点は本書特有の論点をなすものとして注意を喚起しておきたい．

　第4は，先にも触れたように，1966/67年不況を境にして戦後の政治体制や経済政策の運営にどのような組み替えが生じたかということである．ゴーデスベルク綱領採択後国民政党に生まれ変わったSPDが政権担当政党として登場し，その下でケインズ的な需要管理政策の導入が図られた．この国家の経済管理に対する再検討という点はすでに研究史上で明らかにされている．問題はそうした周知の事実を1966/67年不況との関係において交通整理することである．すなわち，戦後西ドイツ経済史の文脈のなかに具体的にこれらの事実を組み込むことにほかならない．それは社会的市場経済の経済政策理念の基本的骨格に関する問題点でもある．要するに，それは社会的市場経済の理念の「揺らぎ」と理解することが可能であるが，「揺らぎ」の幅と深さを明らかにすることが必要であろう．本章はそのことをも考察の課題としたい．

以上が本章の基本的な検討課題であるが，労働力供給の制約性の現れに集約される戦後西ドイツ経済体制の「内的限界」が露呈し，戦後経済体制の「編成力」の変質（労働集約的構造の蓄積阻害性）が根源に潜む問題だというのが本章の最大の主張点であり，1966/67 年不況時にはその内的限界がストレートに現れずに迂回的に需要サイドの問題として顕在化したというのが本章の最終結論である．

2　1960 年代前半の経済動向

2.1　経済成長の展開変化と超完全雇用状態

本節では 1960 年代前半の経済動向を述べ，経済成長の展開変化について論じていきたい．1960 年には前年比 8.6％の GDP 成長率がみられ，まだまだ旺盛な生産活動が持続していた．この点では「経済の奇跡」といわれる 1950 年代の延長線上に成長軌道があったといえる．1959/60 年の景気拡張は異常に大きかったので，ブンデスバンク（Deutsche Bundesbank）は過熱予防のために図 4-1 にみるとおり 1959 年前半における史上最低の水準である 2.75％の公定歩合を段階的に 3％, 4％と引き上げていきながら，ついに 1960 年 6 月には 5％まで引き上げるとともに銀行への最低預金準備率を 55％に高めて貸し出し抑制を図った[5]．このような経済の好調さは後でも関連言及するように，経常収支黒字の記録的な幅という対外収支不均衡に現れ，また金利引き上げで資本流入が活発化して資本収支も黒字となり，強いマルクに対する投機が盛り上がっていった．事態がこのまま推移すれば対外収支不均衡が累積することは避けられず，それによりマルク切り上げ圧力も強くなる趨勢にあったので，1960 年 11 月にブンデスバンクは政策転換をし，1961 年 1 月と 5 月の 2 段階を経て公定歩合を 3％に引き下げると同時に最低預金準備率を 35％に低める金融政策緩和の方向に大きく舵を切り替えた[6]．

マルク投機はこの間容易に収まらず，1961 年 3 月にはマルク切り上げ予想に即して 5％のマルク切り上げが実施された．このようなマルク切り上げを受けて表 4-1 にみるように，1961, 1962 年には輸出需要の伸びが減速した．1963 年には表 4-1 にみられる輸出需要の減退を如実に反映して設備投資（国

図 4-1 公定歩合の推移

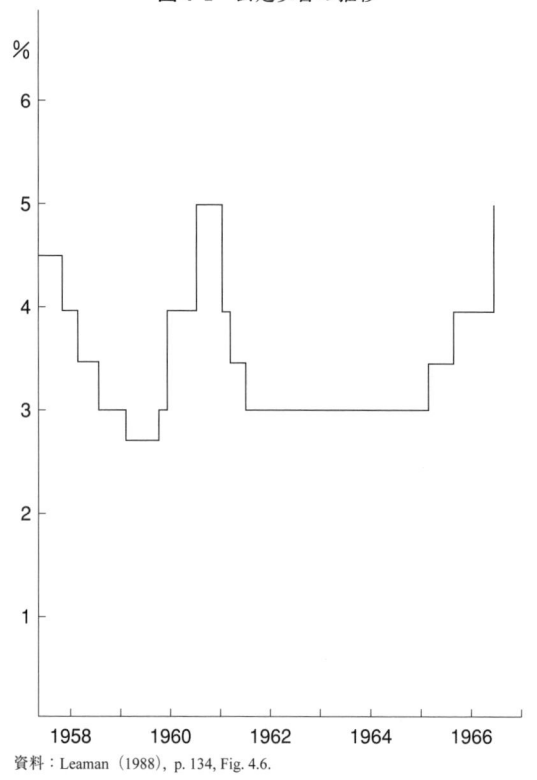

資料：Leaman（1988），p. 134, Fig. 4.6.

表 4-1 輸出入動向と貿易収支

(10 億マルク)

	輸出	輸入	貿易収支
1960 年	47.9	42.7	5.2
1961	51.0	44.4	6.6
1962	53.0	49.5	3.5
1963	58.3	52.3	6.0
1964	64.9	58.8	6.1
1965	71.7	70.4	1.3
1966	80.6	72.7	7.9
1967	87.0	70.2	16.8
1968	99.6	81.2	18.4
1969	114.0	98.0	16.0
1970	125.0	110.0	15.0

資料：Mitchell（1992），p. 564.

2　1960年代前半の経済動向

表 4-2　国内総固定資本形成の動向
（10 億マルク）

1960 年	89.7　(17.2)
1961	95.8　(6.8)
1962	97.8　(2.1)
1963	98.2　(0.4)
1964	112.0　(14.0)
1965	122.0　(8.9)
1966	117.0　(-4.1)
1967	103.0　(-12.0)
1968	124.0　(20.4)
1969	141.0　(13.7)
1970	149.0　(5.7)

資料：Mitchell (1992), p. 900.
注：1) 数値は1962年価格を基準にしたものである．括弧内数字は前年比伸び率であり，1960年数値は1954年価格を基準にしたものである．
2) 数値には在庫投資も含まれる．

表 4-3　GDP の動向
（10 億マルク）

1960 年	329 (8.6)
1961	344 (4.6)
1962	360 (4.7)
1963	370 (2.8)
1964	395 (6.8)
1965	416 (5.3)
1966	428 (2.9)
1967	428 (0.0)
1968	458 (7.0)
1969	494 (7.9)
1970	524 (6.1)

資料：Mitchell (1992), p. 900.
注：1) GDP 数値は1962年価格を基準にしたものである．
2) 括弧内数字は前年度比増加率であり，1960年数値は1954年価格を基準にしたものである．

内総固定資本形成）が鈍化傾向を示し，それまでの設備投資増から一転した冷え込みが顕著となり（表4-2を参照），表4-3にみるようにGDPの成長率は1963年には2.8％に急降下した．ここで経済成長の最初の「踊り場」局面が現れたのである．すなわち，一時的にマルク切り上げ効果が輸出の頭打ちに繋がり，それに引きずられた投資の停滞基調が重なって1950年代にみられた輸出拡大・国内設備投資拡張連動型の経済成長に翳りが生じたのである．

しかし，次項において詳しく論じるように，マルク切り上げ幅が相対的に「穏やかな規模」であったので切り上げ感が速やかに一服感を迎えると同時に労働節約的な合理化投資に裏打ちされた労働生産性の着実な上昇とインフレの国際的な低位性ないし卸売物価の異例な安定性（表4-4を参照）により輸出需要が活発になっていく．そこで1963年秋から1965年にかけて再度輸出主導の景気拡張が導かれた[7]．これは輸出需要の回復とともに設備投資が労働節約的な合理化の要請も加わって盛り上がったからであった．1964年のGDP成長率6.8％，1965年5.3％の高さとなり（前掲表4-3を参照），再び西ヨーロッパ平均を上回る成長テンポを回復した．「経済の奇跡」の余波はまだ強く，それは西ドイツ経済の底堅さを物語るものであった．高成長の「光」の側面がみられ

表 4-4 卸売物価の推移

(1953 年 =100)

1960 年	104 (1.0)
1961	105 (1.0)
1962	106 (1.0)
1963	106 (0.0)
1964	106 (0.0)
1965	109 (2.8)
1966	110 (0.9)
1967	109 (-0.9)
1968	103 (-5.5)
1969	106 (2.9)
1970	112 (5.7)

資料:Mitchell (1992), p. 843.
注:括弧内数字は前年度比増減 (%).

たといってよい.

ここでは設備投資の盛り上がりに加えて労働所得の上昇にもとづく個人消費需要の堅調な伸びがあり,対外的には EEC の発足による共同市場にもとづく輸出面の拡大が顕著であった.この点は西ドイツが EEC を選択する際して共同市場において産業基軸国の立場を享受することに手ごたえを得た事情が如実に現れたと理解することが可能である.とくに開放経済体制に移行したフランスへの輸出の伸びは輸入の伸びとともに際立っていた[8].むろん,1950 年代の輸出主導型の成長に大きく寄与したベネルクス 3 ヵ国,イタリアへの輸出が引き続き好調であった事実も見逃すことはできない.この動向が 1950 年代と異なって EFTA 諸国に対する輸出の相対的な伸び悩みを補ってあまりあった.こうして,消費需要の盛り上がり,輸出需要の伸び足の高まり,そして一貫した低金利状態と卸売物価の安定性を背景とする合理化設備投資の誘発が出揃ったかたちで総需要水準が引き上がり経済活況の拡大がもたらされたのである.

そのなかで何といっても重要な牽引車となったのはやはり輸出拡大であった.マルクの実質的な過小評価感が後押しして EEC 選択の積極的な効果がはっきりとみられたといってよい.西ドイツの EEC 選択は当時においては苦渋の面を孕んだものであり,アデナウアーとエアハルトの深刻な閣内対立を生むほどの争点となったが,実際には杞憂に終わった.EEC 域内貿易が世界貿易最大

の成長ルートとなり（前掲表3-13を参照），そのルートがいや増しに拡大するなかでその成長性を西ドイツが十二分に生かすことになった[9]．1960年代前半に一時的な経済成長の「踊り場」に直面したのちにこの動向は早くも鮮明になっていたと考えてよいだろう．EECの関税同盟設立に向けた動きのなかで漸次受容したアメリカ的な耐久消費財量産型重化学工業化に対する受け皿づくりがさらに功を奏して，新たな成長動因となった水平的分業の展開から最大限の利益を引き出したのである．まもなく触れる西ドイツ経済の内的限界の顕在化にもかかわらず，全体として経済成長がなお手堅い基調を持続させ，かつての貿易ブーム時における集中的な輸出需要発動ではなくなった——この点は賃金上昇の大幅増を許容した1950年代における数量景気の一巡的状況を示し，蓄積条件の一大変化を記すものであった——ものの，まだまだ1950年代の高い経済成長率の余韻を引きずっていたのはこのためであった（前章注19）の付表を参照）．

しかし，先に指摘したように，1960年代前半には高成長の「影」の側面が現れてきたことを見過すことはできない．上に述べた西ドイツ経済の内的限界と指摘した点にほかならない．それは1950年代の高成長による力強い雇用拡大に続いて，表4-5にみるように1960年に入って失業率がついに1％台に達するほどの完全雇用状態を迎え，それ以降1966/67年不況に陥るまでに1％を割り込む歴史的な低水準に推移するといった超完全雇用状態が現出したことである．そのなかで1961年8月における「ベルリンの壁」の構築を通じて西ドイツ経済の成長を支えてきた安価で良質な労働力供給の背景であった東ドイツからの移住が断たれたことが最も大きな転換点である．ここにおいて西ドイツ経済において労働力の供給に対する蓄積の行き過ぎが現実のものとなった[10]．この労働力ポテンシャル（Arbeitskräftepotential）の限界は1960年代前半にはすでに指摘したように，ひとつには熟練労働力の不足に対処するべく労働節約的な合理化投資により，もうひとつには不熟練労働力不足への手当として東南ヨーロッパやトルコなどからの移民による移住労働者の受け入れといった労働力供給政策の積極的展開によりしのがれることになり，この面から産業編成の制約に対して流動的な要素が与えられたが，超完全雇用状態にもとづく西ドイツ経済の蓄積体制に関する内的限界はもはや明瞭であった．すなわち，安価で

表 4-5　失業者と外国人労働者の推移

(1000 人)

	失業者	外国人労働者
1959 年	540 (2.6)	152 (0.9)
1960	271 (1.3)	279 (1.4)
1961	181 (0.7)	491 (2.4)
1962	155 (0.7)	631 (3.0)
1963	186 (0.8)	773 (3.6)
1964	169 (0.7)	904 (4.2)
1965	147 (0.7)	1,121 (5.1)
1966	161 (0.7)	1,240 (5.7)
1967	459 (2.1)	1,014 (4.8)
1968	323 (1.5)	1,034 (4.8)
1969	179 (0.9)	1,253 (6.3)
1970	149 (0.7)	1,724 (8.1)

資料：Mitchell (1992), p. 163, Leaman (1990), p. 156, Giersch, Paqué, Schmieding (1992), p. 127, Table15.
注：括弧内数字はいずれも就業者人口に占める比率である．

　良質な労働力の潤沢な供給という1950年代における高成長の基礎条件ないし基礎的枠組みが失われたのである．戦後高蓄積構造の中心要因が消え失せただけでなく，それは雇用拡大のテンポが減少しなかったので成長阻害要因に転化したことになる．

　1965年にはすでに労働節約的な合理化投資の限界が画され，労働力市場の逼迫に有効に対処しえない問題が浮かび上がっていた．加えて，この年には就業者人口が2700万人とピークに達し，労働力の逼迫に決定的な性質が与えられるに至った．エアハルトはこの年の政府所信表明演説において余剰労働力の枯渇という問題を指摘し，これを西ドイツ経済の発展パターンの根本的な変化の特徴であるとの意見を開陳した[11]．前掲表4-4にみられるように，こうした供給の制約性を受けて1965年には約3％の上昇が現れて卸売物価の安定性も失われ，インフレ傾向が目立つものとなっていた．この時期，1950年代にみられていたような工業製品の生産者価格の安定感が急激に後退し，労働コスト上昇の転嫁を受けてであろう，生産者価格は1965年，1966年と大幅に上昇した[12]．こうして，戦後西ドイツ経済に労働力の供給面から経済成長の「転型期」といわれる変化が現れていたのである．前掲表4-1の輸入動向から端的

に窺われるように,1965年には景気過熱の様相が色濃くなっていたから,このまま経済拡張が持続すれば,以上の内的限界が供給サイドの困難として表面化せざるをえないほど切迫したものとなっていた.この点が西ドイツ経済の蓄積体制にとって根の深い問題性を与えていたことはいうまでもない.西ドイツ経済の発展軌跡に関する内的限界が潜在化し,成長制約メカニズムが定着したのである.

つまり,高成長の「影」の側面がこのような形態をとって最も典型的に発現したわけである.問題のこのような根源性のために1965年における経済活況の過熱は政策的に冷却化される必要があり,「欲せられた不況」(a wanted recession)への誘導が不可避となったのである[13].いわば,経済成長を抑制し,労働力の供給制約性を緩和するための「安定恐慌」(Stabilisierungskrise)といわれる景気調整が本来的に生ずる恐慌の激発性を解消するために待望された.この意味でも戦後西ドイツ経済は超完全雇用状態の下で重大な転換点にさしかかったとみなすことができる.労働節約的な合理化投資の有効性が失われたことはそのひとつの里程標にほかならない.この時期に表面化した労働生産性の上昇が賃金上昇を下回るようなことが難点と化す事態は以上の脈絡において理解されねばならないであろう.3.2項で詳しく述べるように賃金上昇と労働生産性上昇の関係が問われ,賃金上昇にたががかけられる事態が生じるのである.アーベルスハウザーはこのような問題局面の転換を「戦後時代の終焉」と形容した[14].ここでは「経済の奇跡」の時代からの決別が含意されている.本章は供給サイドにおけるこの転換を重要視するものである.この把握は1974/75年不況との連続性を考えるうえで枢要なものといわなければならない.

以上の事情を裏書きするように,経済諮問委員会の1964年11月における1964/65年次報告は1965年には消費者物価3%を突破し,物価水準の安定目標が危険にさらされていることを指摘していた[15].1960年代においては3%台の物価上昇率が政権維持の上で重要な争点といわれるほど物価安定維持の観念が強かった[16]ので,この趨勢は当時の政府にとって脅威であった.1965年11月の経済諮問委員会1965/66年次報告は工業完成品の輸入拡大と物価上昇随伴の「過熱予防」のために民間投資の抑制を指摘して,先に述べた意味での「安定恐慌」的状態の人為的な創出を暗示していた[17].またこの報告は労働生産

性の上昇幅内における賃金上昇を示唆する協調行動を挙げ，ブーム期における成長制約性の制御を訴えていた[18]．要するに，以上に述べてきた「経済の奇跡」と形容される局面から継続した異例に順調な資本蓄積に対する成長阻害要因の発生と成長制約性の出現は西ドイツ経済の変調の端的な表現であったといってよい．

ところで，1960年代前半に表面化したもうひとつの問題点にも触れておこう．それは「経済の奇跡」がもたらした国民の総中流化に随伴して「すべての人々に豊かさを」（Wohlstand für Alle）とのエアハルトの主張に裏づけられる生活基盤整備（住宅政策など）や社会資本整備，そして社会福祉政策の充実といった内容を核心とする中産層福祉国家の整備[19]に起因して財政支出が膨らみ，財政赤字問題が経済政策の争点となってきた点である．財政膨張は労働力供給の制約性とともに重大なインフレ懸念要因となった．生活基盤整備の向上は個人消費の拡大をもたらす意味では必ずしもマイナスばかりの要因ではなかったが，1963-1965年の時期には景気拡張の増幅メカニズムの一環となった．この面でも財政問題への対処は深刻な問題点となるに至ったのである．

こうして，1961年以来の拡張的な財政政策の展開は1964年に財政赤字と帰結し，1965年には9月に連邦議会選挙を控えた所得税の引き下げと公共支出の増大による財政赤字が大きくクローズアップされ，とくに1965年のそれは需要超過圧力を形成する循環親和的な財政スタンスが深刻な問題となった[20]．こうした状況を受けて1965年11月には財政赤字を是正するための財政安定法（Haushaltssicherungsgesetz）が制定され，財政問題への本格的な着手が開始されることになった．財政需要の縮減とインフレ抑制が喫緊の課題となった．そして，財政均衡に向けた打開策をめぐってCDU/CSUとFDPの連立内閣の閣内対立が生まれ，それに起因してエアハルト政権が瓦解する契機となっていくのである．

2.2　マルク引き上げとマルク投機の脅威

1950年代末から1960年代初めにかけては国際金融問題が一挙に表面化した時代であった．そのなかでまず指摘されるのはドル不安の顕在化である．周知のように，1958年12月には西ヨーロッパ各国の通貨の交換性が回復してよう

やくブレトン・ウッズ（IMF）体制が本格的に始動する基盤が与えられた．アメリカが戦後再建構想として把持していた理念が実現する運びとなった．しかし皮肉なことにそのような時期は，アメリカの国際収支赤字幅が記録的に拡大して戦後のドル不足（dollar shortage）からドル過剰（dollar glut）へと局面が転換していく大きな地殻変動の時期であり，ドルの過大評価が問題となるに至った．1950年代中葉以降にストップ（成長抑制）・ゴー（成長促進）政策を余儀なくされたイギリス経済の相対的停滞に規定されたポンド不安とポンドの過大評価もこの局面における重大な問題であった．調整可能な固定相場制の制度的困難が国際金融体制の安定化と踵を接して現れたことになる．これは資本主義の世界経済における最もパラドックス的な出来事であったといって差し支えない．

このようなドル不安やポンド不安とは対照的に国際金融の面において強い通貨として浮上してきたのがマルクであった．西ドイツ経済は「経済の奇跡」と形容される1950年代，それもとりわけ1950年代の後半にEPU地域に対する貿易収支の黒字を年々累増させていき，この地域に対する経常収支の黒字幅の過半を占めるまでに経済的実力を身につけ，EECの産業的基軸国としての力量をまざまざとみせつけた．こうした状況はマルクの過小評価感を急激に高めてマルクの切り上げ圧力を一挙に深めるものとなった．1960年代末に一般化する強い通貨と弱い通貨の二分化問題——たとえば，1969年における8月フラン11.1％切り下げ，10月マルク9.3％切り上げ——が早くも現れたのである．これにより弱い通貨から強い通貨へと切り上げ予想を媒介にして国際的な投機資金の動きが一段と活発化する．

このような動きを如実に示したのが1960年秋に噴出したゴールド・ラッシュであった．すなわち，ロンドン金市場での金価格の高騰である．アメリカの短期流動債務と金準備がほとんど同額となることでドル不安が顕在化するとともに民間保有ドルを金に換える動きが集中的に生じた．ドル資金の世界的供給を不十分にしか還流させることのできない難点が内部にドル資金供給の制度的な歯止めをもたないブレトン・ウッズ（IMF）体制に対して警告を発するものとして激しい金の取付を引き起こしたのである．1958年後半からゴー政策に踏み切っていたイギリスもほぼ同じ時期に景気拡張に伴う賃金上昇と輸入の急

増による貿易収支の急激な悪化からポンド不安を醸成させていた[21]。しかし，ポンド不安はドル不安の背後に隠れて表面化しなかった．ドル不安により短期的な投機資金がロンドンに流入したからである．いずれにせよ，両者は密接不可分な関係にあって国際金融の一大焦点問題となっていた．そうしたドル・ポンド体制下において強い通貨マルクの国際的な地位が大きく浮かび上がってきたのである．投機の一極がかたちづくられたといえよう．

このような問題状況のなかでマルクへの投機が強まるのは自然の成り行きであったろう．すでにこの時期にはマルクの過小評価の高まりからマルク切り上げ憶測が広く行き渡り，短期資金の移動が活発化していたからである．国内ではマルク切り上げに対する抵抗が強く，輸出利害を代弁するBDIによる反対キャンペーンがオルド自由主義者であるレプケにより「恐怖政治的」（terroristisch）と表現される[22]ほど猛烈に展開された．前項において指摘したように，マルク投機を鎮静化させるために金利差の魅力を失わせるべく公定歩合が引き下げられていたが，1950年代末に確立していたマルクの国際的地位と西ドイツの国際収支ポジションからくる切り上げ予想があまりに強く，また西ドイツ経済の対外収支の異常な黒字という実態からみてもマルク切り上げはもはや不可避となっていった．マルク投機をいたずらに引きずるのならば，国内への資本流入により輸入インフレの懸念が強くなっていたからである．実際，マルク切り上げを極力回避するような努力がおこなわれ，引き延ばされていたのである．

そこで1961年3月に最終的にマルクの5％切り上げが踏み切られた[23]．しかし，この切り上げ幅は当時国際決済銀行（Bank for International Settlements）により「控えめな規模」と消極的な評価がなされる[24]ほどの小幅なものであった．後に経済諮問委員会もまた切り上げ幅が小さすぎたことを指摘した[25]．西ドイツ輸出産業に対する際どい妥協が図られた結果にほかならない．これで遅きに失した感のあるマルク切り上げが切り上げ反対論にも相当程度配慮するかたちで実施に移されたわけであるが，当然，このような微温的な切り上げはマルクの過小評価感を燻らせるものであり，国際的な投機筋の次の切り上げ予想を助長するものであった．マルク切り上げで国際的な資金投機の動きが収束することは期待されなかった．西ドイツはこうして引き続き国際的な短資移動

の活発な動きに過敏とならざるをえず，マルク投機に誘発された過剰流動性の発生によるインフレの輸入に警戒しなければならなかった．

固定為替レート下における海外からのインフレ圧力をかわすことが最優先されねばならなかった．そこで公定歩合を3%に長期間据え置くという金融緩和政策が採られることになったのである．前掲図4-1にみられるように，1961年の5月から1965年1月まで3%の低金利政策が継続された．これは極めて異常な事態であった．金融政策は「事実上の冬眠状態」（virtual hibernation）に陥ったのである[26]．マルクが切り上げられた1961年3月はポンド危機が訪れた局面でもあったので第一次バーゼル協定にもとづく国際金融協力が要請された結果，ポンド防衛の意味合いもあって金利の魅力を徹底的に封じ込めるねらいが込められていたとみなすことができる．ここにはまた，金融引き締めによる輸出増と輸入減の結果としての貿易収支の増大に対する恐れが強くあった．

実際には前掲表4-1にみるように，マルク切り上げが一時輸出阻害的に作用して貿易収支の黒字幅が1962年に大きく狭まるといった事態が生じ，また表4-6に示されるように経常収支も若干の赤字を計上するが，マルク投機に対する警戒感は依然として根強く，機動的な金融政策が実施されることはなかった．1962年から1963年夏までに西ドイツ経済の成長が踊り場を迎えたことはこの金融緩和政策と適合的であったといえる．この時期を境にしてマルクの過小評価感が一服期を終えて再び切り上げの憶測が浮上してくるのとは対照的にブンデスバンクならびに西ドイツ政府はマルク投機に対する一服感をもちえなかったわけである．要するに，この時には国際的な資金移動の制約から弾力的な金融政策が採用されるには至らず，1960年代初めから全体として景気の過熱感を鋭く認識するようになっていたブンデスバンクは適正な引き締め政策を運用して景気調整の手綱を掌握することが十分にできなかった．前項との関連において理解される意味で必要とされる景気調整は先送りされることになったのである．その代償として消費者物価の上昇傾向（表4-7を参照）という国内インフレに有効な対策が講じられることはなかった．西ドイツ経済のジレンマは深刻であったといわなければならないであろう．

ただし，低金利政策が続行されたことにもとづくプラスの効果として指摘されなければならないのは，それが労働節約的な合理化投資を容易にした事情で

表 4-6　経常収支の動向
（10 億ドル）

1960 年	1.11
1961	0.74
1962	-0.54
1963	0.21
1964	0.05
1965	-1.67
1966	0.10
1967	2.50
1968	2.97
1969	1.90
1970	0.85

資料：Mitchell (1992), p. 931.

表 4-7　消費者物価の推移

1960 年	112 (1.8)
1961	114 (1.8)
1962	118 (3.5)
1963	121 (2.5)
1964	124 (2.5)
1965	128 (3.2)
	88
1966	92 (4.5)
1967	92 (0.0)
1968	94 (2.1)
1969	97 (3.2)
1970	100 (3.1)

資料：Mitchell (1992), pp. 848, 850.
注：1960-1965 年までの指数は 1953 年 =100 とし，1965-1970 年までのそれは 1970 年 =100 としている．括弧内数字は前年比上昇率である．

あろう．前項において論じたように，低金利政策の持続が西ドイツ経済の産業編成に対してその内的限界を自己克服するような流動的要素を与えたといってよい．それは労働力の供給に対する過剰蓄積が露呈するのを引き延ばすよう作用したと思われる．マルク切り上げがこのような労働節約的な合理化投資を誘発した事情も閑却されてはならない．さらにまた，この設備投資増が迂回的に雇用拡大のテンポを衰えさせずに超完全雇用状態をも持続させる一因となり，1964 年，1965 年の景気過熱を増幅して 1965 年を労働ポテンシャルの限界の重大な到達点とするような問題状況をもたらしていくことになるのはすでに述べたとおりである．なお，労働節約的な合理化投資に関してもうひとつ挙げられるべきは，これによる労働生産性の上昇が価格競争力を強めてマルク切り上げ効果を早々と減殺してしまったという事実である．この点は EEC 諸国におけるインフレの進行と西ドイツのそれの相対的低位に起因する格差から切り上げ効果が薄れていった事情とともに留意されねばならない．なお，ヨーロッパ経済統合に関して一言しておけば，1960 年代前半の高成長が関税同盟に成功の裏書きを与え，そのことがかえって関税同盟以上には経済統合を進捗させない要因になった．この局面では，たとえば，関税同盟型ヨーロピアナイゼーションとナショナル・チャンピオン育成政策が並存するといった国民国家的枠組み

が強固に生きている．経済統合の求心力が薄れていく分だけ各国動向の重要性が増す．本章はそのような経済統合の位相を踏まえている．

3 1966/67年不況の発生

3.1 金融引き締めの実施と景気の反転

　前節において論じたように，マルク投機への警戒感からブンデスバンクの金融政策は大きく制約され，事態適合的な柔軟性のあるスタンスが採れないでいた．そのような状況に転機が訪れる．1963-1965年の景気拡張に伴う経済活況をめぐる問題がそれであった．その点を立ち入って説明していこう．

　1963年秋からの景気拡張は1965年にピークに達する．確かに1964年に比すると GDP 成長率は低下したが，内需は引き続き好調で経済成長を牽引した．他方，前掲表4-1 にみられるように，輸出マイナス輸入の外需は大幅に減少した．これは輸出需要が相変わらず伸びているものの，内需拡大に伴う輸入需要の飛躍的増加がみられたためであった．輸入需要の 1964年，1965年における増加はそれだけ西ドイツ経済がブーム期に入っていることを示しており，とくに1965年には輸入価額は前年比 19.7％増と 1960年代を通じて最大の伸びであった．輸出需要はこれに対して 10.5％と旺盛な増加をみせたものの，輸入成長率をはるかに下回ったために貿易収支の黒字は僅か 13億マルクを計上したにすぎず，これを受けて経常収支は赤字に転化した．前掲表4-6 にみるように，1962年にも経常収支は赤字となったが，その額はそれほど大きくはなく，1965年の赤字幅は 1962年に比して3倍強にのぼり，一挙に拡大した．この点に関して注意を要するのは，たとえ赤字に転化していなくとも 1963年，1964年と経常収支の黒字幅が低調に推移していた事実である．これは 1966/67年不況を脱した後の 1960年代末の動向と比較すると際立った相違をみせている．とすると，経常収支の動向に関するかぎり，1950年代後半に OEEC，EPU 地域に対して占めたような構造的黒字はかつての累積的動きとは対照的に赤字かないしは僅かな黒字にとどまっており，強いマルクを裏書きしたような様相は影が薄くなっている．確かに貿易収支の黒字は相変わらず堅調であったが，それも 1965年には大きく変調した．

このように考えれば，1950年代末から1960年代初頭にかけてマルクの国際的地位の格上げをもたらした国際収支ポジションはかつての強さを示さなくなったといってよい．輸入需要の急増にみられるように，景気の過熱を冷却化する必要性が相当切迫した課題となっており，前掲表4-4にみられるように，消費者物価上昇から卸売物価上昇にまでおよぶインフレ傾向が顕著な問題と認識されるようになった．前節において関連言及したように，財政膨張も需要超過圧力を形成してインフレの一因となっており，連邦議会選挙を控えた選挙対策的意味合いに規定されて抑制スタンスが採れなくなっている関係から景気調整の役割はひとえに金融政策の手綱にかかることになった．金融引き締め政策の実施がその内容であるが，そこにはそうした引き締め政策を実施するのに好都合な環境が出来上がっていたのである．すなわち，かつて弾力的で機動性の高い金融政策を採用できなかったのは，金利魅力によってブンデスバンクの金融引き締めによる公定歩合の引き上げがマルクの国際的な投機を助長し，繰り返しマルク切り上げ圧力の増大としてはね返ってくることを懸念したからであった．しかし，今回の国際収支の全般的な逆調基調の出現はマルク投機を鎮静化させる材料になったと指摘できるであろう．そうした脅威が薄れたので金融引き締めが着手されるに至ったのである．

　加えて国際経済関係の面でも実態的にそのような金融引き締めに移る好条件があったことが指摘されねばならない．ひとつは1963-1965年にはアメリカにおいて小型車生産体制に踏み切る自動車産業の投資活動を中心とする戦後最大の投資ブームが盛り上がり[27]，EECを固い核とする西ヨーロッパ各国や日本の対米キャッチ・アップに対する巻き返しがおこなわれており，この面からドル不安を緩和するような環境が存在していたからである．不安定性を孕みながらも一時的な小康状態が訪れていたわけである．もうひとつには，イギリスもまたモードリング・ブームを経験して1964年10月のポンド危機の余波で65年春と夏にポンド不安が続いていたものの，第二次バーゼル協定（64年11月）下の30億ドルに上る緊急借款によるポンド支援もあってゴー政策を続行しようとしており，ポンド不安を払拭するような政策方向が模索されていた．結局はポンド危機に直面して1967年11月に戦後2度目のポンド切り下げに追い込まれていくが，ブンデスバンクが金融引き締め政策を実施に移す時期には

いまだ危機は顕在化するには至らないか，あるいはまた，ポンド切り下げの回避状況下で厳しい金融引き締め政策が採られようとしていた[28]．どちらにしてもマルク投機を大きく誘発するような状況はなかった．このように，1965年には金融引き締めに入る好材料が比較的に整っていたのである．要するに，以上の国際経済関係と西ドイツにとっての貿易収支黒字幅の激減と経常収支の赤字が潜勢的に強かったマルクへの国際的な投機の「中だるみ状態」を生み出して金融政策が冬眠状態から脱する余地が与えられたことになろう．

こうして，国内ブームによる対外収支の逆調傾向のなかで公定歩合の引き上げが始まり，1965年1月，8月と2段階を経て3%から4%へ引き上げられ，1966年5月にはより厳しい景気抑制に向けて公定歩合が5%へとなお一段高く引き上げられた．この水準は1959/60年における8%を超える経済活況にブレーキをかけるために1960年5月に引き上げられた水準と匹敵する高さであった．この段階的な金融引き締めが経済諮問委員会報告に即して民間投資の抑制を目指すものとして実施されたのは明らかである．これ以上の景気の「過熱予防」にねらいが置かれ，深刻な収縮圧力が経済に加えられた．この場合，注目されるのは4%から5%へと当時の物価上昇率を上回る金利引き上げがなされた事実である．もし仮に金融引き締めがなされたといっても物価上昇率に追随するほどの微温的な引き上げであれば，経済に対するデフレ圧力は有効に働かない．ところが，この場合の金融引き締めにおいては物価上昇率を上回るプラスの実質利子率を示すことになった．したがって，金融引き締めにかなり徹底的な性質が与えられたといってよい．

それは次のように指摘できよう．すなわち，ブーム末期に通常起きるような異常な収縮圧力を与えて過剰蓄積の整理を根本的に強制するような金利水準というわけではむろんなく，したがってまた循環性恐慌の場合のような激発性を有するものではないが，景気拡張に対して絶大な反転効果をもつような金利水準が選択されたと考えられる．それは内容的には「過熱予防」の「欲せられた不況」ないし「安定恐慌」という一線を越えて経済の収縮を促すようなデフレ効果をもつことになった．出水はこの金融引き締めに関して財政膨張のつけを尻ぬぐいさせられるような性質をもっていたと指摘する[29]が，妥当な見解であろう．財政支出の抑制が政治的に半ばレームダック状態にあったので，その

しわ寄せが金融政策におよんだとみて間違いないであろう．次項でも述べるように，1966年半ばから1967年半ばまで戦後期を通じていまだかつてみられなかった規模で民間投資が落ち込みをみせる[30]のは，以上の脈絡において初めて理解することができる．こうした事態は1965年11月における経済諮問委員会報告の想定を逸脱するものであった．前掲表4-4および表4-7にみる不況時の物価下落は経済諮問委員会報告が最大の課題とした物価安定に応えるものであったが，それは政策的ねらいが功を奏した結果というよりも想定を越えた鋭利な不況の所産であった．予想外の投資需要の縮小が内需全体の冷え込みを通じて微温的ではあれ，物価下落をもたらした．こうして，持続的成長の鋭い中断が生じたのである．

もともと，先の経済諮問委員会報告は「停滞なしの安定」(Stabilisierung ohne Stagnation) という表題を掲げていた．そこには本来的に持続的成長の中断の発想はなかったとみてよい．1966年11月の経済諮問委員会報告では1967年の実質GDP成長率2.5%が予測されていた[31]のであり，マイナス0.1%の成長率に落ち込むことは考えられてはいなかった[32]．ようするに，「過熱予防」としてGDP成長率が低落する意味での成長の鈍化が想定されていたのである．それだけに不況の到来は誰にとっても驚きであり，その鋭利さからかつての大恐慌の陰鬱な時代を重ね合わせる過敏な懸念を示す観察者も少なからず存在する[33]問題状況が出てくるに至った．この意味でも景気の反転は深かった．たとえば，景気の鋭い反転が生ずる前の1965年3月にはCDUのデュッセルドルフにおける党会議でかつてのカトリック系労働組合活動家であり元国防相のブランク (Theodor Blank) のように経済危機の終焉と完全雇用的発展を「恒久的な状態」であるとまで言い切る者が現れていたのである[34]．20年あまり続いた西ドイツ経済の成長神話は大きく揺らぎ，成長の下方屈折に伴って重大な転換点が訪れることになる．

3.2　1966/67年不況の経済指標と内容

本項では1966/67年不況の実態を明らかにしていく．GDP成長率が1966年に2.9%と大きく鈍化して1967年にはさらに一段の落ち込みをみせたことはすでに指摘したとおりである．思いのほか深い景気下降の局面が現れ，それがほ

3 1966/67年不況の発生

ぼ1年にわたって続いた．1966/67年不況は1966年春からその兆しが明瞭となり，1966年第3四半期に鮮明となって1967年第1四半期にボトムに達するという軌跡を描く．それは単なる経済的停滞ではなく，文字どおり西ドイツ経済の資本蓄積に突然の重大なブレーキがかけられた経済沈滞であった．ここではそのようなものとして経済沈滞がどのような経済指標に示されるかを論じたうえでその内容に立ち入った吟味を加えていく．

先に指摘したように，1966年春には景気の低迷は明瞭になっていた[35]が，設備投資動向の先行指標である機械受注は1965年，1966年に落ち込みがみられ加速していた[36]．1966年初めから中葉にかけては建設活動が急激に収縮し[37]，不況色はもはやはっきりしていた．表4-8にみられるように，以上の状況を反映して鉱工業生産指数は1966年にはまったく鈍化し，生産活動は滞ってしまった．これは1966年春からの停滞に続いて第3四半期に工業生産活動が劇的に鈍ったためである．この時投資の落ち込みは大きかった．前掲表4-2から理解されるように，1966年には前年に比して投資が減少しており，この動きが第3四半期に顕在化したのである．金融引き締めの一段の強化により金利水準が引き上げられた結果として投資環境が急激に悪化したとみてよい．このような工業生産活動や民間投資活動（国内総固定資本形成）の落ち込みが1967年に入ってさらに加速することは前掲表4-2，4-8に明らかである．とくに投資の伸び率の大幅低落による投資減退の影響は重要である．すでに述べたように，この局面では労働生産性の上昇が賃金上昇を下回り[38]，利潤減少の見込みも生じてきたから金融引き締めの強化と重なって企業の投資に対する期待感であるビジネス・コンフィデンスが大幅に低下した．1966年，1967年における投資需要の異常な収縮は以上の脈絡において理解される．そのなかで1966年第3四半期から1967年2四半期における投資の落ち込みは端的に「投資の崩壊」と形容された[39]．この崩壊は確実に伸びていた輸出需要や堅調な個人消費ではカバーされないものであった．

こうした経済の沈滞状況を如実に反映してであろう，企業生産活動も低調を極めた．たとえば，耐久消費財の中心産業である自動車産業における生産活動は表4-9にみるように，1966年に伸び悩んだ後，1967年には急激に落ち込んで1960年代においてはまったく異例なことだが，前年比18.9％もの減少を示

表 4-8 鉱工業生産指数

（1963 年 =100）

年	指数
1960 年	88 （11.4）
1961	93 （ 5.7）
1962	97 （ 4.3）
1963	100 （ 3.1）
1964	110 （10.0）
1965	116 （ 5.5）
1966	117 （ 0.9）
1967	114 （-2.6）
1968	125 （ 9.6）
1969	141 （12.8）
1970	150 （ 6.4）

資料：Mitchell（1992），p. 413.
注：括弧内数字は前年比増減（％）.

し，生産台数が 280 万台から 230 万台弱まで低落した．自動車産業は西ドイツ経済の中核的な産業であるだけに，この産業での生産活動の縮小は 1966/67 年不況の鋭さを明示している．もうひとつの主力産業である鉄鋼産業の場合にはいささか複雑であるが，同様の落ち込みがみられる．表 4-10 にみるように，1960 年代前半における鉄鋼産業の生産活動は必ずしも活発とはいえず，1962 年，1963 年における経済成長の踊り場の局面では生産活動が低下し，自動車産業のような持続的な生産活動の伸びではなくなっている．しかし，1964 年，1965 年の経済活況の局面では生産活動が連動的に盛り上がっていた．その後，機械受注の落ち込みがみられるようになった 1965 年，1966 年，1967 年には再度粗鋼の生産活動が停滞し，そのなかでも 1966 年の低迷ぶりが顕著である．素材産業としてのマイナスの影響をこの年最も被ったと考えてよいだろう．1968 年以後の生産活動の大幅な上向きを考慮に入れれば，この 3 年間の停滞は明白であろう．自動車生産と粗鋼生産にみる主軸産業の蓄積困難は 1966/67 年不況の実相を浮かび上がらせている．この動向は全体として前掲表 4-8 の鉱工業生産指数に集約的に表現されている．

ここでは投資需要の大幅縮減と企業生産活動の落ち込みという相互促進的な沈滞が現れているといえる．このような沈滞は当然のことながら生産能力利用度の推移に反映されてくる．投資財部門の生産能力利用度は 1964 年の 93％から 1967 年には 82％に低下し，さらに製造業部門のそれは 1966 年の 87％から

表 4-9　自動車生産の動向
　　　　　　　　（1000 台）

1960 年	1,817
1961	1,904
1962	2,109
1963	2,414
1964	2,650
1965	2,733
1966	2,830
1967	2,296
1968	2,862
1969	3,437
1970	3,529

資料：Mitchell（1992），pp. 535, 537.

表 4-10　粗鋼生産の動向
　　　　　　　（1000 メトリックトン）

1960 年	34,100
1961	33,458
1962	32,563
1963	31,597
1964	37,339
1965	36,821
1966	35,316
1967	36,744
1968	41,159
1969	45,316
1970	45,040

資料：Mitchell（1992），pp. 458, 460.

1967 年 2 月――1966/67 年不況の最も底といわれる時期――には 78％へと急降下した[40]．これは戦後最大の不況といわれる 1974/75 年不況時と同様の水準であった[41]．生産能力の過剰が露呈されたのである．本章冒頭の研究史に関する言及において取り上げた資本過剰が過剰生産設備として顕在化したのである．

　不況圧力が強まるなかで生産能力の過剰が問題化すれば，その動向は失業者数の増加と失業率の上昇に現れてくる．前掲表 4-5 にみられるように，なお完全雇用状態を維持していた 1966 年に比べて 1967 年には急性的に雇用状況が悪化した．この年の平均的な失業者は一挙に 46 万人弱と過去 5 年間平均の 3 倍増に増大し，失業率はそれまで持続していた 1％割れの状態から 2.1％に跳ね上がった．1974/75 年不況を転機とし，第二次石油危機以後の 1980 年代になおさら目立ってくる後の経済史における大量失業の局面転換からみて 2.1％という水準は研究史上では軽視される傾向にあるが，それは妥当性を有しているとはいえない．ここではあくまでも超完全雇用状態が崩れて 3 倍増におよぶ失業者の増大ないし失業率の上昇が注目されねばならない．より立ち入って失業者数および失業率をみると，不況がボトムに達したとされる 1967 年 2 月には失業者 67 万 3000 人，失業率 3.1％とさらに上昇し[42]，瞬間風速でみる失業問題は相当深刻であった．また前掲表 4-5 にみるように，1967 年には外国人労働者がおよそ 23 万人減少している．これは不況のなかで外国人労働者が本国

に帰国したためである．加えて女性労働者がこの不況の最中に労働市場から撤退した事情もあるので，これらの事実をすべて総合して判断すると 1966/67 年不況の最も厳しい時には 100 万人に達する失業者が生まれたと考えられる[43]．この数字は 1966/67 年不況の鋭さを端的に表現している．西ドイツ経済全体における企業生産活動の縮小に伴う労働力排除の圧力は予想以上に強かったといわねばならない．外国人労働者の帰国は失業問題を軽減する役目を果たし，真の深刻な実態を後景に退かせるよう作用していたことに留意する必要があろう．

いずれにせよ，1966/67 年不況は CDU の側から表明されていた完全雇用的発展の虚構性を明らかにした．それは連邦共和国への帰依と表裏一体の関係にあった成長神話の揺らぎとともに完全雇用政策（体制）が明瞭に頓挫ないし挫折したことを意味する．雇用問題は高雇用の実現を目指すものとして経済政策の重大な一争点となる．実際，首相エアハルトの失脚にまつわる最後の一押し的要因となったのは，1966 年秋における失業者の急増であった[44]．

4 1966/67 年不況の原因

4.1 投資の減退と不況の鋭さ

これまで論じてきたことから理解されるように，「投資の崩壊」と形容されるような異常な投資需要の萎縮が 1966/67 年不況の原因である．経済諮問委員会も投資需要（Investitionsnachfrage）の収縮を強調していた[45]．本節ではこれまでの議論を振り返りながら改めて「鋭い不況」といわれるこの不況に関して考察していきたい．この場合の論点は投資環境の急激な悪化にまつわる問題点である．それはビジネス・コンフィデンスの大幅な喪失を包括的に観察することにほかならない．そのことはとりもなおさず，経済諮問委員会報告が示唆していた民間投資の抑制のシナリオが崩れていった事実を説明するものとなる．

投資環境の悪化を論じる場合にまず指摘されねばならないのは，金融引き締めである．1965 年から 1966 年にかけての段階的な金融引き締めが景気反転に絶大な効果をもたらしたことはすでに述べた．さらに物価上昇率を超えるプラスの実質利子率が投資コストを高め，企業に対して資本調達コストの割高感を強く与えたことも示唆しておいた．金融引き締めには財政拡大の硬直性を相殺

する役割が与えられ，5％という戦後においては必ずしも記録的な高水準ではないが，「経済の奇跡」といわれる1950年代における高成長の最後の局面である1959/60年の力強い好況的拡大を鎮静化させるために実施された同じ水準が選択された．1963-1965年の景気拡張はかつてほどのブームの迫力に欠けていたが，あえて強力な引き締め政策が発動されたわけである．投資期待感が急速に減退していくには十分であったといってよい．

1965年後半あたりから減退傾向の兆しをみせつつあった民間設備投資が冷え込み，1966年後半から1967年第2四半期にかけて投資需要が異常に収縮し，企業生産活動を萎縮させたのはこのような需要サイドからの蓄積困難が一挙に浮上してきたからである．ここには経済指標の全面的麻痺という問題状況からなお距離のあるという留保つきの実態面での困難が指摘できるが，輸出需要や個人消費需要ではカバーできぬ「崩壊」現象を引き起こした内需の冷え込みがあった．そのような内需冷え込みの直接的引き金となったのが厳しい金融引き締めであった[46]．その場合，この金融引き締めが強く実感されたのはそれ以前にほぼ4年間にわたって低金利据え置き政策が実施されていたために高金利政策の衝撃が実態以上に強く働いたと思われることである．投資環境の悪化はさしあたりこの点から説くことができる．

そして，このことにより単なる成長鈍化の域を越えた景気調整の圧力が経済に加わり，鋭い景気下降が経済諮問委員会報告の想定を覆して進行した．ただしこの点で，先にも指摘したように，内需の冷え込みといっても個人消費需要はそれに該当せず，外需は順当に伸びていたから恐慌の激発性を有していたとは到底言い得ないことに注意しなければならない．投資需要の落ち込みがあまりに大きく，その落ち込み分を輸出需要や個人消費需要の伸びでは部分的にしか相殺できなかったという意味での景気下降であり，それゆえに不況なのである．しかし，他方では底浅からぬ景気下降という点では「鋭い不況」となったのである．つまり，1962/63年時点におけるような経済成長の「踊り場」といった比較的軽微な景気下降――いうまでもないが，この時には持続的成長が進行中であった――では十分にその含意を言い尽くせないようなゼロ成長ないしは若干のマイナス成長が表面化し，民衆の間に広範に浸透していた成長神話を突き崩す経済の大きな変調が生じた．

だが，この不況は本来的に西ドイツ経済の内部に定着した成長制約メカニズムが具体的に発現したものではない．部分的に不況のなかに内在させていたことが留意される．これが第2にビジネス・コンフィデンスを低下させた要因である．それは1965年の経済活況において労働生産性の上昇が賃金上昇に遅れをとるようになった事実である．これは経済活況が進展していたから労働ポテンシャルの限界に直面していた西ドイツ経済の内的困難が露呈されたと捉えることが可能であろう．この動きが不況期にずれ込んで単位あたりの労働コストの上昇として現れ[47]，経済活況に引き続いて利潤期待減少の恐れを増大させた．むろん，労働力の供給に対する蓄積の行き過ぎとして利潤率の異常な圧縮として成長制約性がはっきりと現れることはなかったが，不鮮明にせよ利潤期待の減少という企業心理を生み出し，投資意欲を萎えさせたことは明らかである．

つまり，あくまでも厳しい金融引き締めが主因であるが，それに利潤期待の減少という副次的要因が重なり，そうした複合的な所産として重層的に投資環境が悪化した．この副次的要因をおろそかにして投資需要の減退を説明することは不十分であろう．なおこの点に関しては，1966年に実施された財政支出の削減が加えられよう．こうして，恐慌による従来の蓄積体制の整理を強制するような投資環境の極めて急性的でなおかつ激烈な悪化というわけではないが，投資需要の減退と企業生産活動の萎縮の相互促進的な景気下降を鋭くもたらすようなビジネス・コンフィデンスの深い動揺が現実のものとなったのである．

その結果，予想外に底の深い不況が到来したのである．西ドイツ経済の成長阻害要因が投資環境を非明示的かつ中途半端なかたちではあれ悪化させることで不況を増幅することになったからである．したがって，投資需要の落ち込み幅は戦後初めての体験といった大きさを示すことになった．この落ち込み幅は1974/75年不況時を上回るものであった[48]．周知のように，1974/75年不況は「深刻な供給サイドの危機」(a serious supply-side crisis)[49]として戦後最大のクリティカルな不況であった．その不況すら上回る投資需要の顕著な減退が生じたのが1966/67年不況なのである．とすれば，いよいよこの不況時における投資需要の落ち込みが戦後史を後々まで通観しても異例の規模であったことが改めて理解されよう．本書が強調したいのがまさにこの点なのである．

以上を総括すると，1966/67年不況における投資需要の減退は1960年代初

めに顕在化した西ドイツ経済の成長制約性が部分的に姿を現し，金融引き締めとタイミング的に複合的に合体したものとして投資に対する企業の期待感を急激に冷え込ませ，そのことにより1974/75年不況をさえ上回るような投資需要の収縮が引き起こされたと位置づけることができよう．とすれば，1966/67年不況はその内部に需要不足によって生産能力の過剰が露呈された側面と労働生産性の上昇が賃金上昇を下回って単位あたりの賃金コスト増をもたらすといった供給サイドの困難が現れていたと考えられる．後者の限界が露骨なかたちで表面化していなかったことが事態を複雑にしていることは否定できないが，後者の困難が部分的に浮上して投資環境の悪化を誘発ないし助長するものとして作用したのである．1974/75年不況を上回って投資需要が激しく減退した事実に着目すれば，1966/67年不況の鋭利さは容易に理解されよう．1966/67年不況が短期間で収束し，旺盛な輸出需要を牽引車として1968年5月から西ドイツ経済がかつての「経済の奇跡」の局面を想起させるような力強いブーム期に入るという後知恵からこの不況の意義を軽視したり，その深さや鋭さを閑却したりしてはならないであろう．後で関連言及する経済政策の運営は以上の問題点と密接に絡み合って展開され，戦後西ドイツ経済に関する蓄積体制は大きく変容することになる．エアハルトの退陣もこの点に根差していたのであった．

4.2 需要不足と不況の形態的特質

　1966/67年不況はすでに明らかにしたとおり投資需要の急激な収縮によって引き起こされた．製造業における生産能力利用度の下落がもたらされ，生産能力の過剰が露呈された．この結果を受けて耐久消費財の中心産業である自動車産業の動向に端的にみられるように，生産活動の極度の沈滞が進行し，失業者も1960年代前半の水準から平均で3倍増，不況のボトムでは4倍増となり，完全雇用政策は破綻をきたした．投資需要の激しい低迷は1966年第3四半期から1967年第2四半期にかけて「投資の崩壊」と形容されるほどの落ち込みを示し，その低下の度合は戦後最大の不況といわれた1974/75年不況をしのぐほどであった．このように，1966/67年不況は投資需要の顕著な減退という需要サイドの問題として生じたのである．投資環境の悪化要因として供給サイドの難点が副次的要因として横たわっていたとはいえ，需要サイドの問題である

ことが真っ先に着目されねばならない．賃金コスト増という供給サイドの難点は 1966/67 年不況を増幅する脇役的存在であったにすぎない．

　問題が需要サイドにあることは経済政策の運営に如実に反映された．エアハルト政権が自己制御的な市場効率性に固執し，連邦財政などに計画の観点を欠落させていた[50]のに対して，エアハルト退陣後 1966 年 12 月に成立したキージンガー（Kurt Georg Kiesinger）率いる CDU/CSU と SPD の大連立内閣［副首相兼外相ブラント（Willy Brandt），蔵相シュトラウス（Franz Josef Strauß），経済相シラー（Karl Schiller）］においてシラーが唱えてきた「可能なかぎりでの競争，必要なかぎりでの計画」(Wettbewerb so weit wie möglich, Planung so weit wie nötig) テーゼ[51]の経済政策への骨肉化が目指され，そこで成長刺激発動の基本的枠組みが設定されることになった．すなわち，景気変動に対する機動的な対応策が模索され，さしあたりは生産能力の過剰に関する政策的な流動的処理を図るケインズ的な需要管理政策の効果的運用が指向されることになった．個別産業に対する特定の介入ではなく，経済全体の動向に影響をおよぼす「総体的誘導政策」が展開されていくのは，社会的市場経済の理念において小さな楕円的な焦点である計画が採り込まれながら強調点が微妙にずらされることを意味し，直接的には不況が需要サイドに難点を有した事実に根拠があったのである．

　ケインズ的な需要管理政策に踏み切られるのは以上述べたように，経済諮問委員会の基本的見解にしたがって需要不足に原因があり，不況脱出の手がかりとして需要不足を充足させる有効需要の人為的注入が考えられたからであった．経済諮問委員会は 1965 年 11 月における報告に関して自らの想定を逸脱した投資需要の縮小という現実を前にして軌道修正を迫られたのであり，経済相となったシラーは自らが把持していた理念に沿いつつ，経済諮問委員会の見解をも参照して不況圧力緩和の総体的誘導政策を準備することになったのである．これはすべて景気変動が需要サイドからの蓄積困難として露呈されたからにほかならない．キージンガー政権下での連邦予算の編成が不況克服のための景気回復刺激に目標を定めたのも 1966/67 年不況が需要不足によって生じているという妥当な現実認識にもとづいていたのである．

　ところで，1960 年代西ドイツ経済の内的限界とは労働力の供給制約であり，

これが根源的な成長制約性となってきた．1965年の経済活況において問われていたのがこの問題であり，過熱予防が喫緊の課題とされたのはこのためであった．いわゆる供給サイドの問題にほかならない．この問題を念頭に置いて考えると，1966/67年不況はこうした根源的な成長制約性の行き詰まりとしてではなく，副次的要因としてこの問題を内在化させつつ，需要不足による過剰生産設備の顕在化として現れたことになる．労働力供給に対する資本蓄積の行き過ぎの強烈な反転としての資本過剰の発生ではなく，投資需要の収縮にもとづく資本過剰が生まれた．すなわち，早晩露呈されざるをえなかった過剰蓄積が需要要因から発現したのである．このようにみてくると，そこには不況発動メカニズムの屈折という独特の軌跡がみられ，1966/67年不況は恐慌の変形緩和形態であるとの位置づけが与えられるように思われる．

すなわち，19世紀末の第二次産業革命的な発展要素と融合する戦後アメリカ型重化学工業化にもとづく資本蓄積の「歴史的限界」という労働ポテンシャルの根の深い問題が直線的に現れずに好況動因の主軸であった投資需要の急激な失速を媒介にした現実資本の過剰が顕在化することによって経済成長の困難が浮かび上がってきたのである．ここではかつての輸出拡大・国内設備投資連動型の成長パターンは変容を遂げている．労働力ポテンシャルに対する過剰蓄積の困難が金利上昇を通じた厳しいデフレ圧力により需要不足という屈折した経路を介し生産能力の過剰として現出したといってよい．前項でも言及したように，1974/75年不況は明確に供給サイドの危機要因から生み出された．この不況時に潜在的な成長制約性が表舞台に登場したわけである．資本蓄積の内部条件の変質とそれによる蓄積限界が如実に現れている．このような連続性の観点から1966/67年不況の位置関係をみれば，1966/67年不況が単に恐慌の変形緩和形態としてのみならず，1974/75年不況の前における景気変動の屈曲形態としての性質を有していることになろう．それはまさしく「過渡的不況」としての形態的特質を帯びている．

そのような過渡的不況であるからこそ根源的な成長制約性に対する打開策が打ち出されてくる．シラーを議長として1967年2月に第1回会合が開催されたことで実現の運びとなる政労使協調主義に立脚した「協調行動」という名の所得政策がそれである．労働生産性の上昇幅内に賃金上昇を抑えることをねら

いとしたこの政策は明瞭に賃金抑制政策であり，1965年の経済活況期に続いて不況期にまでずれ込んで現れた単位あたりの賃金コスト増を防ぐ方策であった．その意味で1966/67年不況において副次的要因として投資環境の悪化を助長した難点に対して抜本的な対策が採られるに至ったのである．こうした所得政策を導入することにより投資に対する期待感を高め，ビジネス・コンフィデンスを蘇生することが目指された．投資需要の「崩壊」といった現象を生み出した状況とは180度異なる蓄積環境づくりが着手されたわけである．

すなわち，先のブーム期に経済諮問委員会報告により制御を主張されていた成長制約性の打開がケインズ的な需要管理政策の効果的運用とともにもうひとつの重要なねらいとされたのである．ここでは1960年代初めから鮮明となっていた成長阻害要因の克服が所得政策の導入という人為的な介入により目指されている．ただし，人為的といっても，1961年夏におけるイギリスでみられた政府の直接的な介入（賃金凍結）というよりは同じイギリスにおいて1962年から実施された全国経済発展審議会（National Economic Development Council, NEDC）による成長目標の実現に向けた政労使のコーポラティズムに相通ずる合意形成の協調主義として展開されている点に特徴がある[52]．その場合，戦後西ドイツ経済における安定した労使協調的関係が基礎になっていたことはいうまでもない．ともあれ，それは労働節約的な合理化投資による現状打開的な途が事実上閉ざされていることに根差す最後の手段であった．これ以外に産業編成の制約に対するバッファ的な流動的要素はなかったのである．

このように，1966/67年不況が需要不足によって引き起こされたにもかかわらず，経済政策の運営としてケインズ的な需要管理政策の運用だけに限定されるのではなく，その運用と並んで供給サイドの困難に対する手当がなされるという両面作戦が採用された．1966/67年不況を増幅した副次的要因にも政策的配慮を怠れなかったわけである．労働力供給の制約に対する政策的な緩和がなおざりにされるわけにはいかなかった．これはすなわち，1966/67年不況が需要不足を原因としながらも，複雑な性質を帯びているためである．それは1966/67年不況が恐慌の変形緩和形態として発現しながら，その内部に1960年代前半から西ドイツ経済の蓄積体制にとって難点となった労働力の供給制約性という整理圧力を抱えもっていたからにほかならない．この整理圧力がスト

レートに現れることはなかったが,その蓋然性を孕む不況が需要不足の形態的特質をもって表面化した.石油価格の急騰という特有の要因も加わって過重される1974/75年不況に先駆けて過渡的不況が甚大な衝撃を伴って訪れたのである.先に不況発動メカニズムの屈折と形容したところである.

1966/67年不況は輸出需要の予想外の盛り上がりが不況のなかでの物価の下げ止まりや「協調行動」の即時的効果により生じるなかで速やかに収束するが,以上論じてきたような蓄積体制や経済政策の基本的枠組みの組み替えといった重大な変更を胚胎させたという意味では西ドイツ経済史における決して無視しえない重要な転換点を記すことになったのである.

これまで論じてきたように,1966/67年不況はその発動メカニズムとしては労働力の供給制約性が露骨に現れるかたちではなく,部分的にこの要因を孕ませながら,屈曲して需要不足から引き起こされた.ここにこの不況の形態的特質がある.本来的に1974/75年不況を先取りする内容を有していてもよいにもかかわらず,不況発動メカニズムが屈折したのである.1974/75年不況との関わりでいえば,今回の不況は過渡的不況の性質を帯びている.西ドイツ経済の産業編成における内的限界が石油価格の高騰と複合して露呈される前の段階の中間的不況というのがここでの結論である.

ところで,1966/67年不況を引き起こした投資需要の異常な収縮が生じている最中の1967年6月に画期的な法律が成立した.経済安定・成長促進法(Gesetz zur Förderung der Stabilität und des Wachstums der Wirtschaft)がそれである.この法律はもともとエアハルト政権時代の1966年2月に議会提出されたものであったが,この時の最重要な課題は1965年の経済活況のなかで進行する物価高騰の防止にあり,物価安定であった.その間に鋭利な不況が進行した結果,この法律の趣旨も大きく変わった.それはキージンガー率いる大連立内閣の下で経済相シラーが経済政策の運営目標をより踏み込んで具体化したからである.そこでは総体的誘導政策という名のケインズ的な需要管理政策が社会的市場経済の理念に盛り込まれ,適正な経済成長,物価安定,高雇用,対外収支均衡といった「魔法の四角形」といわれる経済目標が設定された[53].この法律は内容としては過熱予防と成長刺激の2面性をもつ財政政策の効果的で柔軟な運用を定めていたが,喫緊の課題が投資需要の大幅減退にもとづく不況か

らの脱出を試みることであった．第3条には「協調行動」が規定され，所得政策のガイドラインが設定されていた．1966/67年不況のなかで顕在化した難点に対処するために包括的な景気対策が講じられたのである．

　この場合注目されねばならないのは，経済政策の大幅組み替えと並んでSPDが政権担当政党として大連立内閣に加わり，政治体制においても重大な枠組み変化が生じていたことである[54]．ここにおいて競争秩序の維持を第1に考える従来の社会的市場経済理念における市場効率性の役割を若干後退させ，経済全体の総体的誘導という名の計画の観点を採り入れる余地が生まれた．エアハルト政権運営の失敗を踏まえたうえでの軌道修正が図られたとみてよい．財政膨張に対しても中期財政計画が策定されるといった事態が現れる．1969年9月の連邦議会選挙結果を受けて10月にはSPD/FDPの小連立内閣が発足し，ブラント首相の下でSPDは本格的に政権担当政党としての途を進むことになる．こうした意味においても，1966/67年不況がもたらした政治的影響を見逃すことはできない[55]．SPDの政権担当政党としての台頭とケインズ主義の取り込みは表裏一体の関係にある．シラーがその最も重要な媒介環となっていたことはいうまでもない．

　しかし，SPDをもってしても「魔法の四角形」を満遍なく充足するのは至難であった．事実，「協調行動」は1969年9月以降における下部組織労働者の山猫ストを受けて実質的に瓦解し，1970年代初めの労働攻勢とも相俟って賃金爆発現象に帰着していく．物価抑制を最優先の課題とする政策目標の下で総体的誘導政策も期待どおりには機能しなくなる．こうしたなかで，シラーとブンデスバンク総裁クラーゼン（Karl Klasen）の対立が強まると同時に政府内部でのシラーの孤立が深まっていく[56]．さらに供給サイドの困難に対処するには限界があり，経済安定・成長促進法の不備が1974/75年不況の到来とともに目立つようになる．1968年5月以降における再度の好況的拡大を含んで進行するその具体的推移を跡づけることは第5章の検討課題となるが，ここでは最小限次の点だけは言っておかなければならない．すなわち，1974/75年不況の発生により石油価格の引き上げとともに複合的な価格騰貴の難点が顕在化し，総体的誘導政策の有効性が厳しく問われる局面が訪れることである[57]．その意味では，SPDの地位も決して安泰ではなかった．成長制約性を内部に抱え

もった西ドイツ経済は石油危機により戦後最大の不況の引き金を与えられながらスタグフレーションの危機に直面してそれを回避しなければならないという舵取りの難しい局面を迎えるのである．それは同時にヨーロッパ経済統合のテンポに重大な翳りを宿す局面でもあった．

1) 出水 (1978), 176-178, 184-185 頁，佐藤 (1983), 4, 87 頁．
2) 佐々木 (1990), 8 頁．もっとも佐々木は別の箇所で「過剰生産恐慌」と表現している．191 頁．
3) 戸原 (1992), 24 頁．
4) Sachverständigenrat zur Begutachtung der gesamtwirtschaftlichen Entwicklung (1967), S. 10, Giersch, Paqué, Schmieding (1992), pp. 128, 148. なお，経済諮問委員会は当該年度の経済報告をおこなう機関で，世界経済，ヨーロッパ経済の経済状況，西ドイツ経済の景況 (1986/87 年度からは経済動向) を包括的に観察したうえで直近の予測を提言し，加えて経済政策の中身と動きについて詳細に言及し，焦眉の経済的争点に関して提言的内容を盛り込む極めて守備範囲の広い報告書を毎年 11 月末に提出する．
5) Giersch, Paqué, Schmieding (1992), p. 140.
6) Giersch, Paqué, Schmieding (1992), p. 141.
7) Giersch, Paqué, Schmieding (1992), p. 142.
8) 開放経済体制移行後における独仏貿易関係の 1960 年代前半における驚異的な伸びに関しては，廣田 (1998), 165-166 頁を参照のこと．
9) 第 3 章では西ドイツの EEC 選択にまつわる問題点を貿易構造から論じた．西ドイツのこの選択は 1963 年秋からにおける輸出主導の景気上向きにより成功の裏書きを与えられたといってよい．この成功が自明のものでなかったことはなお留意されてよい．ともあれ，EEC 経済のこうした成長性により世界資本主義の基軸国アメリカに対して EEC 経済が「副軸」として位置するような盛り返しがみられ，ヨーロッパ経済の「復権」が果たされたとみなせよう．「復権」の牽引車となったのが西ドイツ経済であった．
10) この点を明快に指摘した考察として，工藤 (1999b), 456 頁がある．
11) Abelshauser (2004), S. 289.
12) 工業製品の生産者価格は 1962 年を 100 として 1964 年 101.6 から 1965 年 104.0, 1966 年 105.8, 1967 年 104.9 と不況期にずれ込んで持続的に高まった．Statistisches Bundesamt (Hrsg.) (1972), S. 248, Tabelle 4.
13) Giersch, Paqué, Schmieding (1992), p. 145.
14) Abelshauser (2004), S. 288-292.
15) Sachverständigenrat zur Begutachtung der gesamtwirtschaftlichen Entwicklung (1964), S. 131.
16) この当時の西ドイツ経済では物価上昇率 3％台が危険ラインといわれるほどに

物価上昇アレルギー体質が強かった．過去の負の遺産である．佐上（1970），392頁．
17) Sachverständigenrat zur Begutachtung der gesamtwirtschaftlichen Entwicklung (1965), S. 1, 3-6, 30, 61-63. なお，この報告では政府支出増とインフレ増長の危険性が強調されていた．ちなみに，経済諮問委員会の安定恐慌に関する認識は「欲せられた不況」とは違って本来的な意味での経済内部における景気の突然の収縮を指すようである．たとえば，経済諮問委員会は 1974/75 年不況を「安定恐慌」と規定している．
18) Sachverständigenrat zur Begutachtung der gesamtwirtschaftlichen Entwicklung (1965), S. vii．
19) 財産形成政策を含む社会秩序政策により労働者階級を中産層化する福祉国家化が推し進められたのである．加藤榮一（1988），218-219 頁．下位および中位の職員の俸給は労働者の賃金に接近し，労働者，職員間の「平準化」傾向が顕著となり，「中間層」としての職員の意味は失われる．1960 年代において労働者は歴史的に類をみない生活条件の改善を享受することになった．山井（2005），345, 348, 356 頁．
20) Giersch, Paqué, Schmieding (1992), p. 143. Cf. Leaman, (1988), p. 173.
21) 鬼塚（1973），131-133 頁．
22) Hallgarten, Radkau (1974), S. 505, cf. Leaman (1988), p. 135.
23) イギリスはマルク切り上げがなされた 3 月には 1 日あたり 6700 万ポンドを失うという短期資金の流出に見舞われた．米倉（2003），51 頁．前年におけるドル不安の背後に隠れていたポンド危機は国際的なマルク投機とそれに続くマルク切り上げを介して顕在化することになったわけである．こうした問題状況を受けてなおポンド切り下げの非許容状態のなかでイギリスは 7 月にストップ政策に踏み切る．
24) 米倉（2003），51 頁．IMF 理事会もアメリカ財務省もこの点では意見が一致していた．石坂（2006），284 頁．このささやかな切り上げ幅にもかかわらず，BDI は CDU への月間政治献金 10 万マルクを凍結した．Leaman (1988), p. 135. これはいかにマルク切り上げの実施が逡巡されていたかを物語るものであろう．
25) Sachverständigenrat zur Begutachtung der gesamtwirtschaftlichen Entwicklung (1964), S. 8.
26) Leaman (1988), p. 136.
27) 安保（1973），110-111 頁．
28) この時の国際借款の中心はアメリカであり，アメリカのポンド支援能力が問われていたのである．最終的にポンドが 14.3％切り下げられ，後に 1972 年 6 月の変動相場制移行に続く 74 年 12 月末のポンド残高に対する責任放棄の決定的要因が加わる（金井（2004），176 頁）とはいえ，基本的に国際通貨の地位を降りたことはポンド支援に対するアメリカの資金の限界を浮き彫りにした．ポンドの切り下げと踵を接して 1968 年春まで第二次ゴールド・ラッシュが生じるのは周知

の事実である．1961年発足の金プール制が破綻してブレトン・ウッズ（IMF）体制の実質的崩壊を示す金の二重価格制がその帰結であった．なお，1965年のポンド危機が1966年夏に再燃して厳しいデフレ政策が実施される点については，鬼塚（1973），138-139頁を参照のこと．
29) 出水（1978），176頁．
30) Sachverständigenrat zur Begutachtung der gesamtwirtschaftlichen Entwicklung (1967), S. 27.
31) Sachverständigenrat zur Begutachtung der gesamtwirtschaftlichen Entwicklung (1966), S. 1.
32) 前掲表4-3をみると，ゼロ成長となっておりマイナス成長とはなっていない．しかし，マイナス成長となったことは周知のこととなっており，ここではその事実を踏襲した．とはいえ，この時のマイナス成長率はゼロ成長に限りなく近く，ほとんど食い違いはない．つまるところ，西ドイツ経済は水面に没するかあるいはその瀬戸際まで成長を大幅に減速させたのである．GDP成長率2.5％予測から判断するかぎり，経済諮問委員会勧告の減速見込みは1963年に経験した経済成長の「踊り場」的な内容にとどまっていたと考えられる．
33) Giersch, Paqué, Schmieding（1992），p. 145.
34) Leaman（1988），p. 162.
35) Leaman（1988），p. 173, Oppelland（1996），p. 94.
36) Sachverständigenrat zur Begutachtung der gesamtwirtschaftlichen Entwicklung (1967), S. 1, 32.
37) Sachverständigenrat zur Begutachtung der gesamtwirtschaftlichen Entwicklung (1967), S. 1, 3.
38) Giersch, Paqué, Schmieding（1992），p. 144.
39) Giersch, Paqué, Schmieding（1992），p. 145.「投資の崩壊」という形容は本項の前項において「戦後期を通じていまだかつてみられなかった規模で民間投資が落ち込みをみせる」とした表現に照応するものである．
40) Leaman（1988），p. 175. なおこの点に関連して出水は1967年における製造業の設備稼働率を76％と指摘している．出水（1978），176頁．
41) 佐藤（1983），87頁．
42) Leaman（1988），p. 175, Giersch, Paqué, Schmieding（1992），p. 145.
43) Leaman（1988），p. 175.
44) Hallgarten, Radkau（1974），S. 507.
45) Sachverständigenrat zur Begutachtung der gesamtwirtschaftlichen Entwicklung (1967), S. 1.
46) Abelshauser（2004），S. 299.
47) 佐藤（1983），4頁．
48) 出水（1978），179頁．
49) Giersch, Paqué, Schmieding（1992），p. 133.

50) この点，平島 (1994), 90, 101 頁を参照のこと．
51) シラーのこのテーゼが脚光を浴びるのは，「自由な社会主義」派として 1953 年 2 月に彼がボーフムで開かれた SPD 経済政策会議での演説においてであった．安野 (2004), 144 頁．
52) イギリスのこの実験については，鬼塚 (1988), 59-60 頁を参照のこと．
53) Sachverständigenrat zur Begutachtung der gesamtwirtschaftlichen Entwicklung (1967), S. 128. 経済諮問委員会は 1964/65 年次報告以来序言において持続的で適切な成長の下で価格水準の安定，高雇用状態，対外経済不均衡の同時達成を強調していた．そこでは経済成長の下での 3 つの政策目標が設定されていた．これはむろん，1963 年 8 月 14 日の法律規定に沿ったものであった．それが 4 つの目標設定に変わったのである．「魔法の三角形」から「魔法の四角形」へのシフトが生じた．ちなみに，序言における上記の文言への言及は 1969/70 年次報告以来姿を消す．「魔法の三角形」，「魔法の四角形」いずれも実現されえないものと化したからである．経済運営の内部的形骸化が鮮明になった．この変化は確かに西ドイツ経済の転換点を記すものであったといってよかろう．
54) Carlin (1998), p. 30.
55) さらにここには通貨投機に関連してマルク切り上げの是非を問う政策的争点が重大な要因として横たわっていたが，その点については第 5 章で詳しく論じる．この要因を考慮に入れても，1966/67 年不況の西ドイツ経済と社会におよぼした影響が連邦共和国の成立から 1950 年代における政治的枠組みの変容を迫った事実は看過されえない．
56) シラーは 1972 年 7 月 7 日に経済相ならびに蔵相を辞任する．これは直接的には激しさを増した為替変動とマルク投機に対する対策の相違にもとづく軋轢を引き金にしていたものの，それまでの経緯からみると「協調行動」の実質的な破綻やインフレ加速といった要因が働いて彼の行政手腕に関する威信が急速に低下していったことを度外視しては理解されえないと思われる．
57) これは上述の経済安定・成長促進法の不備とも密接に関連するが，総体的誘導政策がその出生を 1966/67 年不況における需要不足に大きく左右されていたために不況脱出のシナリオに重点が置かれていたので，インフレ高進に対処するには弱点を有していたからである．この点，佐藤 (1983), 17 頁，戸原 (1992), 25 頁を参照のこと．

第5章 | 1974/75年不況と変調の始まり

1 1974/75年不況をめぐって

　本章は1974/75年不況とそれを契機とする西ドイツ経済の変調を考察する．そこでなぜこのような問題の立て方をしたかについて指摘しておきたい．1974/75年不況は石油価格の高騰により引き起こされた世界的同時不況として説かれることが多い．むろんこれは事実であり，経済成長の下方屈折の原因としての供給サイドの蓄積困難が示唆されている．しかし，事はそれだけでは済まない．というのは，世界的同時不況が経済現象の説明として前面に出ているため，西ドイツの1974/75年不況は世界的同時不況のなかに埋没する傾向が強く，これまで西ドイツ固有の現象として1974/75年不況を取り上げる研究がなかったからである．なるほど1974/75年不況についての表層的言及に事欠くことはなかったものの，上に述べた事情により本格的な研究がおろそかにされてきた．そのせいで1974/75年不況は考察の対象ではなく，議論の前提となっていたのである．
　たとえば，1967年後半から1973年前半までは持続的な景気拡大の局面といってよいが，その推移は一様で一本調子というわけではない．スタグフレーションの顕在化を伴う景気の起伏が存在する．この局面の景気の起伏に立ち入って検討を加えることは1974/75年不況を実態的に明らかにする前提作業となる．世界的同時不況の指摘の背後に隠れてこの作業がなおざりにされてきた．1974/75年不況における西ドイツ経済特有の問題性とその後の経済低迷の中身を具体的に検証するためにも上の作業は欠かせない．本書は以上の反省点に立って改めて1974/75年不況を吟味する．

そこで以下では本章において1974/75年不況を考察対象に据える理由として3つの論点を提示することとしたい．1990年10月にドイツ統一がなされてかつての西ドイツ経済は現在なくなっているが，西ドイツ経済が直面した1974/75年不況の実相とそれが引き起こした構造的問題を考察することなしには1970年代後半に「ヨーロッパの病人」といわれる苦境に陥り，現在でも引き続き同じ形容がなされている経済の問題状況が明らかにされることにはならない．そのような問題の連鎖のなかで1974/75年不況を問う研究はこれまでなかったといってよい．その意味で通常の印象とは異なり，1974/75年不況の分析は研究史上の欠落をみせているのである．まずもって指摘されねばならないのは以上の点である．

1974/75年不況，あるいはまた，1970年代の発展軌跡の問題に迫った研究として挙げられるのは，邦語文献・論文としては出水（1978），佐藤（1983），加藤浩平（1988），工藤（1999b），欧語文献ではギールシュ，パケ，シュミーディングの共著（Giersch, Paqué, Schmieding（1992））の1点である．このうち佐藤はその著書において西ドイツ経済に関する学術的研究書が乏しいことをすでに強調しており[1]，研究史における意外な盲点を衝いていた．1974/75年不況に至る経済動向への系統的な配慮がなされており，その観察は注目されはするものの，包括的な整理としては不十分である．西ドイツ財政に関する正面だった考察が中心であるのでやむをえない限界であろう．その後3つの著書・論文により研究史の欠落は著しく改善されたものの，1974/75年不況とそれを契機として露呈される構造的問題の考察が深まったとは必ずしもいえず，1974/75年不況の総点検と総括はなお残された課題なのである．そこでEUの経済統合が市場統合から通貨統合にまで進み，ドイツ経済という枠組みだけで論じることが相対化されつつあるという現状からすれば，問題の基本的な根に遡るためには現状分析としては古すぎるが歴史分析としては十分新しいという領域に属する1970年代の西ドイツ経済を1974/75年不況を軸に具体的に跡づけることはなおさら不可避の作業といわねばならない．その脈絡でいえば，本章は1974/75年不況について立ち入った検討を加えるという問題視角から1966/67年不況の分析を踏まえてそれ以降の経済実態面での動きを時系列的に辿る経時的な分析をおこなうものである[2]．石油価格の高騰に先駆けて生じた賃金爆発

現象にもとづく労働コストの急騰といった供給条件の悪化の問題もこの分析のなかで位置づけられる．

さらにここで留意されねばならないのは，この分析の局面がブレトン・ウッズ（IMF）体制の崩壊に至る最終局面をなすものであり，そうした最終局面との関わりにおいて具体的な究明がなされる必要があるという点である．1969年10月のマルク切り上げから1971年5月の単独フロート制への早期的移行，次いで1971年12月のスミソニアン体制下での固定相場制の復帰から1973年3月におけるブロック・フロート（共同変動相場）の変動相場制に至る西ドイツ通貨秩序の動態的な変遷のなかで実態分析がなされなければならない．本章はこのような問題状況を射程に入れて本格的な検討をおこなう．これが本章のねらいとする第2の論点である．

最後に提示されるのは，1974/75年不況において西ドイツ経済がスタグフレーションの決定的構造化を免れ，第一次石油危機を相対的に順調に乗り切ったとされる議論について検証をおこなわなければならない点である．確かに1970年代前半に現れてくるインフレーショナル・クライシスの進行に歯止めをかけ，スタグフレーションの罠ともいうべき難問から逃れたというのが西ドイツ経済の発展軌跡であるが，その背後において「ヨーロッパの病人」とか「西ドイツ病」といわれる停滞的様相が確実に押し寄せてきていた．かつて「経済の奇跡」を可能にした蓄積システムの内的限界が西ドイツの構造的問題として露呈されるに至るのである．1974/75年不況が浮き彫りにする国際的な競争力の低下に代表される西ドイツ経済の構造的問題に言及することなしには西ドイツ経済が直面した成長余力の減退という問題状況に肉迫することはできない．

この点で「第一次石油危機を成功裡に乗り切った」とされる[3]西ドイツ経済の現状とその後における西ドイツ経済の停滞の間にある現状把握についての整合的な説明は課題として残されている．外見的に「成功裡に乗り切った」との形容に対する立ち入った検討とその後における「停滞」の中身の検証が必要とされる．経済成長の緩慢な回復の背後に横たわる真の構造的要因とは何なのか．1980年代に入っての第二次石油危機をきっかけとする1981/82年不況における「経済の変調」が妥当か否か．これらの問題を歴史的文脈において理解

するためには1966/67年不況以後から1974/75年不況を中心とする景気変動に至る過程を詳らかにすることが要請される．その過程分析を介してそれまでの高度成長的な発展軌跡の見直しがなされなければならない．本章は重要と思われる実物経済指標を取り上げながらこの発展軌跡を具体的に跡づける．これが本章の重視する第3の論点をなす．

これまでの説明から了解されるように，本章は1974/75年不況の発生に分析のメスを入れ，その背後において浮かび上がってくる「構造的問題」を分析する．その点に関連して本章は第一次石油危機の乗り切りに成功し，スタグフレーション問題に相対的にうまく対処しえたとする従来の議論に修正を加え，1974/75年不況を境に西ドイツ経済が「変調」をきたしたとする根拠を提示する．そこでは「構造的問題」の具体的な検証を通じてかつての「経済の奇跡」と「変調」の位置関係が問われる．経済諮問委員会はこの時期における構造的問題を考察すべき問題提起をしているが，肝心の「構造的問題」の中身が具体的に究明されているとはいえない[4]．1974/75年不況の分析を進めることは問題の所在を明らかにするにとどまらずに西ドイツ経済の底流に流れていた「経済の奇跡」の反転としての歴史的な構造問題を浮き彫りにする作業につながるはずである．本章は歴史のパラドックスとしての構造的問題を西ドイツ経済の「変調」の動因と捉える．完全雇用政策の破綻やSPDの政権担当能力の大きなぶれの問題もこの論点との関わりのなかで明確化されるであろう．

関税同盟型ヨーロピアナイゼーションの進行に側面から支えられてきた19世紀末の第二次産業革命的な発展要素と20世紀のアメリカ的な発展要素の混合をなす西ドイツ経済の蓄積システムが1974/75年不況をきっかけにして限界を迎え，「アメリカ化するドイツ」と「ドイツ化するアメリカニズム」の緊張を孕んできた[5]．西ドイツ経済の総合的な編成力の難点が表面化してドイツ経済となった今日なお「漸次的な衰退」(the gradual decline) と形容される[6]変調の端緒をきたすというのが本章の最終結論である．1970年代末から1980年代初めにかけて顕在化する生産過程のデジタル化の立ち遅れとお家芸といわれてきた機械産業における顕著な国際的な地位低下はその象徴的な出来事であった．なお，ヨーロッパ経済統合に関していうと，その動きはこの時期不況のあおりを受けてより停滞し，1992年市場統合構想が出されるまで続く退行化が

外部的経済環境として指摘される．経済統合は西ドイツ経済動向にまつわる積極的要因とはならないのがこの時期の特徴であるが，各国経済政策の相違が欧州共同体（European Community，以下 EC）経済の混迷に拍車をかける点については関連するかぎりで言及しよう．いずれにせよ，先に指摘した市場統合から通貨統合の歩みは逆に経済統合の深化を果たすために後退期からの鋭角的な反転として展開されるのである．そこで初めて新型ヨーロピアナイゼーションが登場してくる．その意味で，本章の考察対象とする時期は経済統合の後退の最中にあってコア諸国としての西ドイツ経済の一国的動向がかえって重要性を帯びる局面であったといってよい．

2 急速な不況脱出と対外不均衡の増大

2.1 1966/67 年不況以後の景気回復

1967 年第 1 四半期にボトムを迎えた 1966/67 年不況は 1967 年後半から輸出拡大をバネに景気回復に転じた．1968 年 5 月頃になると景気拡大が明瞭となり，好況的局面が訪れた．後でも述べるように 1968 年に入って本格化した輸出成長率の高さは 1968 年前半までに景気回復をもたらしただけでなく，前半期末には景気上昇を確実なものとした．すなわち，輸出が生産を主導するほどに旺盛に盛り上がったのである．西ドイツのように対 GDP 比輸出依存度が 30％に近似する高さをもつ経済ではこの事実はとりわけ重要であるといってよい．

表 5-1 をみると理解されるように，鉱工業生産指数は 1968 年に前年比 9.6％，1969 年に 12.8％の特筆すべき増加をみせ，経済に力強さが戻った．図 5-1 からみてとれるように，実質 GDP 成長率は 1968 年，69 年と 1950 年代末から 1960 年代初頭に匹敵する高さを保持し，「経済の奇跡」の余韻がいまだ続いていることを実感させた．外需主導の経済拡大であったことは表 5-2 に示される輸出成長率から窺えるが，それ以上に輸出拡大と国内投資の連動により輸入成長率が輸出成長率を上回っていた事実が好況的実態を明示していた．石油価格の高騰による支払い増の要因はないから輸入成長率の高水準は国内ブームを映し出していた．とくに 1969 年前半には瞬間風速で最大の経済成長がみられ，これは明らかに 1968 年から 1971 年を 4％とみた経済諮問委員会の想定を超え

表 5-1　鉱工業生産指数
（1963 年 = 100）

年	指数
1963 年	100 （ 3.1）
1964	110 （10.0）
1965	116 （ 5.5）
1966	117 （ 0.9）
1967	114 （-2.6）
1968	125 （ 9.6）
1969	141 （12.8）
1970	150 （ 6.4）
1971	153 （ 2.0）
1972	159 （ 3.9）
1973	170 （ 6.9）
1974	167 （-1.8）
1975	158 （-5.4）
1976	171 （ 8.2）
1977	172 （ 0.6）
1978	177 （ 2.9）
1979	185 （ 4.5）
1980	184 （-0.5）

資料：Mitchell（1992），p. 413.

図 5-1

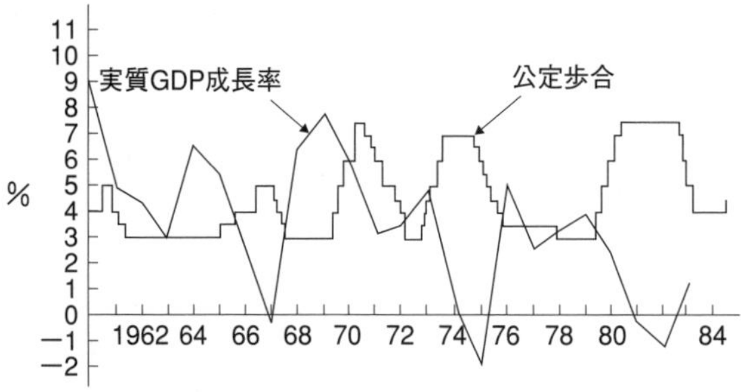

資料：Leaman（1988），p. 217, Fig. 5.5.

る成長であった[7]．図 5-1 から端的にみられるように，1969 年においても GDP 成長率は年率で 8％に接近するほどの高水準であった．輸出拡大と国内投資連動型の景気拡大パターンが再び現れて 1950 年代の成長率に回帰した．1969 年の経済成長率予測は 3.5-4％であった[8]が，その控え目な想定は物の見事に覆されたのである．

表 5-2 輸出入動向と貿易収支

(10億マルク)

	輸　出	輸　入	貿易収支
1965年	71.7 (10.5)	70.4 (19.7)	1.3
1966	80.6 (12.4)	72.7 (3.3)	7.9
1967	87.0 (7.9)	70.2 (-3.4)	16.8
1968	99.6 (14.5)	81.2 (15.7)	18.4
1969	114.0 (14.5)	98.0 (20.7)	16.0
1970	125.0 (9.6)	110.0 (12.2)	15.0
1971	136.0 (8.8)	120.0 (9.1)	16.0
1972	149.0 (9.6)	129.0 (7.5)	20.0
1973	178.0 (19.5)	145.0 (12.4)	33.0
1974	231.0 (29.8)	180.0 (24.1)	51.0
1975	222.0 (-3.9)	184.0 (2.2)	38.0
1976	257.0 (15.8)	222.0 (20.7)	35.0
1977	274.0 (6.6)	235.0 (5.9)	39.0
1978	285.0 (4.0)	244.0 (3.8)	41.0
1979	314.0 (10.2)	292.0 (19.7)	22.0
1980	350.0 (11.5)	341.0 (16.8)	9.0

資料：Mitchell (1992), p. 564.
注：括弧内数字は前年比増減 (%).

　このような発展動力の旺盛な経済成長には，この当時物価の安定が保たれていた事実を見逃すことはできない．表5-3にみられるように1968年に卸売物価水準は前年比5.5％の大幅な低落をみせており，1967年と2年続きでマイナスを記録したが，この時には卸売物価のこの大幅低落が価格競争力を強めて輸出拡大の追い風となった．1967年から1969年にかけて単位あたりの労働コストが劇的に低下した[9]．これは単に労働生産性の上昇によるものというわけにはいかず，「協調行動」の成果が端的に現れたものと考えてよい．賃金引き上げの労働生産性幅内での自粛というルール遵守が大きくプラスに作用したのである．1968年における労働生産性の上昇は11.3％であったが，賃金上昇率は4.4％にとどまっており，工業製品の生産者価格は5.3％下がって不況期までずれ込んでいた上がり調子の基調が転換した[10]．後に言及するように，このような好況的拡大を反映してマルクの過小評価感が再度浮上し，1969年10月に1ドル＝3.66マルクにまで9.3％切り上げられるが，これにより経済成長が減速感を与えられることはなかった．これは先にも述べたように政労使合意によ

表 5-3 卸売物価の推移
(1953 年 = 100)

年	指数 (前年比%)
1965 年	109 (2.8)
1966	110 (0.9)
1967	109 (-0.9)
1968	103 (-5.5)
1969	106 (2.9)
1970	112 (5.7)
1971	117 (4.5)
1972	121 (3.4)
1973	131 (8.3)
1974	148 (13.0)
1975	153 (3.4)
1976	162 (5.9)
1977	165 (1.9)
1978	164 (-0.6)
1979	170 (3.7)
1980	189 (11.2)

資料:Mitchell (1992), p.843.
注:括弧内数字は前年比増減(%).

表 5-4 国内総固定資本形成の動向
(10 億マルク)

年	金額 (前年比%)
1965 年	122 (8.9)
1966	117 (-4.1)
1967	103 (-12.0)
1968	124 (20.4)
1969	141 (13.7)
1970	149 (5.7)
1971	145 (-2.7)
1972	149 (2.8)
1973	155 (4.0)
1974	135 (-12.9)
	293
1975	264 (-9.9)
1976	304 (15.2)
1977	304 (0.0)
1978	313 (3.0)
1979	352 (12.5)

資料:Mitchell (1992), p.900.
注:1) 数値は 1965-1974 年では 1962 年価格を基準にし,1974-1979 年では 1980 年価格を基準にしている.1974 年は2つの数値となっている.
2) 数値には在庫投資も含まれる.

る協調行動が具体的な成果をみせて卸売物価の低下に繋がり,そのことが価格競争力の強化に結果して輸出拡大に寄与したからである.1950 年代において西ドイツ経済の復活の代名詞となった「メイド・イン・ジャーマニー」の国際的なブランド力を補強するような価格競争力が加わり,輸出成長率に拍車がかかった.マルク切り上げが減殺されるようなメカニズムが働いたと考えることができよう.1969 年においても卸売物価はまだ前年比 2.9%増にとどまっており,上昇に転じはしたものの,その安定性は明白であった.

　卸売物価のこうした落ち着き具合は資本財や中間財の価格安定性に直結するからまもなく言及する金融緩和政策の持続と相俟って不況のなかで冷え込んでいたビジネス・コンフィデンスの着実な盛り上がりを積極的に誘発し,結果として国内投資ブームの火つけ役的役割を果たすことになった.そのことを示すように表 5-4 にみる 1968 年の国内投資(国内総固定資本形成)の伸びは前年の 12%の大幅な低下から鮮やかに反転して 20.4%もの上昇をみせ,1969 年に

おいても 13.7％の増加となってその勢いが持続した．これは国内景気の先行きに対する期待が高まった結果であり，1969年の投資拡大は 1955年，1960年に次いで第三次投資ブームといわれた[11]．先にも触れたように輸出拡大と国内投資連動型の発展動力が働くことになった．1966/67年不況において一時変調に陥った経済発展パターンは復元したのである．

こうした投資ブームの背景には公定歩合が 1969年3月まで2年間 3％の低水準に据え置かれるという低金利基調の金融政策の緩和スタンスがあった（前掲図 5-1 を参照）．後にも述べるように需要管理政策は景気回復にはほとんど寄与しなかったとみてよいが，この金融緩和政策はかなりの程度プラスの作用を発揮したと考えられる．消費者物価も経済安定・成長促進法が想定した 1.5％[12]の幅を超えてはいたものの，1968年 2.2％，1969年 3.2％増と総じて安定しており（表 5-5 を参照），インフレ的好況と形容されるような局面はまだ本格化していなかった．上に述べた想定からいえば，確かに 3％を超える数値は 1960 年代に関するかぎり問題となるような水準ではあったが，それはいまだ端緒にすぎず，実物経済指標の総体からみるかぎり，経済の安定的な拡大は一目瞭然であり，物価，投資，鉱工業生産動向の面から窺える経済のファンダメンタルズの「健全性」を映し出していた．

こうした経済の好調なファンダメンタルズを如実に反映して素材需要のなかで最も重要な位置を占める粗鋼生産は表 5-6 にみられるとおり過去3年間の沈滞ぶりを脱却して 1968，69年に2桁の成長率を示し，好況的発展にもとづく派生需要の旺盛な発動を端的にみせつけた．投資財の国内需要の盛り上がりが指摘される[13]わけである．とくに工作機械，検査機械，精密機器への需要は強かった[14]．また以上の経済発展に裏打ちされて乗用車需要も回復軌道に乗った．それを受けて表 5-7 から理解されるように乗用車生産台数も 1967年の異常な不振から速やかに脱して 1968年 24.7％，69年 20.0％増と異例に大幅な伸びを示した．自動車産業における不振からの急激な反転は景気拡大の内容を明示するものとして注目される．むろん輸出の好調さをも加味しなければならないが，生産台数の飛躍的増大は主として内需拡大による伸びとみなして差し支えない．自動車産業のような大口需要家の生産や投資の伸びが機械産業や素材産業などの受注増に跳ね返って景気拡大の強さをさらに内生化させるものに

表 5-5 消費者物価の推移	
	(1970年=100)
1965年	88 (3.2)
1966	92 (4.5)
1967	92 (0.0)
1968	94 (2.2)
1969	97 (3.2)
1970	100 (3.1)
1971	105 (5.0)
1972	111 (5.7)
1973	119 (7.2)
1974	127 (6.7)
1975	135 (6.3)
1976	140 (3.7)
1977	146 (4.3)
1978	150 (2.7)
1979	156 (4.0)
1980	164 (5.1)

資料：Mitchell (1992), pp. 848, 850.

表 5-6 粗鋼生産の推移	
	(1000メトリックトン)
1965年	36,821 (-1.4)
1966	35,316 (-4.1)
1967	36,744 (4.0)
1968	41,159 (12.0)
1969	45,316 (10.1)
1970	45,040 (-0.6)
1971	40,314 (-10.5)
1972	43,706 (8.4)
1973	49,521 (13.3)
1974	53,232 (7.5)
1975	40,414 (-24.1)
1976	42,415 (5.0)
1977	38,985 (-8.1)
1978	41,253 (5.8)
1979	46,040 (11.6)
1980	43,838 (-4.8)

資料：Mitchell (1992), pp. 458, 460.
注：括弧内数字は前年比増減 (%).

なったことは疑いないところであろう．

　表5-8にみるとおり，工業の生産能力利用度も1967年の78％から1968年84％，69年90％と急速に引き上がり，投資不足の不況のなかで遊休化を余儀なくされていた過剰設備が積極的に稼動される運びとなった．国内投資の盛り上がりはこうした生産能力利用度の回復を受けたものであった．こうした全般的な好況的発展のなかで失業者数も目立って減少し，1968年32万人台で就業者数に占める比率が1.5％に低落した後，69年には1％を割り込んで雇用状況は急性的に改善した．再び超完全雇用状態が出現したのである（表5-9を参照）．実際に早くも1968年10月末には完全雇用状態が実現し[15]，一転してドイツ人とともに外国人も職場に吸収されていった．労働力吸収的な経済拡張が生じたわけである．1966/67年不況はこうして輸出が先行的に生産をリードし，それが国内投資ブームを誘発するかたちで投資の崩壊といわれた投資需要不足を解消する経路を介して収束することになった．

　こうした民間の実物経済活動の活性化からみると，景気回復は総体的誘導政策による需要管理政策が功を奏したものでないことは明らかである．むろん，

表5-7 乗用車生産台数の推移
(1000台)

年	台数
1965年	2,733 (3.1)
1966	2,830 (3.5)
1967	2,296 (-18.9)
1968	2,862 (24.7)
1969	3,437 (20.0)
1970	3,529 (2.7)
1971	3,692 (4.6)
1972	3,513 (-4.8)
1973	3,643 (3.7)
1974	2,840 (-22.0)
1975	2,905 (2.9)
1976	3,548 (22.1)
1977	3,796 (7.0)
1978	3,901 (2.8)
1979	3,943 (1.1)
1980	3,530 (-1.0)

資料：Mitchell (1992), pp. 535, 537.
注：括弧内数字は前年比増減（%）.

表5-8 工業における生産能力利用度の推移
(%)

年	%
1967年	78
1968	84
1969	90
1970	92
1971	89
1972	86
1973	88
1974	83
1975	76

資料：Leaman (1988), p. 206, Table 5.17.

　協調行動がビジネス・コンフィデンスの回復に多大な寄与をおこなった事実は否定しようもないが，政府支出の増大が景気回復の決め手になったとは到底言い得ない．総体的誘導政策の導入にみるように，1966/67年不況を境にして経済政策の転換がなされたにしても，それが主導的な役割を果たさず，脇役的な存在でしかなかったことは確かである．そうした人為的な政策は経済の牽引車とはならなかったのである．西ドイツ政府の指導層にとっては想定外のことだが，民間経済の自律的な回復がなされたことは嬉しい誤算だったのかもしれない．
　ただし，超完全雇用状態が再び出現した事実は労働力の供給制約性が再浮上したことを意味し，かつての労働力節約投資の効果を大きく減殺するものであった．そこに経済の「内的限界」が現れている．さらに労働力需給の逼迫が当時進行していたアメリカのインフレを中心とした国際的なインフレ加速による実質賃金の目減り感と相俟って労働組合の賃金攻勢を生み出し，協調行動の枠組み維持を著しく困難にするものであったことは留意されねばならない．1969年9月に勃発した下部組織労働者の山猫ストはそのような局面転換を告げるも

表 5-9 失業者数の推移

(1000 人)

	失業者数	対前年比変化： 外国人労働者	対前年度比： ドイツ人
1965 年	147 (0.6)	+217	+56
1966	161 (0.7)	+119	-117
1967	459 (2.1)	-226	-481
1968	323 (1.5)	+5	+124
1969	179 (0.9)	+347	+222
1970	149 (0.7)	+441	+53
1971	185 (0.8)	+321	+38
1972	245 (1.1)	+157	-21
1973	273 (1.2)	+213	+168
1974	582 (2.6)	-117	-69
1975	1,074 (4.7)	-320	-249
1976	1,060 (―)	-136	+181
1977	1,030 (―)	-53	+227
1978	993 (―)	-15	+290
1979	876 (―)	+67	+444
1980	889 (―)	+94	+331

資料：Giersch, Paqué, Schmieding（1992）, p. 127, Table 15, Mitchell（1992）, p. 163.
注：括弧内数字は就業者全体に占める比率（％）．

のであった[16]．この局面では資本分配率の高さに対して労働分配率を上昇させようとする動きが活発化して[17]労働争議の火種が形成されていったのである．そして，この動きは後に言及する 1970 年における賃金爆発現象に連なっていくのである．今回の好況的発展が 1970 年 5 月にピークを迎える[18]軌跡は以上の問題の帰結にほかならない．その意味で西ドイツ経済に潜む「編成力」の内的限界がドラスティックに露呈される局面が好況的発展の背後において確実に迫りつつあったのである．

2.2 マルク投機とブンデスバンクのジレンマ

1967 年 11 月におけるポンドの 14.3％切り下げ，それと踵を接するゴールド・ラッシュといった出来事に象徴されるように，1967 年から 1968 年にかけて再び浮上してくる国際的な通貨投機のなかで経済実態面での順調な発展に裏打ちされたマルクの強さは際立つものとなった．したがって，それは単に国際収支ポジションの相対的な強さを示しているだけではなかった．実は表 5-10

表5-10 経常収支の動向

	（10億ドル）
1965年	-1.67
1966	0.10
1967	2.50
1968	2.97
1969	1.90
1970	0.85
1971	0.94
1972	1.19
1973	5.19
1974	10.63
1975	4.41
1976	3.72
1977	3.98
1978	9.16
1979	-5.65
1980	-13.90

資料：Mitchell (1992), p. 931.

から確認するかぎり，経常収支黒字幅は1966/67年不況の最中の1967年に比すると1968年に拡大するものの，1969年には大幅に縮小し，貿易収支の黒字幅も不況時の1967年と大差なく，この点では国際収支ポジションが突出して強いというわけではなかった．だが，上述したように1968年，1969年と好調な景気が続き，経済のファンダメンタルズの強さはどの経済指標に照らしてみても明白であった．そして，このような好景気のために輸入需要が旺盛に盛り上がりながら，輸出成長率も極めて順調に推移していたので黒字基調が続いていた．国内投資ブームにもとづく経済の「健全性」に裏打ちされた黒字基調を有する西ドイツ経済の強さは本物であった．

　マルクは以上のような経済的要因を背景にしてヨーロッパのどの国の通貨と比較しても抜群の強さを誇ることになったのである．マルク投機はその当然の帰結であった．1960年から1961年にかけてのマルク投機にも同様の経済的要因が働いていた．力強い景気拡大が持続していたうえに経常収支黒字基調が鮮明であった．国際収支ポジションはかつてのマルク投機時の方が強かったが，実物経済の動きは同じく「健全」であり，国際的にみた安定性は抜きん出ていた．

今回の場合には先にも触れたようにブレトン・ウッズ（IMF）体制の深い動揺が生じているなかでの国際的な発展軌跡の亀裂だっただけに，マルク投機の強さや広がりはこれまでにないものであった．この問題は表面的には西ドイツ政府側からは対外不均衡として是正の対象となったのである．しかし，国際通貨危機のかつてない進展のもとでこの問題の根深さは明瞭であった．マルク投機の潜勢的な深まりは西ドイツ国内においてマルク切り上げ論争を招来した．具体的に述べるならば，1968年3月における第二次ゴールド・ラッシュの発生，金プール制の瓦解，金の二重価格制への移行（ブレトン・ウッズ体制の実質的破綻），同年5月のフランスでの「五月革命」に起因する激しいフラン不安をきっかけとする通貨危機の再燃はマルクの過小評価感を生み出し，マルク切り上げ予測を広範に醸成させた．そうしたなかで起きてきたのがマルク切り上げ論争だったのである．

キージンガー率いるCDU/CSUとSPDの大連立内閣はこの問題に揺れた．キージンガー，蔵相シュトラウスは輸出競争力の減退と経済へのマイナスの影響からマルク切り上げに反対し，これはドイツ産業界の猛烈な反対を反映していた[19]．経済相シラーも揺れてはいたが当初は反対の姿勢をみせていた．経済諮問委員会は大幅なマルク切り上げを主張し[20]，現実的にマルク切り上げ圧力をかわせないような状況を認識していた．そこで1968年11月には1年半の時限つきながら西ドイツ政府は4％の輸出税と輸入奨励金を設定して国内景気を人為的に鎮静させることにより貿易収支黒字幅の是正を企図して何とかマルク切り上げを回避しようとした．これは「陰の平価切り上げ」（a shadow revaluation）といわれる[21]もので，マルク切り上げに踏み切りがつかぬ西ドイツ政府の対症療法的な解決策であった．事実，1968年11月22日のボン10ヵ国蔵相会議において西ドイツは平価切り上げを拒否したのである[22]．

しかし，この措置は実質的には微温的な切り上げであったからマルク投機の圧力はかわせず，1969年に入ると一段と景気拡張を加速させた経済実態の動きと相俟ってマルク投機が極端に誘発されて1969年前半に大規模な短期資金の流入に見舞われた．注目に値するのは，この当時西ドイツでは公定歩合は1966/67年不況時に引き下げられた3％がなお維持されていた点である．これはマルク投機の激しさを明示している．事態はさらに進行する．さすがに行き

過ぎた経済拡張に懸念がもたれたせいで,国内景気の引き締めのために1969年3月から公定歩合が段階的に引き上げられることになった.前掲図5-1にみるように,この時期からブンデスバンクにより1970年3月まで連続的に公定歩合が引き上げられ,7%の高さまで達するが,その間にそうした動きを受けて早くも4,5月に大量の短期資本の流入がみられ,一段の引き上げがなされた後の9月には再び短期資金が集中的に西ドイツに入ってきた[23].

過剰流動性問題が生まれ,ここから輸入インフレが助長されることになった.そうした事態を受けて西ドイツ政府は9月30日にIMF協定に違反し,マルク為替相場の市場適正評価を探るために実験的にフロート制に移行した[24].かつてと同じように金融引き締めと過剰流動性のジレンマの問題がインフレ増幅のそれとして表面化した.ここにマルク切り上げ問題は新たな次元に入ったのである.すでに当初マルク切り上げに反対の意志を表明していたシラーは1969年春までには切り上げ支持に回り,5月には大量の短期資金の流入を前にして平価変更を提案して閣内で孤立するようになっていたのである[25].つまり,1969年中葉に至ってCDU/CSUとSPDの大連立内閣はマルク切り上げ問題をめぐって大揺れに揺れ,内閣の体をなさなくなる.したがって,1969年の連邦議会選挙ではマルク切り上げが経済政策上の重要な争点となった.この時SPDはマルク切り上げに積極的な姿勢をみせ,CDU/CSUは慎重な姿勢を崩さなかった.

シラーはマルク切り上げの論陣を張って積極的な選挙キャンペーンを展開し,中道派の投票者を左翼陣営に取り込むことに成功する.SPDは選挙に勝利し,この結果1969年3月にSPDのハイネマン(Gustav Heinemann)をFDPの支持を得て第3代連邦大統領に選出したことが下地となってSPD首班でFDPと小連立の内閣が誕生し,首相ブラント・外相シェール(Walter Scheel)政権が発足することになった.そこで翌10月にマルクの9.3%切り上げが実施される.協調行動と労働生産性の上昇が相乗的に働いてこの間単位あたりの賃金コストが低下したのでマルクの増価によるマイナス効果は生じなかった.対外不均衡は抜本的に改善することはなかったが,マルク投機は一段落した.

以上は経済運営の問題である.そこで経済運営の観点を広げて経済安定・成長促進法により政策目標として設定された適正な経済成長,物価安定,高雇用,

国際収支均衡という「魔法の四角形」が1968年から1970年の時期において満たされていたかどうかを検証してみたい．まず「適正な経済成長」という目標だが，これは実質GDP成長率の安定化が含意されていよう．その尺度からいえば，この時の経済拡張は過度のブームを内包していたので適正な経済成長から逸脱していると考えられる[26]．このことはたとえば1969年前半の経済成長が経済諮問委員会の想定していた水準を超えていた事実に裏づけられる．次に「物価安定」についてはすでに述べたとおり危惧される側面を有するもののなおクリアしているといえそうである．そして「高雇用」だが，これを完全雇用状態と理解するならすでに超完全雇用状態が生まれている関係で雇用状況は行き過ぎていると位置づけられよう．最後に「国際収支均衡」についてであるが，この点は経常収支の動向，貿易収支の動向のいずれをとってみても不均衡状態を呈しているとみるべきである．

要するに，経済拡張が過熱気味に推移しているために「魔法の四角形」は物価安定以外には充足されていないことになるのである．外見的には対外不均衡だけが問題であるかのように映るが，立ち入って検証すると上に述べた問題点が浮かび上がってくる．ただし，ブレトン・ウッズ（IMF）体制の深刻な動揺とヨーロッパ通貨危機が国際経済問題の中心となっている関係から対外不均衡問題が最大の焦点となった．このような内外の難点を総合的に解消しようとする措置として金融緩和スタンスに終止符を打ち，強力な金融引き締め政策が展開されることになったのである．それがジレンマを孕んでいたことはすでにみたとおりであり，現実的な打開策としてマルク切り上げがなされることになったわけである．

3　不況の漸次的増幅と為替変動

3.1　1970年代初頭の発展軌跡

1967年後半に回復の兆しをみせ，1968年中葉に好況的局面への転換を経る発展軌跡は1970年5月にピークを迎える．ここでの課題は1970年に入ってからの経済動向を明らかにすることである．

前掲表5-8から理解されるように，1966/67年不況後の好況的拡大のなかで

表 5-11　賃金・生産性・エネルギー価格の推移

(1980 年 = 100)

	1960-69	1970	1971	1972	1973	1974	1975	1976 年
実質賃金	58.0	75.8	78.8	82.3	86.5	89.1	90.2	93.7
年変化	4.5	8.6	3.9	4.4	5.1	3.0	1.2	3.9
生産性	60.0	75.8	77.5	81.0	84.2	85.5	86.5	92.1
年変化	4.4	3.8	2.2	4.5	4.0	1.5	1.2	6.5
エネルギー価格	—	46.7	47.0	43.1	47.2	73.6	75.5	78.5

資料：Härtel, et al. (1988), S. 32, Tabelle 1：Zur gesamtwirtschaftlichen Kostenentwicklung.
注：1) 生産性とは勤労者 1 人あたりの総国内生産を指す.
　　2) 実質賃金，生産性の下段数字は前年比増減（％）. ただし，1960-69 年数値は平均実績.

生産能力利用度は一貫して上昇を続けた．先に超完全雇用状態と指摘した理由である．1970 年には生産能力利用度は 92％とこれ以降の時期を見渡してみても最高の水準に達する．製造業への労働力吸収的な経済拡張はその性格ゆえに限界を迎える．すなわち，表 5-11 にみられるように，1970 年に入って賃金が急激に引き上がる．平均すると 30％強の上昇である．これは先に指摘した賃金爆発——これは 1969 年から 1973 年における「賃金コスト爆発」(die Lohnkostenexplosion) と形容される[27]——といわれる現象であるが，1970 年までの局面における資本分配率（企業収益率）の上昇に対して労働分配率の引き上げを求める労働者の攻勢を受けた結果であった．1950 年代に「経済の奇跡」を支えるひとつの柱であった穏健な賃金政策からの旋回がみられ，すでに述べた下部組織労働者の山猫ストをきっかけにして賃金の安定性という基礎条件が崩れたのである．むろん，これには超完全雇用状態といった労働力需給逼迫の深まりがあったことは間違いない．賃金高騰に関して補足的に説明しなければならない要因は，自動車産業労働者に典型的にみられたように，この時期までに高賃金に加えてフリンジ・ベネフィットの手当が十分に厚くなっていた点である[28]．非賃金部分の比重が増して賃金コストの高騰に繋がったのである．3.3 項において改めて取り上げるが，戦後中産層福祉国家としての途を歩んできた西ドイツ政府による社会福祉の充実がフリンジ・ベネフィットの手厚さとして開花してきたわけである．労働組合側からの賃金政策の転換に加わるこの要因を見逃すことはできない．

こうして，1970年は西ドイツ経済の蓄積体制に対して重大な変容をもたらす画期となった．前掲表5-11にみるとおり，1970年には賃金の上昇率8.6%に対して生産性の上昇率は3.8%にすぎない．単位あたりの賃金コストが急激に上昇したために投資収益率が急性的に悪化し，1970年から1971年にかけて設備投資が減退した[29]．むろんこれに加えて予想投資収益率の期待感が低下してビジネス・コンフィデンスを弱めたことは想像に難くない．前掲表5-4から具体的に窺われるように，賃金高騰を受けた1971年には設備投資のマイナス2.7%の減少となった．1972年にも2.8%の小さな増加率にとどまっている．前掲図5-1にみるとおり，実質GDP成長率も半減に近いほどに落ち込み，蓄積体制に深刻な亀裂が入ったことを窺わせる．さらに前掲表5-1に示されるように，鉱工業生産指数も1971年には前年比において大きく低下し，いままで続いていた好況基調のなかで軽い不況に見舞われた．軽い不況ではあっても蓄積体制の基礎条件における重大な地殻変動が生じたことを考えれば，まさしく「軽視しえない」不況という性格を帯びていたのである．

賃金コストが高騰し，その結果として生産コストが急激に引き上がったことによりもうひとつ見過せない問題は，当時進行度を高めていたインフレ傾向と相俟って西ドイツ経済が不況とインフレが並存するスタグフレーション的状況に陥った点である[30]．この問題状況はこれまでに取り上げた経済指標からみて1971年に典型的に現れた．佐藤は1971年初めにスタグフレーション的状況が出現したと指摘する[31]が，妥当な見解である．前掲表5-3から卸売物価の動きを辿ると，1969年までみられていた安定性が崩れて1970年前年比5.7%，1971年4.5%，1972年3.4%と高い上昇率が現出した．卸売物価の安定性の喪失はビジネス・コンフィデンスの低下をもたらすものであったといってよい．前掲表5-5の消費者物価の推移をみると，1971年には前年比5.0%，1972年5.7%と高い伸びを示し，インフレ傾向が定着した．「魔法の四角形」の政策目標のなかで相対的に唯一クリアしていたと考えられる物価安定も実現しえなくなった．それも適正な経済成長ではなく，不況という景気変動を随伴しながら物価安定の条件が失われたのである．第一次石油危機に先駆けるこの局面の1970年初頭の経済動向に関して強調されねばならないのは，まさに西ドイツ経済がスタグフレーション問題に逢着した点である．

この点で1969年10月およびスミソニアン体制によるドラスティックともいうべきマルクの増価は輸入価格の上昇を抑制したので国内物価安定に寄与することになったが，賃金の引き上げが主要な押し上げ要因となることで物価は着実に上昇し，インフレ基調は時を経るごとに顕著なものとなったのである．先にも指摘したように，これは賃金爆発現象といわれる局面にほかならないが，このことをきっかけに確実に利潤の圧縮が生まれ，企業の蓄積条件は明白に悪化した．国際的なインフレ低位により輸出需要の伸びは持続していたものの，投資は停滞傾向を強め，想定されていなかったスタグフレーション的問題状況が1971年初めに現出した．

　国内景気におけるインフレ随伴の停滞基調のなかで乗用車需要も1969年の急成長から反転して低迷し，前掲表5-7にみるとおり生産台数は1970-1972年と踊り場的局面となった．素材産業としての鉄鋼業についてみれば，前掲表5-6の粗鋼生産の動向にみられるように，経済低迷を先取りするかたちで1970年には生産が前年比マイナス0.6％と若干の低落をみせた後1971年にはマイナス10.5％の大幅な落ち込みとなった．それだけ国内経済の収縮圧力が働き，景気先行指標としての素材産業の行き詰まりが露呈されたのである．失業者数も前掲表5-9から理解されるように増加し，1％を割っていた超完全雇用状態が翳りをみせ始めた．とくにドイツ人の雇用拡大のテンポが緩慢になり，1972年にはマイナスとなるような暗雲が立ち込めてきた．超完全雇用状態も問題だが，高雇用という政策目標からみるとそれに対する先行き不安が生じたという意味での問題が浮かび上がってきた．前掲表5-8にみる生産能力利用度の小幅な低落はそうした成長減速を裏づけている．

　ここでインフレ問題に関してもうすこし立ち入って考察しよう．前掲表5-3にみるように，内需低迷を受けて卸売物価は前年比でやや落ち着きをみせる反面，前掲表5-5にみる消費者物価は持続的に上昇してインフレ傾向が目立っていた[32]．成長減速のもとでのインフレ高進が窺われるのである．総体としてスタグフレーション的問題状況が随所にみられた．後にみるように，西ドイツ経済に潜む労働集約的な構造の内的限界が賃金爆発およびフリンジ・ベネフィットの手厚さを介して鮮明になったのである．賃金の伸縮性に重大な制約が課せられ，実質賃金の上昇したことが蓄積困難の基本要因であった．1966/67年

不況にまでずれ込んでいた[33]経済編成の問題点がよりドラスティックに現れ，高成長からの反転の第1兆候が現実のものとなったのである．

3.2　ブレトン・ウッズ（IMF）体制最終局面下の金融政策

1960年代末から1970年代初めにかけて西ドイツ経済は3度にわたる国際的な通貨投機に見舞われる．第1は1969年10月のマルク切り上げに至るまでの投機，第2は1971年5月の単独フロート制に移行するまでの投機，第3は1973年3月のブロック・フロート制に移行するまでの投機である．国際的な資金投機は時を経るごとに激しさを増していったが，いずれの時期においても大規模な流動性が市場に注入され，過剰流動性が発生した．したがって，いずれの為替相場の改変ないし制度変更も過剰流動性の解消とインフレ抑制にねらいが置かれた．過剰流動性にもとづくインフレ助長ないし加速が深刻だったからである．第1の通貨投機についてはすでに2.2項において論じたのでここでは第2，第3の通貨投機に関して経済実態の変化と関わらせつつ検討することにしたい．とくに第2，第3の通貨投機は文字どおりブレトン・ウッズ（IMF）体制の最終局面下でのものであるので西ドイツの経済政策の運営をジレンマに陥れる問題であった．

1968年から西ドイツを襲った通貨投機は69年10月のマルク切り上げで一段落し，小康状態を迎えた．しかし，1970年3月までに公定歩合が7％まで引き上げられたこととそうした引き上げにもかかわらず景気減速感が直ちに生まれなかったことでマルク投機が間歇的に現れ，その火種が消えることはなかった．何よりもアメリカ経済の状態が思わしくなく，ちょっとした景気回復が生じると物価上昇のテンポが速まるインフレ体質が執拗でドル信認低下の基本要因となっていた．そのような状況のなかで西ドイツにおいて景気失速が明瞭になっていた1971年に入って再びマルク投機が活発になってきた．この時景気後退を前にして前掲図5-1にみるように公定歩合が引き下げられて金融緩和のスタンスがはっきりしてきていたが，それでもマルク投機が生じたのである．それは1971年に入ってアメリカの貿易収支が20世紀初めての赤字を計上し，とくに前半期には資本収支の赤字を含めて総合的な国際収支が年率で200億ドルという記録的な赤字となることが明瞭となった[34]ことでドル信認の低下が

一段と進行したからである．1971年前半中に巨額の短期資金が西ドイツに流入した．その規模は最初の5ヵ月間で196億マルクにおよんだ[35]．短期資金の流入規模が異例に大きかったので過剰流動性によるインフレ加速に懸念が表明され，「投機しずらいマルク」に変身するために1971年5月に西ドイツはマルクの単独フロート制に移行することになった．1971年8月15日のニクソン・ショックは通貨変動を裏づけた．

ニクソン・ショックはいうまでもなくブレトン・ウッズ（IMF）体制の制度的破綻を示すものであったが，アメリカの国内事情に照らしてみるとドルと金との交換性を一方的に停止したことは国際経済の安定よりも国内経済政策の1国的裁量性をもっぱら優先させるためであった．そして，この基本スタンスはドル信認低下の許容と表裏一体の関係にあった．確かに1969年以来不況とインフレが並存するスタグフレーションに直面したニクソン（Richard Nixon）は新経済政策にもとづく物価と賃金のインフレ・スパイラルの断ち切りを選択した．たとえば，90日間賃金と物価の凍結を骨子とするインフレ抑制政策がそれである．このため当初インフレはかなり制御されることになったが，それ以前の物価暴走のつけは大きかった．そこにはまた，基幹産業としての自動車，鉄鋼，電機産業の国際的な競争力の後退という厳然たる事実があった．製造業の不振が貿易収支の赤字の基本動因であった．

したがって，凍結が解除されれば直接統制で抑え込まれていたインフレ圧力が前面に出てきて賃金と物価のインフレ・スパイラルが再燃し，インフレが高進するのは当然の成り行きであった[36]．これにはむろん，1971年12月におけるスミソニアン体制下での固定相場制の復帰による実質的なドル切り下げが加わる．西ドイツはスミソニアン体制の下で1ドル＝3.225マルクの水準で固定相場制に復帰する．実質的なマルク切り上げであった．ワイダーバンドの固定相場制の採用とはいえ，固定相場制の復帰が意味するのは，アメリカのインフレ高進に対応する各国でのインフレ進行であった．いわゆる調整インフレ政策にほかならない．固定相場制の復帰はこの調整インフレ政策を前提としていたのである．

日本の1972年における過度の金融政策の緩和と日本列島改造論にもとづく積極的な経済運営に示される拡張的な財政金融政策はまさに引き起こされるで

あろう為替調整への懸念から円切り上げを回避しようとする文字どおりの調整インフレ政策であった．当時マルクの国際投機の動きからいって西ドイツにとっても調整インフレ政策の実施に対する圧力は相当強いものであったといわねばならなかった．日本の円以上にマルク為替レートの行方は投機筋の動きと絡んで国際金融問題の焦点となり，西ドイツが為替調整の圧力に晒されるのは必至であった．ドルの過大評価の問題はマルク問題と直結していたのである．

　しかし，西ドイツでは目立ってきた国内インフレの進行を封じ込めることが第１義の政策目標となり，日本とは正反対に1972年後半から緊縮的な財政金融政策が実施に移されることになったのである．とくにブンデスバンクによるインフレ制御のスタンスの強固さから厳格な金融政策が採用されることになった．この結果として，マルクに対するドルの過大評価が強まるほかなかった．必要とされる調整インフレ政策とは逆行する政策が採られたからである．また，そこにはマルクの強さを裏書きするような経済実態面での「堅調」ともいえる条件があった．前掲表5-11にみるように，1972年には賃金上昇と生産性上昇がほぼ見合い，加えてエネルギー価格が若干だが引き下がる好条件があった．賃金政策の温和化（Mäßigung）といわれる事態が生じた[37]．協調行動への一定程度の揺り戻しがみられたといってよい．後にも述べるように，1972年にはそうした条件を背景として輸出主導の景気回復がみられ，経済に暫時力強さが戻った．インフレ抑制に向けた緊縮的な金融政策が再度公定歩合の段階的な引き上げとして具体化し，容易に景気減速に繋がらないような要因が重なりドル信認低下が加速することになった．この落差が投機筋の動きを再び誘発して西ドイツに大量の短期資金が流入した．1972年1月から1973年3月までに278億マルクの巨額の短期資金が市場に入り込んできた[38]．過剰流動性の是正が図られたため預金準備率50％引き上げによる銀行流動性の引き締めが強力に実施に移された[39]．この措置により一応は事態打開が目指された．一応というのは1973年3月の変動相場制移行にみられるように過剰流動性の圧力は依然として強く，「投機しずらいマルク」への再変身が不可避となるからである．1973年3月1日には75億マルクにのぼる巨額の短期資金が流入し，為替市場が閉鎖される[40]．短期資金の流入規模は異常に大きく，為替市場再開後ブロック・フロート制が採用されるのである．

3.3 インフレの持続と経済停滞の表面化

　1970年代初頭における卸売物価，消費者物価の上昇は大きな問題となった．1971年初めにおけるスタグフレーション的状況の出現に続く同年末の「物価騰貴と不況」[41] は一大問題となった．というのも，物価上昇率3％台以内に保つというのが戦後西ドイツ政府の政権維持にとって不可欠な課題となっており，この時の物価上昇率はその前提を覆すものだったからである．西ドイツ経済のインフレを論じる場合，議論が往々にして国際比較の観点からなされ，そこでは西ドイツ経済のインフレが国際的に低位であった事実から問題視されないことになっているが，上に述べた政策的争点を顧みる時，許容水準を超えていたことは西ドイツ経済史の文脈において把握されねばならない．実際，先に指摘した西ドイツ経済のスタグフレーション的状況に着目すれば，西ドイツのインフレは決して軽視されてはならない問題性を秘めていたと考えなければならない．多くの西ドイツ経済の分析がこの点を正面から捉えているとは言い難いのが研究史の現状であった．

　この問題を考慮する場合，労働コストの安定性がまず問われなければならない．この点は前章において言及し，本章でも基礎条件の喪失として指摘してきたことなので，その延長線上に労働コストの安定性が失われたことが1970年代初頭における経済不振の主因であることが導かれよう．労働コストの安定性は1度1965年までに損なわれていたが，協調行動により一旦は復元された．そして，その反動としての不安定性は先に指摘したように1969年秋以降に一挙に噴出した．労働コストの不安定性には19世紀末的発展要素の強固さによる規模の利益追求の設備投資が選択的であったためにもたらされた側面があるが，総合的に判断すれば，1970年に入って労働の高コスト化を招いた要因としては，①超完全雇用状態に起因する賃金上昇圧力，②協調行動後の賃金の目減りに対する労働側の不満による賃金引き上げ圧力の強まり，③社会国家的な政策目標の追求を通じた俸給以外での付加給付（フリンジ・ベネフィット）の充実，の3つが考えられる．この3つが合体して労働コストの上昇に繋がった．かつての穏健な賃金政策にもとづく「控え目な」労働コストからの大幅な逸脱が生じて企業収益率が低落したのである．ここに1966年秋の需要減退が微弱ではあるものの価格引き下げに繋がったのに対し，1971年秋の停滞現象は価

格上昇の中断に繋がらなかった[42)]根拠がある.

①の要因は自明のことなので説明は不要であろう. ②は協調行動の瓦解に象徴されるそれまでの安定した労使関係の深い動揺と景気回復過程において再度明瞭になった外国人労働者の雇用増はいずれも1970年代に入って労働生産性上昇鈍化の問題を生み出した. 外国人労働者の急激な雇用吸収はバッファ要因の消失として作用するので全般的な賃金上昇圧力(インフレ圧力)になるとともに労使関係の緊張は労働組合の交渉力の強化を介して賃金高騰をもたらした. この時期産業界も労働側も「抑制」という言葉を失ったのである. 1970年代に入って直ちに露呈されたのは, 以上の問題状況であった. その帰結が早期のスタグフレーション現象であったことはいうまでもない. ③はすでに指摘したように, 自動車産業の労働者にとくに該当する問題である. 繰り返しになるが, 西ドイツの自動車産業の労働者は高い賃金を支払われるうえに手厚いフリンジ・ベネフィットを支給され, フォルクスワーゲン社に代表されるように, 労働コストの水準は際立って高い. 自動車産業の労働者のこうした状況は西ドイツ労働者の象徴的存在であった. フリンジ・ベネフィットの充実は戦後社会保障の成果であるが, 労働コストの高まりを増幅するものとなった. 1970年代までにこのような状況が一般化するのは, 中産層福祉国家の実現を意味するものであるが, 西ドイツ経済の資本蓄積システムの難点を生み出すことになったことは疑いない. すなわち, ブーム民主主義の下での福祉国家の「爆発的成長」(das explosionartige Wachstum) が労働の高コスト化に繋がったのである[43)].

以上の問題が生産コスト増の原因となり, 物価上昇と経済停滞の引き金になるのであるが, それだけにインフレ制御が経済政策の重大な争点となった. 物価安定ないしインフレ制御というのはいうまでもなく金融政策の本来的な目標であるが, この目標へのこだわりはとくにブンデスバンクの場合には至上課題となっていた. 実際, この課題は通貨価値の安定化の法的規定を介して厳格な規制下にあった[44)]. 景気安定化に向けて金融政策が常に主導的役割を占めてきたのはこのためである. 金融政策はこの結果として実物経済指標に感応的で民間の実物経済活動の動きに能動的であった. すでに論じたように, このような金融政策は予想以上のスピードで増大していった国際収支黒字に起因する対外不均衡是正の課題に直面しながらブレトン・ウッズ (IMF) 体制が動揺をき

たすなかで深刻なジレンマに陥ることになったが，このジレンマはブロック・フロート制の採用にもとづくドルに対するマルクの増価により解除され，インフレ制御に目標を定めることになった．西ドイツ経済が第一次石油危機を「成功裡に乗り切った」と評価される理由の一端はここにある．

4　1974/75年不況とスタグフレーション問題

4.1　石油危機と1974/75年不況

　1971年にスタグフレーション状況に陥った西ドイツ経済は1972年から1973年にかけて輸出主導の景気拡張をみた．景気拡張は1973年5月にピークを迎える[45]．1972年後半から生じた輸出需要の盛り上がりはおよそ1年も続き，国内投資の相対的な伸び悩みを緩和する役割を果たした．これにより経済運営において苦境に陥っていたSPDは繰り上げられた11月19日の連邦議会選挙において得票率45.8％を確保して第1党の座を占め，引き続きSPD首班政権を組閣した．前掲表5-2にみるように，輸出入の拡大は1974年までずれ込んで表面的には好況的状況が出現していた——ただし，輸入額の膨らみはエネルギー価格の高騰による支払いが大きい——が，生産性の上昇を凌駕する賃金上昇[46]が前掲表5-3にみる卸売物価上昇の引き金になり，消費者物価上昇と合わせインフレ傾向が一段と鮮明になった．

　1973年に前年比6.9％増と勢いを取り戻したかにみえる鉱工業生産指数は貿易動向にもかかわらず1974年にはマイナス1.8％となり，景気の減速は明白になっていた．1974年には失業者数も58万人強にのぼり，就業者数に占める比率は2.6％となって（前掲表5-9を参照）1967年の不況のボトム時を超えるような水準を示していた．1974年には外国人労働者，ドイツ人の雇用はそれぞれ前年比マイナスとなり，西ドイツ経済の苦境が投影されていた．こうした経済不振を受けて1974年には設備投資が前年比マイナス12.9％と記録的な落ち込みをみせ，輸出拡大では到底カバーされえないような経済の収縮が起きた．

　ここには1973年に生じたエネルギー価格の急騰という歴史的な変化が横たわっている．前掲表5-11にみられるように，1974年を境に優に60％を上回ってエネルギー価格が引き上がり，安いエネルギー価格という条件は根本的に変

わったのである．これはいわゆる1973年10月の第一次石油危機にほかならないが，供給サイドの困難が別のドラスティックなかたちで露呈された．1970年代初頭には西ドイツ経済の高コスト構造がまず労働コストの急騰を通じて明らかにされ，企業利潤率の低下が導かれた．このことが企業投資の反転縮小を引き起こし，労働コストの上昇によるインフレ高進と重なって西ドイツ経済にスタグフレーション的状況を与えた．スミソニアン体制下での為替調整の帰結として世界的な総需要拡大政策が採られたことによる景気拡大を通じて輸出拡大が投資の反転縮小をなおも緩和させたが，石油危機は高コスト構造を決定的にし，企業利潤率の急激な圧縮と企業投資の予想収益の悪化といった極めて困難な状況が現出したのである．資本分配率の低下による収益性の危機といわれる理由である[47]．連続的なスタグフレーションの蓄積困難が露呈されたわけである．このような状況のなかで次第にブラント首相ではこの経済問題を乗り切れぬとの認識がもたれてきた[48]．SPDの政権担当能力に対する重大な不信が拡がったのである．

このような国内経済の急激な冷え込みを如実に反映して乗用車需要が極度に低迷し，その結果として乗用車生産台数は1974年には前年比マイナス22.0％と1967年の低落を上回った（前掲表5-7を参照）．停滞基調が強いながらも350-360万台を維持していた水準は300万台を大きく割り込んで280万台にまで落ち込んだ．卸売物価，消費者物価ともそれまでにみられなかったような上昇がみられ，1971年に早期に現れていたスタグフレーションが西ドイツ経済に関するかぎり極限状況を迎える問題性を浮き彫りにした．卸売物価の上昇が消費者物価の上昇を凌駕し，蓄積困難が端的に窺われた．1974/75年不況の発生である．

この点をより立ち入ると，1974/75年不況時においては卸売物価の上昇率が消費者物価の上昇率を上回るというそれまでとは異なる事態が発生した（前掲表5-3，5-5を参照）．これまでは消費者物価の上昇が先行し，卸売物価の上昇は相対的に緩やかであった．インフレ的好況のなかで消費需要の盛り上がりが消費者物価を絶えず押し上げていたと推測される．1974/75年不況においては国内景気の引き締めが消費需要の大幅な減退を誘発し，消費者物価の上昇に高止まり感を与えた．こうした需要サイドのインフレ圧力の相対的な後退に対し，

供給サイドのインフレ圧力がこの段階において前面に現れ，それが卸売物価の急騰に帰着したのである．こうして，投資環境は鋭利に悪化し，GDP 成長率を 1966/67 年不況時よりもさらにマイナスに押し下げる要因となった．

　卸売物価の上昇がエネルギー価格の高騰を真っ先に受けたものであることは明らかである．西ドイツ経済の高成長を支えていた安価なエネルギー価格という基礎条件が明確に過去のものとなったのである．1974 年 2 月には公務員労組が旗振り役となって 2 桁の賃金引き上げがなされ，エネルギー価格の高騰の変化がそれに重なってきたのであるから，この点からいっても卸売物価の上昇は当然であった．賃金の 2 桁引き上げは穏和な賃金水準を主張するブラントの個人的な敗北といわれた[49]．スパイ事件を直接のきっかけにブラントは 1974 年 5 月に首相を辞任するが，背後には以上の経済問題の行き詰まりがあった．

　しかし，前掲表 5-3 と 5-11 から判断して卸売物価の上昇率が 2 桁である 13.0％にとどまっている事実は卸売物価の上昇では生産コストの急激な上昇を吸収できない点を示しており，不十分な物価への転嫁を表していた．このつけが国内投資収益率のさらなる悪化に繋がるものであったことは明らかであろう．先に指摘した 1974 年における設備投資の異常な収縮はこの面から理解される．企業の投資期待感に決定的な影響をおよぼすビジネス・コンフィデンスは極度に低下したと考えてよい．

　1975 年に入ると事態はさらに悪化の度合を深める．鉱工業生産指数はマイナス 5.4％となって前年マイナス幅を凌駕する低水準に推移した（前掲表 5-1 を参照）．実質 GDP 成長率は前年のゼロ成長にかぎりなく近い超小幅な水準に続いてマイナス 1.6％を記録した（前掲図 5-1 を参照）．これは 1966/67 年不況より深く西ドイツ経済が水面下に没することを意味した．1974 年末における経済諮問委員会の景気予測では実質 GDP2％の成長率が見込まれていたが，この予測は悪い方向で覆った[50]．失業者数は 1973 年第 4 四半期から増え出してから[51] 1975 年にはついに前年比倍増して 100 万人の大台を超え，就業者人口比率では 4.7％に達した（前掲表 5-9 を参照）．外国人労働者，ドイツ人の対前年比雇用の縮小は大幅であった．とくに外国人労働者は 1966/67 年不況時と異なって帰国しなかったためドイツ人よりも雇用縮小幅が大きかった．投資の急激な収縮と鉱工業生産の低落は雇用者数の下方調整圧力を一挙に強めたといっ

てよい．前掲表 5-8 にみる生産能力利用度の低下と失業者の増大が並行して現れた．この結果，失業率は前回の 1966/67 年不況時よりもはるかに鋭く引き上がった．この事実は西ドイツ経済の場合，生産水準に即して比較的速やかに雇用調整がなされたことを示す．とくに外国人労働者の排除圧力が 1968, 69 年ブームにもとづく吸収の反動として加わり，100 万人を超える戦後では記録的な失業者数が現実のものとなった．

また貿易動向から理解されるように，世界的同時不況のあおりを受けて輸出がマイナス成長となり，輸入も内需不振を反映して伸び悩んだ．ここにはエネルギー支払い分の下方硬直性が横たわっていると考えられるが，その伸び悩みは経済不振を照らし出している．乗用車生産台数の回復が微弱にとどまっているのも経済不振を裏づけている．そしてそれまでやや不規則な動きをみせ，景気動向を反映しないような増加を示していた粗鋼生産は支えとなっていた共産圏への輸出では国内需要の冷え込みを相殺できず，1975 年には前年比マイナス 24.1％と異常に縮小し，5300 万メトリックトン台から 4000 万メトリックトン強に激落した（前掲表 5-6 を参照）．その後停滞産業としての性格を示していくことは前掲表 5-6 にみるとおりである．エネルギー多消費産業としての限界が画され，構造的不況業種としての特質が現れているといえよう．

なお，設備投資も 1975 年には前年比 9.9％の落ち込みがあり，2 年続けて大幅なマイナスとなった．1974/75 年不況の厳しさは一目瞭然である．世界的同時不況という共通性があるとはいえ，そこにはやはり 5 節で後述するような西ドイツ経済に特有の経済沈滞が現出しており，以上の特質に注目する必要がある．前掲表 5-8 にみるように，生産能力利用度も 1966/67 年不況時の水準以下に低落した．この不況圧力は 1970 年までの好況にもとづく資本形成を経ているだけに 1966/67 年不況より深刻だったといって間違いない．

このように，1975 年のマクロ経済実績はいずれの経済指標をみても落ち込んでおり，1950 年代初め以来最も悪い内容となった[52]．1974/75 年不況全体で考えれば，その経済実績は大恐慌以降でみても最悪となった．戦後最も重篤な不況（die schwerste Rezession）と形容される理由である[53]．ただし，卸売物価水準は前年比から劇的に引き下がり，消費者物価水準も微減をみせてインフレ傾向が峠を過ぎたことが理解される．これは確かに石油価格の高騰よりもずっ

と以前に採られていた緊縮的な財政金融政策が功を奏した結果であるが，投資収益率の低下が持続することの代償でもある．雇用調整の急速なスピードも代償の一角を形成する．インフレ傾向が収まってきたもうひとつの要因は労働組合側から穏健な賃金政策が出されてきた事実である．1975年には金属労働組合が賃金交渉活動を穏和化させる[54]．こうした賃金抑制政策により1970年代初めに喪失した賃金の伸縮性への揺り戻しがみられるが，これは大規模な雇用調整に起因するものであろう．

1974/75年不況が1966/67年不況と異なり投資需要の不足から生まれたのではなく，労働コストとエネルギーコストの複合的な高騰によりもたらされた供給側の蓄積困難であったことは疑いないところであろう．そして，その背後にはこの複合的な蓄積条件の変化に対する西ドイツ産業構造の陳腐化の問題がある．1974/75年不況を境にして総体的誘導政策が需要管理政策の側面を有しながら，供給条件の中期的な改善に力点を置いていく[55]のは根拠があったのである．

4.2　スタグフレーションの緩和と西ドイツ経済の混迷

失業率とインフレ率の総和でスタグフレーション度が測られるとすれば，西ドイツ経済のスタグフレーションは1974/75年不況においても国際的にみて相対的に穏やかだった．調整インフレ政策をおおがかりに展開した日本経済が「狂乱物価」といわれる極端なインフレ率に悩み，失業はさほど深刻ではなかったものの，失業率とインフレ率の総和で激しいスタグフレーションに見舞われたのとは対照的であった．調整インフレ政策を展開せずに早くから緊縮的な財政金融政策を採用してきた西ドイツではインフレ率は相対的に穏和だったのである．西ドイツ経済が第一次石油危機を成功裡に乗り切ったとする議論は以上の理由によるものであった．

しかし，それだけでは事は済まない．というのも，1974/75年不況において大規模で速やかな雇用調整がなされた事実は西ドイツの完全雇用政策が破綻したことを意味するだけでなく，大量失業が第二次石油危機後に先駆けて深刻な経済問題になった点からみても重大な争点を西ドイツ経済に投げかけるものとなったからである．3.1項においても言及したように，1974/75年不況にもと

づく鋭い景気後退のなかで特筆されるのは，失業者の急増であった．すなわち，鉱工業生産の収縮に伴って雇用の可変的調整メカニズムが働き，各種生産コスト増による供給サイドの困難のつけが失業者の急増として現れたのである．利潤率の低落と投資の停滞，生産の後退は手っ取り早く人件費の削減として調整され，厳しい労働力排除圧力が経済に加えられたのである．

これまでの高成長の時代には安定した労使関係が形成されてきたが，1974/75年不況においてはそうした事情とは相容れない急テンポでの大型の雇用調整がおこなわれた．労働コストおよびエネルギーコストの高騰による利潤率の圧縮が退職待ちといったような受動的な雇用調整に甘んじることを許容しなかったといってよい．長期にわたる細々とした雇用調整に委ねることを断念させるような圧力がかかった．その結果が100万人を超える規模での大量失業問題に帰着したのである．

主として製造業においてなされた雇用調整の可変性が西ドイツ経済の特質であった．むろん，雇用調整だけが一方的になされたわけではない．1974/75年不況においては電機産業を中心に失業者が増大しただけでなく，化学産業や鉄鋼業を始めとして操業短縮労働者も急増しているのである[56]．すなわち，人員削減のみならず操業短縮にもとづく労働時間の調整が同時進行的になされたのである．操業短縮労働者の急増は労働時間の調整による雇用調整の最小化の努力がおこなわれたことを示すといってよいが，そうしたジョブ・シェアリングの考え方の浸透にもかかわらず，失業者が急増した事実は労働力排除圧力が1974/75年不況においていかに激しいものであったかを明示している．

これは賃金調整がなお非弾力的であったことの代償である．1970年において賃金爆発現象と呼ばれる賃金の高騰は賃金の伸縮性に根本的な制約がかかったことを意味した．賃金の伸縮性は劇的に後退した．1971年におけるスタグフレーション的問題状況はこの難点を背景にしたものであった．すなわち，かつて協調行動において重要性を認識された賃金調整は物価上昇のあおりを受けて短期間のうちに頓挫したが，その帰結が賃金の新たな下方硬直性であった．前掲表5-11にみるように，1970年に入って実質賃金水準は新たな次元に達し，西ドイツの労働者の賃金がアメリカの労働者のそれを凌駕して世界トップの水準となるような下地が形成されてくるのである．実際には3.1項で論じたよう

に，賃金の硬直性が国内景気低迷につながり，石油危機によりさらに国内景気が冷え込む事態になって1975年に賃金調整の重要性が再認識され，労働組合側から賃金引き上げ自粛が打ち出されてくるが，これは賃金の伸縮性に完全に回帰しようとするものではなかった．スタグフレーションを緩和させる役割を果たすことになったものの，部分的な調整でしかなかった．安価な労働力の時代にはもはや戻りようはなかったのである．

このように，西ドイツ経済の成長余力の喪失を示す代表的な経済指標は1974/75年不況を一大分岐点とする失業率の急上昇とその下方硬直性である（前掲表5-9を参照）．これはむろん第6章で示すように，1980年代に入っての200万人を優に超える失業者数からすれば深刻の度合が相対的に浅かったことを示すものだが，西ドイツ経済が直面する問題性を先行的に暗示していた．それは西ドイツ経済がもはや「奇跡の子」ではなくなった証しとして労働力吸収的な経済拡張が遠い過去になったことを告げ知らせた．100万人を超える失業者数の存在は雇用調整が不可欠になった経済の問題状況を端的に浮き彫りにした．その意味でも西ドイツ経済が「模範の子」（Musterknabe）でもなくなった苦境が投影されてもいたのである．雇用調整や労働時間の調整と賃金調整が必ずしも連動しなくなった新局面が訪れた．

いうまでもなく，1974/75年不況は労働コストとエネルギーコストの複合的な高騰による蓄積条件の悪化の所産であったが，そこに潜む難問はこの2つの条件に不適合になった西ドイツ産業構造の陳腐化の問題であった．「経済の奇跡」を成功に導いた蓄積システムの歴史的限界にほかならない．問題の核心は供給サイドにある以上，総体的誘導政策にもとづく需要管理政策によって解決するようなものではなかったのである．単なる需要喚起政策で埋め切れぬ問題状況が露呈されていた．高コスト構造にもとづく産業構造の転換といった厳しい調整局面が立ちはだかることになった．このような状況では従来の議論のようにインフレが国際的にみて低位であったからといって投資に対するビジネス・コンフィデンスが回復するようには働かないといってよい．

その点に照らしてみると，1974/75年不況が浮き彫りにした西ドイツ経済の「変調」という問題性は旧来の総体的誘導政策により事態打開を図ったり，経済の構造変化を度外視してインフレ許容国の総需要拡大政策がもたらす一時的

な景気拡大要因に期待するには無理があったといわねばならない．そもそもこの一時的な景気拡大要因でさえ，結局はインフレ許容国の国際収支の悪化やスタグフレーションが呼び起こされることにより西ドイツ経済に対する外需不振を介してEC経済全体の経済的混迷に繋がっていった点からみて問題があった．新たな社会経済条件に適合的な蓄積システムの総体に関する先進的な処方箋が政策的デザインとして問われていたのである．

その意味においてスタグフレーションは西ドイツでは緩和したものの，西ドイツの経済的混迷は深刻だったといえよう．それはすなわち，SPD首班内閣の政権担当能力への不信として現れてくる．ブラントの後継首相であったシュミット（Helmut Schmidt）政権の求心力の低下は否定できないものとなっていく．そのことを示すように，インフレ鎮静化の後に需要管理から供給側の中長期的な改善に政策運営の力点がシフトしていき，総体的誘導政策それ自体が空洞化していくのである．すでにこれまで説明してきたように，ブンデスバンクのインフレファイターとしての基本スタンスから物価安定を目指す景気安定化政策では金融政策が主導的役割を占め，財政政策は総体的誘導政策の導入にもかかわらず脇役的存在にとどめられた．それは総体的誘導政策が1966/67年不況の影響下で景気回復を図る需要補填にバイアスがかかっていたからである．

問題の焦点は西ドイツ経済省の委託による構造調査報告書が指摘する投資不足（eine Investitionslücke）と5節で取り上げる機械産業などの国際競争力の低下に移っていく[57]．そうしたなかで社会的市場経済の政策理念である市場調整能力への信条への回帰が浮上し，SPD首班内閣は選択性の幅の狭い経済運営を迫られる．確かにSPD首班内閣の下でスタグフレーションの決定的構造化を免れたことは国際的にみた場合，経済運営の「成功」を示すものであるが，西ドイツ経済が「奇跡の子」であることを過去のものとした蓄積システムの限界に目を向けなければならない．これまでの議論に欠けていたのはこの論点であった．

5　西ドイツ経済の構造的問題と変調の兆し

5.1　西ドイツ経済の蓄積システムの歴史的特質と限界

　戦後西ドイツ経済の「経済の奇跡」は19世紀末から20世紀初頭に花開いた鉄鋼，化学，電気機械産業に自動車産業を加えた産業基盤にもとづいていた．自動車産業も元を辿ればこの第二次産業革命期に登場した産業である．とすれば，西ドイツ経済は第二次産業革命的な発展要素を色濃く維持し，この「過去の蓄積」のうえに経済の奇跡といわれる高成長が実現したといってよい．したがって，1950年代における西ドイツ経済の成功体験は単に「過去の蓄積」により導かれただけでなく，産業構造的にこの19世紀末的発展要素をかえって強固にしたといって差し支えなかろう．石油危機は西ドイツ経済における石炭産業の比重を温存させるように作用したと考えられるから，以上の点はますます重要性を帯びてくる．このようにみれば，戦後西ドイツ経済は発展軌道に乗る「強み」を有していたことになる．

　むろん，これだけではない．西ドイツ経済は19世紀末の第二次産業革命的な発展要素に模倣型のアメリカ的技術の導入という20世紀的な発展要素を融合した産業基盤を拡充させつつ，当時世界最大の成長性を示したEECの共同市場といった対外的な要因により輻輳されながら発展してきた．これが「経済の奇跡」の核心的な内容であることはいうまでもないが，1960年代にまで続く「高成長」を後押ししてきた．そして，このような産業基盤にもとづく発展は著しく労働力吸収的な性質を帯びていた．総体として労働集約的な経済成長だったのである．つまり，1950年代の「経済の奇跡」とその余波のもとにある1960年代における西ドイツ経済の発展軌跡の中心的内容はEECの共同市場にもとづく「ヨーロピアナイゼーション」をもう一方のバネとしながら第二次産業革命の新成長産業が資本蓄積を牽引してきた点にある．ベルクハーン（Volker R. Berghahn）はこの局面を第二次産業革命の拡張的な産業がルールの重工業に対する優位性獲得の戦間期に次ぐ第2の試みと位置づけ，それに成功した歴史との評価を下している[58]．

　関税同盟の形成に向けた「共同市場」を背景とした水平的な貿易関係の急テ

ンポでの成長性を通じて西ドイツ経済は発展軌跡にはずみをつけ，なおも輸出拡大を牽引力とする拡張を持続した．この結果，20世紀のアメリカ的な発展要素を代表する量産化に選択性を賦与する19世紀末的発展要素は成功の裏書きを与えられて強い命脈を保つ余地が広がった．電気機械産業におけるドイツ的要素とアメリカ的要素の混合がジーメンス社の事例に即して語られ[59]，フォルクスワーゲン社の事例に沿ってアメリカ的なマーケティング戦略の展開とビートル車販売にみられるドイツ側からのアメリカ化の「選択的なアプローチ」(a selective approach) が強調される[60]わけである．一方的なアメリカ化の受容ではなかった．

19世紀末的発展要素はなお陳腐化のスピードが緩慢だったうえにアメリカ的な量産要素が加わったために一段と陳腐化のテンポが鈍り，輸出と設備投資の盛り上がりによる経済成長の牽引車となった．しかし，アメリカ的量産要素の徹底が可能にする労働節約的な性格は19世紀末的発展要素の強さに応じて弱くなり，熟練労働力吸収的性向を有する相対的な労働集約性とエネルギー非効率性は残った．良質労働力の安定した確保と西ドイツにとっての「保護された市場」[61]としてのEEC市場の存在は，そのような潜在的な困難を後景に退かせて西ドイツ経済の高成長をもたらしてきた．電気機械，一般機械，化学工業の復活と自動車産業の本格的な興隆は単なる歴史の繰り返しではなく，自前の高い技術力を前提としたアメリカ的技術の援用によって生産技術的な合理化を推し進めた．

たとえば，BASF，バイエル，ヘキストの3大企業は「西ドイツに残された技術的遺産」を活用するために積極的な競争投資を展開して石炭化学から石油化学に移行し，「伝統的な競争力が維持されるとともに新たな競争力が創出されることにつながった」[62]．化学産業ではアメリカ・モデルがゆっくりとドイツ・モデルにとって代わったが，完全にアメリカ化されたわけではなく，技術変化に対するアプローチは1945年以前のそれと核心的特質を共有していたうえに1950年代，1960年代初めにおける石油化学産業の発展は漸進的な新技術の実践に力点を置きながらも，一般的なドイツの技術的伝統を反映していたのである[63]．

また，経済の奇跡は「工業の奇跡」(Industriewunder) で技術革新なしの例

をみない工業拡張であって伝統的な技術を基盤とした高い工業生産性を実現し，第一次大戦前の構造変化の延長線上に流れ作業の規格化の未熟な進展や職業専門的な労働に依拠した労働・生産組織に依拠し，1960年代，1970年代の工作機械工場においては「巧みな手工業者の砦」(Festung geschickter Handwerker) といった趣きがなおも維持されていた[64]．ドイツ機械製造業は世紀転換期あたりに高速特殊機械や精密機械ではアメリカの競争から学習する経験をし，アメリカの技術を自前の伝統に統合して狭く複雑なヨーロッパ市場に適応させたが，第二次大戦後には量産化でアメリカに遅れをとったものの，アメリカ機械産業を出し抜いてヨーロッパ市場に進出した[65]．

ドイツ電気機械産業は19世紀末の「強電革命」(die Starkstrom-Revolution) を受けて興隆することになるが，戦後消費財革命 (die Konsumergüter-Revolution) とともに復活・発展する．そこでは大量生産モデルの浸透は第2帝政期に登場した投資財生産モデルを犠牲にするものではなく，新しいものと古いものが並存して発展したのに加えて細分化された流れ作業における熟練の専門的な労働の伝統的な路線が存続した．大量生産の浸透は伝統的な生産領域への反作用を随伴していた．ドイツ電気機械産業における大量生産とテイラー主義の成功は細分化された流れ作業を「消滅モデル」(Auslaufmodell) とはせず，1970年代までを通じて消費財生産（弱電）と投資財生産（強電）におけるプラスのシナジー効果が働く相互促進的なフィード・バック関係が存在した．この場合，「伝統的」というレッテルは欠点ではなく，強電技術を生かして国内需要および輸出需要を拡張することに貢献した．第2帝政期に大工業の技術基盤を形成した強電部門は1960，1970年代においても制度疲労現象 (Ermüdungserscheinung) を示さなかったのである[66]．

このように，ドイツの「社会的生産システム」における制度編成は第一次大戦前に築かれた発展経路 (a path of development) に即して整った結果，工作機械，自動車，化学製品ならびに多くの伝統的な19世紀的な工業製品の競争に秀でてきた[67]．20世紀のドイツ経済は19世紀末から20世紀初頭にかけて方向づけられた社会生産システムの下で「経済の奇跡」を体験し，そこでは市場の国際化と生産過程における科学的方法・理念の国際的なパイオニアの位置づけに裏づけられた19世紀末的枠組みが生かされて古いものではあっても魅力

的な生産体制が構築された[68]．この延長線上に「柔軟な自動化生産体制：柔軟な製造システム」（Flexible Automation：Flexible Manufacturing System，以下FMS）の今日的な時代において多品種大量生産（diversified quality mass production）の日本に対して高コスト構造の背景もあり多品種高品質生産（diversified quality production）に力点を置く生産システムが形成されてきたという[69]．

カメラ，ハイファイセット，重機械，化学製品，最高の鋏・レンズ，工作機械の輸出によるマルクの国際通貨としての地位向上は逆説的にだが西ドイツの技術基盤が100年間変化していないことにあり，19世紀の技術革命の一部を温存していたとする[70]指摘は妥当性を有しているといってよい．むしろ，19世紀末の第二次産業革命的な発展要素がアメリカ的な発展要素と結びついて経済の奇跡を生み出し，「保護された市場」としての共同市場による希薄化された競争秩序の下で過去の伝統的な蓄積システムが有効に働くことになったのである．ホリングスワース（Joseph R. Hollingsworth）は西ドイツがアメリカ化したとの誤った結論を導いたとしてベルクハーンなどの研究者を批判する[71]が，この批判は根拠のないことではなく，問題提起的な論点を提示していると考えることができよう．要するに，戦後西ドイツ経済の成功は競争的な価格—品質比率を有するものの，相対的に高価格製品を生産するこれまで述べた伝統的産業における中位技術商品（moderate technology product）の競争優位に依拠していた[72]．西ドイツ経済は19世紀末には先進的な技術商品となった機械類，化学品の輸出に高度に傾斜してきたが，洗練された顧客向けの高品質で，いまでは中位技術（medium-tech）となったあつらえ製品の輸出に特化する特質を帯びていたのである[73]．

それはともあれ，自動車産業をも含めて電気機械産業や化学産業の発展にみられる「第二次産業革命」産業の経済的飛躍が西ドイツ経済の高成長に大きく貢献したものと考えてよい．19世紀末的発展要素が西ドイツ経済の復興・発展に寄与したことは間違いない．この成功体験が19世紀末的発展要素を強固に維持・温存させていくことも自明であろう．成功体験はその性格からして産業構造の変化を促進しないからである．それは確実に技術革新阻害要因となる．事実，関税同盟次元の経済統合の限界が域内貿易依存度の頭打ちと同時に第一次石油危機を契機とした経済ナショナリズムの強化として現れてくるにしたが

って19世紀末的発展要素に規定された量産化の選択的受容の問題が技術革新の不徹底，労働生産性の鈍化，ナショナル・チャンピオン構造の硬直化，需要変動へのスピードに対する立ち遅れとして集中的に発現することになる．FMSは量産化の徹底を突き抜けた結果としての新たな生産システムの刷新として登場するからである．良質労働力の安定した確保が困難になってきた点も重大である．「経済の奇跡」の成功体験は将来を見据えた革新的変化を鈍らせると同時に内在的な労働集約性の限界を浮かび上がらせる．

　安価なエネルギーもまた，過去の成功体験の支柱であった．ドイツの従来の機械工学は石油が安価であった時代には有利であったが，エネルギーコストが高騰すれば蓄積制約条件となる[74]．労働コストの上昇と合わせエネルギーコストの上昇は19世紀末的発展要素を強固に温存させた蓄積システムに歴史的限界を与える．「経済の奇跡」を可能にした技術基盤は陳腐化した[75]．かつての資本蓄積体制の強さはここで19世紀末的発展要素の硬直的温存を介して脆弱性に転化することになった．将来にわたって西ドイツ経済の発展的基礎をなすとされた「強み」は1970年代前半には明確に「過去の成功」と化したのである．

　たとえば，経済の奇跡の時代には自動車，電気機械，一般機械，精密機械といった西ドイツ機械産業は品質競争力を前面に押し出す西ドイツ経済の「お家芸」であった．労働組合の穏健な賃金政策が補完的に西ドイツ機械産業の競争力を支えていたことも間違いない．だが，1970年代には従来の機械工学にこだわる西ドイツ機械産業の地位低下がはっきりする．そうした地位後退の顕著な西ドイツ機械産業にとって代わって国際的なリーダーとなったのが日本の機械産業であり，コンピュータ数値制御（Computerized Numerical Control）やコンピュータ支援設計（Computer Aided Design）を先進的に取り込んで日本経済のお家芸といわれるほどに国際的評価を高める[76]．マイクロ・コンピュータによる自動化に関する格差が一挙に拡大するのである．

　こうした事実から理解されるように，西ドイツ経済において過去の成功が将来にわたる「弱み」として露呈されるにしたがって「総体的誘導政策」と形容される需要管理政策の方向性との不整合性が際立ってくる．弱みの克服は生産体制の再構築による生産スピードの高まりと需要変動への伸縮的な対応を要請

し，過去の成功を創造的に改廃する産業構造の転換を不可避とするから，需要管理政策とは結びつかない．求められているのは単なる景気回復ではなかった．1974/75年不況後の緩慢な景気回復は以上の脈絡において理解されねばならない．そうした問題点をなおざりにしてもっぱらEC経済の停滞にもとづく緩慢さを原因とみなすとした場合には西ドイツ経済が直面した困難の本質に肉迫することにはならないであろう．賃金爆発と石油危機は西ドイツ経済の成功が歴史的限界に達したことを告知したのである．それは19世紀末的発展要素を過去の負債として清算することを要請するものとしての限界であった．省エネ，省力化が要請するFMSの技術革新は一方では旧来の技能形成のあり方を一新させ，他方では新たな需要変動とそのスピードの加速を促し，戦後西ドイツ経済発展モデルは明確に時代不適合となっていたのである．

5.2　西ドイツ経済の構造的問題と成長の閉塞

　戦後西ドイツ経済の復活は19世紀末に登場した第二次産業革命を代表する産業において蓄積された簡単には移転できないノウハウに由来する「メイド・イン・ジャーマニー」の国際的定評を背景として電気機械，一般機械，工作機械，輸送機械，化学産業の輸出拡大にもとづいていた．またこの時期にはアメリカ的な技術導入の援用により生産のスピードが高まっており，国際的定評にもとづく旺盛な需要にスムーズに対処しえた．逆からみれば，これはこの時期には需要変動のスピードが後の情報通信技術の普及時と異なって速くなく，ドイツ製品に対する戦前からの国際的定評が揺らぐことはなかったことを意味している．この場合，すでに指摘したとおりドイツ製品は必ずしも先端的技術を生かした先進的な商品というわけではなく，その中庸に位置する中位技術商品的性格が濃厚であった．需要変動の緩慢さが国際的定評の再定着に結びついたのである．

　ヨーロッパ近隣国を中心とする需要家は西ドイツ経済の復興と発展を待っていてくれた．国際的定評にはむろん，熟練労働者の安価な供給が総体として潤沢で高い労働生産性が確保され，加えて安定した労使関係のもとで温和な賃金政策が展開されたことも大きい．この温和な賃金政策は経済的成功に裏打ちされてフリンジ・ベネフィットの手厚い給付により補完され，個人消費の拡大を

可能にした.アメリカ的な技術を採り入れながらも19世紀末的発展要素を生かして経済の奇跡が達成されたわけである.戦前の姿の完全な再現というわけではないにせよ,上述の有利な条件に支えられつつ在来型産業が明確に蘇える蓄積体制,すなわちドイツ・モデルが再構築されたのである.この意味において「メイド・イン・ジャーマニー」は西ドイツ経済の「効率的な産業システム」を象徴していた[77].この特徴づけから窺えるように,西ドイツの主軸産業が相対的に労働集約的な構造を持ち,発展の余地が拡大すればするほど労働力吸収的となっていったのには実体的な根拠があった.1960年代の初めには早くも超完全雇用状態が現れるのはこうした事情に起因していた.

このような国際的な定評が西ドイツ経済の復活に繋がったが,アメリカ的な技術の導入も欠かせなかった.すでに19世紀末から20世紀初頭にかけての時期以来ドイツはアメリカ的テクノロジーの先端性を学習してきた.このためドイツは「ヨーロッパのヤンキー」(die Yankees von Europa)[78]と形容されたほどである.しかし,外見的には普遍性を帯びたかにみえるこうしたアメリカナイゼーションに自らの独自性を対置させ,ドイツ固有の技術的伝統を折衷させてきたのが実際的内容であった.電気機械産業や化学産業にみられる第一次大戦前におけるドイツの対等性ないし優位性はその成果であった.

そこでかつて19世紀末から第一次大戦前にかけて絶頂を迎えた時の技術力(「メイド・イン・ジャーマニー」のブランド力)を遺産として活用しつつ,アメリカ的な量産テクノロジーを応用する生産基盤に立脚した西ドイツ的蓄積システムはEECの「共同市場」創出といった「ヨーロピアナイゼーション」に支えられながら,経済再生を可能にし,「経済の奇跡」といわれる高成長をもたらした.それはまた,熟練労働力の蓄積効果をも十分に取り込みつつ,高い労働生産性を実現するシステムであった.これにより価格競争力を背後に有して所得弾力性が高い伝統的な資本財の幅広い輸出が展開された.この成功体験は過去の伝統的な産業構造への回帰を促した.西ドイツ経済になお残る「強み」に同時代的な技術の「新しさ」を加味して輸出主導型の経済成長への発展動力が内生化された.資本主義の現在における情報通信技術のように技術進歩が速すぎず,いまだ緩慢でしかなかった1950年代と1960年代に有効な蓄積システムであった.

つまり，第二次産業革命的な発展要素にアメリカ的な発展要素を融合するような生産基盤の構築は戦後再建から成長軌道に乗るために極めて合理的な発展経路であった．そして，1950年代から1960年代前半にかけての西ドイツ経済の発展軌跡における「経済の奇跡」の成功体験はそうした発展経路に裏づけを与えた．しかし，1960年代末から1970年代初めにかけてこうした発展経路による蓄積効果が弱体化し，供給サイドの困難を通じた投資の停滞とも重なって産業構造の硬直化をもたらし，石油危機以後の経済を牽引する代表的な産業となる可能性がこのうえなく大きかった機械産業，それもとりわけ工作機械産業のデジタル化（コンピュータ数値制御やロボット化）の立ち遅れを不可避にした．5.1項でも言及したように，先端産業の日本に対する後進性はこの点に現れたが，それはデジタル化が生産の現場にかぎられるという意味においてであるが，多品種少量生産体制，FMSに対する適応不十分の問題として顕在化した．「西ドイツ病」と形容される停滞がその帰結であった．

情報通信技術がなお生産の現場以外には浸透しないという歴史的文脈で捉えた場合でも遅滞するマイクロエレクトロニクス化の難点が孕まれることになった．この点でドイツ工作機械産業を取り上げてみよう．ドイツ工作機械産業は特定顧客向け戦略を過度に展開して規模の経済と学習効果にもとづくコスト効率性を追求してこなかった．1950年代から1960年代にかけてはそれでも需要が旺盛に盛り上がり，高品質生産に特化することができた．ニッチ市場（Nischenmarkt）に安住し価格競争を逃れようとする傾向を当初からもっていたわけであるが，コスト追求性の欠如により非効率の罠（the inefficiency trap）に陥り，需要変動のスピードに適合できず数値制御の工作機械需要に応えることができなくなった．得意顧客向けの高級化戦略の行き過ぎた展開と需要変化の乏しさが生まれ，1970年代の不振が際立つことになったのである[79]．西ドイツの工作機械産業は漸進的イノベーション（incremental innovation）にあてはまる事例だとされる[80]が，なお伝統的要素が強く，イノベーションの努力と技術の開拓では日本の工作機械産業に比べて十分ではなく，その結果として「ドイツ『製像性』」（das „Made-in-Image" Deutschlands）の国際的評価を決して高めなかった[81]．

半導体の生産においても西ドイツの立ち遅れと後進性は明瞭であった．西ド

イツの半導体メーカーではジーメンスが代表的であるが，ジーメンスはデジタルICの需要に正当な評価を下さず，非経済的と判断し，個別半導体やリニアICに特化した．これらの分野では確かに競争力を維持したが，これらの半導体は後進技術商品に属してもはや半導体生産技術の練磨を導くテクノロジー・ドライバーたりえず，IC開発がおこなわれてもせいぜいリニア応用領域での量産にとどまった．デジタルICの大口需要家で厳しい品質要求を出してくる電卓部門も弱体でこの部門は日本からの輸入が支配的であり，電卓軽視の風潮さえあった．個別半導体生産からIC生産に移行してもアナログICへの傾斜が強かったのである[82]．ヨーロッパ半導体産業全般に共通していえることだが，先進技術商品の開発と生産（とくに製品化）に対する意欲の低さと後進技術商品へのこだわりがみられるといってよい．

　ここに西ドイツ経済の1970年代における苦境が映し出されている．19世紀末的発展要素を強固に内包させていたために外見的にはデジタル化に最も速やかに移行するとみられていたのとは逆に伝統的な「メイド・イン・ジャーマニー」に内生化されていた従来の機械工学の技術水準から脱しきることができなくなってしまったのである[83]．こうした一連の事実は，西ドイツ経済が1950年代の絶頂から目立った成長とも低迷ともいえない1960年代の「踊り場」を経て1970年代の「変調」の始まりへと発展軌跡が変容したことを物語る．この場合，「変調」というのは経済の停滞傾向と国際的な競争力の減退に集約される従来の成長性豊かな発展軌道からの逸脱を意味しており，もはや「模範の子」とも言い得ないような西ドイツ経済の地盤沈下が含意されている．この特徴づけは西ドイツ経済が相対的に順調に第一次石油危機を乗り切ったとする議論に反省点を与えるものであろう．経済諮問委員会の報告において当初指摘されたマルクの増価による国際競争力の低下が軌道修正され，高い技術水準の世界市場における西ドイツの競争力低下と日本の競争力向上が問題点として挙げられたうえで，両者の直接的競合が西ドイツ経済の停滞を映し出すという具合に論調が変わるのである[84]．

　1974/75年不況の背後にあるこうした資本蓄積システムの陳腐化に対する認識を欠いては真の意味において「供給サイド」に問題があったとは捉えられないし，総体的誘導政策に代表される需要管理政策を通じて景気回復を図ること

が表層的でしかなかったことの理解ができないといわねばならない．1978年7月に技術革新と構造変化を促す160億マルクにのぼる「将来投資プログラム」が打ち出される[85] 事実はスタグフレーション問題が深刻化しなかったために産業構造の調整に遅れをとった西ドイツ経済の構造的変調を示すものとみなさなければならない．むしろ，1974/75年不況において大規模に着手された雇用調整の結果として1970年代にマイクロエレクトロニクス化やロボタイゼーション (robotization) に対する企業レベル，職場レベルでの抵抗感が強かった[86]ことは「変調」を増幅する役割を果たした．これとは対照的に日本では企業別労働組合はロボット導入により職場を奪われる抵抗感が少なかった[87]．生産のエレクトロニクス化の立ち遅れは西ドイツ経済の成長余力の顕著な衰退を意味していたのである．

こうして，「経済の奇跡」の成功体験と相俟って産業構造的な新陳代謝の澱みが西ドイツ経済の成長余力の低下を不可避にし，そこから脱するための構造調整圧力が経済内部にかかることになった．大量失業の下方硬直性も以上の成長の閉塞状況に起因する．社会的市場経済の理念に即しつつ，安定性と成長性を誇ってきた「ライン型資本主義」のモデルは著しく虚構性を帯びることになった[88]．冒頭において述べたように，1974/75年不況を境にその端緒を示した構造的変調はドイツ経済を漸次的衰退の局面にとどまらせている．

1974/75年不況を境にして西ドイツ経済は伝統的な強さの陳腐化を乗り越える技術革新的な調整に迫られる状況に直面した．そもそも西ドイツ経済の発展において第二次産業革命型企業が過去の技術的遺産とブランド価値を生かして基軸産業となったが，このような産業構造的特質の結果として第二次産業部門が手厚く分布することになった．伝統的産業の強固な存在は1960年代末から1970年代初めにかけて西ドイツ経済の成長阻害要因と化すと同時にサービス経済化の立ち遅れの基本的背景となる．失業問題が構造的性格を帯びる一因もここにある．1990年代には金融，リース，対企業サービスを中心として外注化をバネに企業指向的サービスの拡大がみられ，サービス経済化が急進展する[89]が，その時点までは雇用拡大的なサービス部門の成長は緩慢だったのである．

こうした推移にみられるように，1970年代初めから西ドイツ経済は長期的

な産業再編過程に入ったのである．強い構造調整圧力が西ドイツ経済にかかったと推測される．失業問題の動向が示すように，1990年代におけるサービス経済の成長がドイツ経済の新たな発展軌跡をもたらしたとまでは即断できぬ問題が横たわっているものの，全体としてドイツ経済はなお長期的な調整の途上にあるといえよう．企業をめぐる環境がこのように大きく変化している状況のなかで1970年代末の当時において西ドイツ経済は資本主義の世界経済の「機関車国」たりうるような力量を失っていたといわねばならない．したがって，1978年7月のボン・サミットで出されてきた「機関車国」西ドイツとの意見を呑み，総需要拡大政策を採用すれば，財政支出拡大という費用を負担するだけで財政再建問題が浮上するのは明らかであった．場違いな責任論を押しつけられたのが西ドイツ経済の実態であったとみてよい．機械産業がお家芸といわれるような国際的リーダーにのしあがった日本経済には機関車国と位置づけられる中身が整っていたのに対し，西ドイツが産業構造転換に晒されていた事情を考慮に入れれば，機関車国論には無理があった．

　安定した労使関係と高い技能形成を背景としてかつてEEC市場を中心に卓越した競争力を誇り，そのことを媒介にして高成長の実績をあげ，労働者重視の観点に立って社会福祉の充実を同時的に実現した発展型がドイツ・モデルとなることで「ライン型資本主義」と形容されることになった．「ライン型資本主義」は1950, 1960年代の経済の奇跡と表裏一体をなす歴史性を帯びている．それは決して普遍的な理念ではない．事実，1970年代後半に「ライン型資本主義」の動揺が始まるのである．

1)　佐藤（1983），iii頁．
2)　本章はその意味で第4章と直接関連するものであり，図表に重複する箇所が見受けられるが，本章の議論をわかりやすくするためにあえて別掲とすることにした．
3)　工藤（1999b），551頁．なお，工藤は1980年代前半を変調の局面と位置づけている．同，518-519頁．
4)　Sachverständigenrat zur Begutachtung der gesamtwirtschaftlichen Entwicklung (1975), S. 133. またこの点に関して，加藤は「現在では1970年代以降の西ドイツ経済に何らかの『構造転換』（Strukturwandel）が生じているとの見方が支配的である．そして経済成長の停滞の問題は，『構造転換』への適応（Anpassung）が

充分であるかないかに関る問題として問われている．これは広く構造問題 (Strukturproblem) と呼ばれているのである」（加藤浩平（1988），80頁）と研究史の論点整理をおこなっている．しかし，経済諮問委員会の認識と同様，構造的問題の中身が論じられていない．

5) この点は1920年代から問われていた．すなわち，「アメリカ化するドイツ」(Americanizing Germany) と「ドイツ化するアメリカニズム」(Germanizing Americanism) の緊張と融合の問題である．Nolan（1994），pp. 70-82．
6) Funk（2000），p. 19．
7) Sachverständigenrat zur Begutachtung der gesamtwirtschaftlichen Entwicklung（1967），S. 140．
8) 佐藤（1983），23頁．
9) Sachverständigenrat zur Begutachtung der gesamtwirtschaftlichen Entwicklung（1968），S. 7,（1969），S. 22．
10) Statistisches Bundesamt（Hrsg.）（1972），S. 180, Tabelle 5, S. 248, Tabelle 4, S. 254, Tabelle 1．
11) 出水（1978），179頁．
12) 出水（1978），189頁．
13) Braun（1990），p. 172．
14) Sachverständigenrat zur Begutachtung der gesamtwirtschaftlichen Entwicklung（1968），S. 5．
15) Braun（1990），p. 184．
16) 経済諮問委員会の年次報告において「1969年9月」ないし「1969年秋」という時期が繰り返し言及されていた．Sachverständigenrat zur Begutachtung der gesamtwirtschaftlichen Entwicklung（1969），S. 1,（1970），S. 1, 9, 23, 24-25．それだけこの時期が重大な局面だったのである．
17) Sachverständigenrat zur Begutachtung der gesamtwirtschaftlichen Entwicklung（1970），S. 1．
18) Giersch, Paqué, Schmieding（1992），p. 153．
19) Giersch, Paqué, Schmieding（1992），p. 149．
20) Sachverständigenrat zur Begutachtung der gesamtwirtschaftlichen Entwicklung（1968），S. 64．
21) Giersch, Paqué, Schmieding（1992），pp. 149-150．
22) 出水（1978），200頁．
23) 出水（1978），204頁．
24) 佐上（1970），389, 400頁，田中（1982），35頁．
25) Giersch, Paqué, Schmieding（1992），p. 150．
26) これが本項冒頭において経済発展の健全性に関して括弧をつけた理由である．
27) Sachverständigenrat zur Begutachtung der gesamtwirtschaftlichen Entwicklung（1976），S. 81．

28) Laux (1992), p. 189. この点はフォルクスワーゲン社の労働者で顕著だったといわれている．
29) Carlin (1998), p. 30.
30) Braun (1990), p. 185.
31) 佐藤 (1983), 74 頁．
32) Giersch, Paqué, Schmieding (1992), p. 151.
33) ここでの問題は賃金伸縮性の制約であり，直接には単位あたりの労働コストの上昇であった．
34) 安保 (1973), 128-129 頁．
35) Giersch, Paqué, Schmieding (1992), p. 179.
36) 河村 (2003), 218-219 頁．規制の対象外であった農産物の卸売物価は 20％に近似するほどに跳ね上がった．
37) Sachverständigenrat zur Begutachtung der gesamtwirtschaftlichen Entwicklung (1972), S. 43.
38) Giersch, Paqué, Schmieding (1992), p. 179.
39) Giersch, Paqué, Schmieding (1992), p. 152.
40) Giersch, Paqué, Schmieding (1992), p. 180.
41) 佐藤 (1983), 74 頁．
42) Hallgarten, Radkau (1974), S. 513.
43) Ambrosius, Kaelble (1992), S. 30-31.
44) 黒木・本田 (2003), 292 頁．
45) Giersch, Paqué, Schmieding (1992), p. 153.
46) Leaman (1988), p. 209.
47) 佐々木 (1990), 24 頁．
48) Smyser (1993), p. 21.
49) Opelland (1996), pp. 110-111.
50) Sachverständigenrat zur Begutachtung der gesamtwirtschaftlichen Entwicklung (1974), S. 118.
51) 戸原 (1992), 32 頁．
52) Giersch, Paqué, Schmieding (1992), p. 188.
53) Sachverständigenrat zur Begutachtung der gesamtwirtschaftlichen Entwicklung (1977), S. 4.
54) Carlin (1998), p. 31.
55) 工藤 (1999b), 524 頁．1974 年 12 月の「投資および雇用促進計画」は民間投資の直接間接の収益性向上をねらいとしており，「需要政策から供給政策への転換」といわれた．佐藤 (1983), 129 頁．
56) Sachverständigenrat zur Begutachtung der gesamtwirtschaftlichen Entwicklung (1975), S. 56, Sachverständigenrat zur Begutachtung der gesamtwirtschaftlichen Entwicklung (1984), S. 69, Schaubild 17.

57) Härtel, *et al.* (1988), S. 24, 58.
58) Berghahn (1986), p. 285.
59) Feldenkirchen (2004), p. 132.
60) Kleinschmidt (2004), p. 89.
61) この議論は第3章でも述べたように，EC市場に関してなされたものであるが，技術革新や輸出商品の中身からみてEEC市場の場合にことさらあてはまったといって差し支えないと思われる．
62) 工藤 (1999a), 368, 390頁.
63) Stokes (1994), pp. 246-248.
64) Ambrosius (1993), S. 107, 110, 119. 手工業的な技能養成システムや労働観が影響力を有した点にドイツ社会の企業規定性がある．これは第一次大戦前の歴史的特質にとどまらず，今日まで受け継がれている．田中洋子 (2001), 440, 447頁.
65) Radkau (1993), S. 136.
66) Wittke (1996), S. 190-191.
67) Hollingsworth (1997), p. 285.
68) Abelshauser (2004), pp. 133-137.
69) この点，安孫子 (2005), 96-97頁を参照のこと．なお，日本の特徴はここで「多品種大量生産」となっているが，これはFMSの運用のことで，価格競争と高品質製品の多様化を同時に実現して変動する需要に弾力的に応えていこうとする内容を指す．得意顧客向けの特注化を追求するドイツとは質を異にする．この点は本論のなかで説明してきたし，ドイツ経済の難点として再度強調するとおりである．
70) Nussbaum (1983), pp. 79-80 (田原訳 (1983), 106-107頁). 増田はナスバームのこの重要な指摘に言及している．増田 (1984), 15頁.
71) Hollingsworth (1997), p. 285.
72) Funk (2000), p. 18.
73) Lindler and Holtfrerich (1997), pp. 418-419, 420-421.
74) Nussbaum (1983), pp. 85-86 (田原訳 (1983), 114頁).
75) Nussbaum (1983), pp. 82-83 (田原訳 (1983), 110頁).
76) 吉川 (2003a), 46-47頁. Cf. Laux (1992), p. 219.
77) Lay and Shapira (1999), p. 1.
78) Radkau (1993), S. 135.
79) Fleischer (1995), pp. 10, 24, 34, Kalkowski, Mickler, Manske (1995), S. 22, 36-37, 103-104.
80) Annesley (2004), p. 39.
81) Wilmes (1996), S. 33-37.
82) 以上の指摘については，Scholz (1974), S. 148, 188-189, Malerba (1985), pp. 107, 110-111, 114-115, Flamm (1990), pp. 232-234を参照．半導体に関しては共同市場というものがなく，国民的枠組みへの分断が顕著であったばかりでなく，

後進技術商品に甘んじる遅延戦略（lagging-behind strategy）や標準 IC など競争的市場から後退して隙間を目指す「ニッチ探り戦略」（looking-for-the-niche strategies）がヨーロッパ半導体産業で展開されてきた．Gizycki, Schubert（1984）, pp. 40-41, 53-54, 81. 西ドイツの半導体メーカーもそうした性格が濃厚で各国半導体メーカーとの棲み分けをおこなっていた．岡本（1990），87 頁，古内（1996），132 頁．なお最近の動きに関して言っておけば，1999 年 4 月にジーメンスから半導体部門が分離・独立し，インフィニオン・テクノロジーズ社が発足した．経営合理化のためにジーメンスは半導体事業から撤退したのである．インフィニオンはその後世界半導体売上高で上位 10 社に入っており，5-7 位くらいの位置にある．同じく上位 10 社にランクされているフィリップス電子，ST マイクロエレクトロニクス（旧 SGS トムソン）とともにヨーロッパ半導体メーカーとして健闘しているといえる．ただし，内実はさほど順調というわけではない．40％を占める主力の DRAM 事業が不振で 2004 年には売却の噂が出ていたほどである．実際には 2006 年 5 月 1 日に 100％子会社 DRAM 事業展開のキマンダ社が設立された．インフィニオンはこれにより安定した収益をあげている自動車，産業向けデバイスに集中する戦略を展開することができるようになった．事実上のDRAM 事業からの撤退である．したがって，収益性改善の点からインフィニオンは新たな事業再編を迫られたといってよい．ちなみに，オランダのフィリップスもまた 2006 年 8 月 3 日に半導体事業をアメリカのゴールドバーグ・グラビス・ロバーツ等の投資連合会社に 64 億ユーロ（約 9400 億円）で売却するとともに台湾，韓国での合弁事業から撤退することを表明した．フィリップスは売上高世界上位 10 社に入る半導体メーカーであったが，半導体事業はここ 20 年来ずっと合理化と整理に追われてきた．そこでついに半導体事業の切り離しに踏み切らざるをえなくなったのである．以上はヨーロッパ半導体事業の不振が全面的に露呈されるに至っている事実を物語るものであるといえよう．半導体事業を内部に抱える長年の辛抱が最終的な臨界点に達したと推測される．そこで現時点では焦点は残る SG マイクロエレクトロニクスの動向に移ることになったといってよい．

83) Nussbaum（1983），pp. 85-86（田原訳（1983），114 頁）.
84) Sachverständigenrat zur Begutachtung der gesamtwirtschaftlichen Entwicklung（1976），S. 78,（1978），S. 92,（1980），S. 91. 経済諮問委員会は 2 度にわたる石油危機の影響を深刻に受けた日本経済が目覚しい輸出成功を収め，好調な状況にあることを唐突であると表現した．Sachverständigenrat zur Begutachtung der gesamtwirtschaftlichen Entwicklung（1981），S. 192-193.
85) 工藤（1999b），524 頁．
86) 工藤（1999b），595 頁．
87) 三谷（2003），360 頁．
88) ドイツ・モデルは一般的に 1945 年以後の時期における西ドイツ経済の持続的な成長と繁栄をもたらした編成内容と関連し，西ドイツ産業主義（West German industrialism）の特定の時期に結びつく．Annesley（2004），pp. 7, 9.「経済の奇

跡」の 1950 年代とその余韻を引きずっていた 1960 年代を指すことはいうまでもなかろう．
89) 工藤 (2003), 43-48 頁．

第6章 | 変調とドイツ統一

1 変調の構造化

1.1 1981/82年不況と微温的回復

　戦後西ドイツ経済はこれまで論じてきたように，「経済の奇跡」と世間の耳目を集める驚異的な産業再生を実現したのに対し，その経済的苦境は1970年代の初めには労働コストとエネルギーコストの高騰によりもたらされた概して先進資本主義国に共通な「供給サイド」の困難と認識され，第5章で立ち入って検討したような背後に横たわる真因は一見すると気づかれない見えざる問題として脇に追いやられた．復権から新たな再生への模索はこのような問題状況に見合って「危機感」の相対的に希薄で地味な問題となった．1980年代における西ドイツ経済の評価が分かれるのはこのためであるが，なお西ドイツ経済の健在ぶりを強調する見解には納得しえない無理が存在する．1990年における東西ドイツの統一の頃までをもドイツ経済が国際的に最も成功したとするシュトレーク（Wolfgang Streeck）の主張[1]はそれを代表する説のひとつである．西ドイツ経済省が委託した構造調査報告書がこうした見解を否定している事実は前にも言及したので繰り返す必要はないであろう．確かに楽観的な基調は影を潜め，停滞面を横目で睨んだ論調になりながらも，ここではかつての西ドイツ経済の順調な発展軌跡に強く引きずられた議論が相も変わらずなされ続けていることに注意を喚起しておきたい．本書はその意味で何らの節目を設定することなく，感覚的に取り扱われがちな研究史にまつわる［西］ドイツ経済有力論や堅調論の見直しを迫るものである．

　そこで以下では上述の問題点と関わって1980年代から1990年代，そして

2000年代前半の経済動向を基本的に俯瞰し，ドイツ経済が直面する問題の核心に迫っていきたい．その場合にまず論点の中心になるのは1981/82年不況の発生であり，またその後の景気回復の内容である．いうまでもなく1981/82年不況は1974/75年不況と比べ形態的特質に関して類似性を有する．1970年代後半におけるアメリカの対ドル政策であるビナイン・ネグレクト（無策の策）にもとづいて生じたという意味では歴史的文脈は異なるが，第一次石油危機に続いて2倍増にもおよぶ石油価格の引き上げがなされたからである．すなわち，エネルギーコストの第2弾的な大幅上昇が産業構造の調整を徹底的に迫る意味においてさらなる供給サイドの困難をもたらしたのである．これが1974/75年不況を境とする西ドイツ経済の変調の兆しといかなる関係に立つのか．本書はその点で変調の「構造化」ともいうべき難点が形成されたとの見地に立つ．とすれば，1981/82年不況を経た景気回復がどのような内容をもっていたのかが自ずと問われることになる．次に問われるのは1992/93年不況であり，その後の推移である．統一好況とその反転としての統一不況を考察しながら，統一が変調の「構造化」といかなる関連に立つのかを明らかにする．これは統一にまつわる景気変動だけでその後の経済的推移を説明できるかどうかの問いである．さらに直近までの経済的動きを探るなかで派生してくる問題を検討する．そこで本章では1節で締めくくり作業の一環として1981/82年不況とその後の課題に取り組み，その延長線上に統一後のドイツ経済をも考察の射程に入れて1990年代から直近までの動向を説明し，そのうえで2節においてドイツ経済が抱える構造的問題を総括的に検討することにしたい．

　1975年に不況の底に達した後景気は緩慢に回復した．その動向は一進一退であったが，1978年，1979年には緩慢な回復の下であれ，失業者数は減少して100万人を割る段階から90万人を割る局面を迎えた．この数字そのものに減少テンポの鈍さがみられて景気回復の緩慢さが如実に現れていたが，それにしても減少をみたことはボン・サミットでの「機関車国」西ドイツの主張を呑んで財政拡大政策に踏み切った結果であった．西側諸国中GDP規模第3位の外見に引きずられて主張されたものの，実際に機関車国としての経済的裏づけを欠いていたことはすでに指摘したとおりであるが，総体的誘導政策の名目の下に実施されたこのケインズ的な需要管理政策が1979年から1980年にかけて

の時期を景気拡大のピークにさせるように作用したことは明らかであった．景気回復の弱々しさは鮮明であったが，そうしたなかで第二次石油危機が生じる．弱含みの実物経済に対して再度強烈なデフレ圧力が加えられたのである．これは文字どおり西ドイツ経済の「機関車国論」に終止符を打たせる契機となった．機関車国論にそもそも無理があった以上，こうした事態は当然のことであった．

この厳しい収縮圧力を受けて景気下降が始まり，1981/82年不況が訪れる．1981年秋には不況のあおりから記録的な失業者水準140万人に達し，不況の底の1982年には失業者は180万人を超えた．1974/75年不況時に比べると失業者数はおよそ倍増した．景気下降の鋭さと深さは1974/75年不況の方が際立っていたが，1981/82年不況は1974/75年不況よりも長期にわたって持続的であった[2]．経済諮問委員会の報告もまた，1981年における西ドイツ経済の困難な状況に触れ，歴史上最長の停滞局面にあると指摘せざるをえなかった[3]．これには当時ブンデスバンクが実施していた金融引き締め基調によるかなりの高金利政策がインフレ抑制の名目の下で民間投資を冷え込ませた事実が加わる．前掲図5-1にみるように，1981年の実質GDPの伸び率はマイナス成長となり，1982年にはマイナス1%強の落ち込みをみせた[4]．西ドイツ経済は1974/75年不況ほどには水面下に没することがなかったものの，景気沈滞は短期では収束しなかった．

そうした景気下降のなかでSPDとFDPの小連立の中道左派政権は一方における不況による経済運営の行き詰まり，他方における財政危機の2つの壁に挟み撃ちされた．財政危機は「機関車国」西ドイツ論に乗った財政拡大政策の帰結にほかならないが，この問題に対して慎重な姿勢を崩さず，どちらかといえば緊急避難的な経費抑制策しか追求しなかった[5]．中道左派政権への批判は一挙に強まった．とりわけ1966年以来政権担当政党であり続けたSPDに対する政治的信認は1981/82年不況を迎えるなかで決定的に低下するに至った[6]．こうして，1966/67年不況時と同じように政治的枠組みを軌道修正する転換点が訪れる．政治的枠組みの別な選択肢を問うような改変が主として経済政策の運営をめぐって再びなされることになった．この時期には後に述べる2000年代に入っての時期と違って政治的組み替えの選択肢がまだ有効なものとして働いた．政権交代に対する国民の期待感がまだあったのである．

その動きは連邦議会における「建設的不信任動議」の発動でクライマックスを迎える.すなわち,1982年9月17日には経済政策の行き詰まりと財政再建についての見解の相違からFDPが連立政権から離反し,翌10月1日にはボン基本法第67条にもとづく「建設的不信任動議」の可決によりシュミット首相の解任がおこなわれ,さほど高名でもなかったCDU党首のコール(Helmut Kohl)が新首相に任命される.連立政権の組み替えが生じ,前首相ブラントとともにゴーデスベルク綱領採択後のSPDを引っ張ってきたシュミット首相は連邦議会から引導を渡されたのである.西ドイツ政治史上初の出来事による政権交代が生じ,CDU/CSUとFDPの中道右派政権が登場する.不況の強まりと財政危機からCDU/CSUは長い雌伏の時を経てようやく政権担当政党に復帰する.1966/67年不況時とは異なり政治的枠組みの「経済の奇跡」における時代への回帰がなされた.1983年3月6日の連邦議会選挙ではCDU/CSUが得票率48.8%だったのに対し,SPDは38.2%と再び40%を割り込んで1960年代初めの党勢——1961年連邦議会選挙以降最低——に逆戻りし,1976年連邦議会選挙,1980年連邦議会選挙に続く党勢の退潮傾向に歯止めをかけるどころかその傾向を鮮明にした.経済運営の手詰まりから惨敗を喫したのである.ここに変調が構造化し,コール政権もまた経済再建の試練に立たされ,SPD左派で1990年連邦議会選挙において首相候補になり,後に党首にも就任するラフォンテーヌ(Oskar Lafontaine)の政治攻勢に晒されるなどその維持にほころびと翳りをみせながらも,国民政党SPDへの期待を裏切る信用失墜の強烈な反動からコール長期政権が続くといった逆説的な動きの鍵のひとつを見出すことができよう.

ところで,景気は1983年から漸次的に回復し,1987年に一時的な景気後退に見舞われながらも,基本的には1990年まで続く史上最長の景気拡大局面となった.しかし,1980年代を通じて拡張の微弱さは戦後経済史の文脈においては未曾有のものであった[7].1983年から1987年までの実質GDP成長率は2%にとどまり,EC市場統合ブームの影響を受けての景気盛り上がりのなかで1988年から1989年にかけてようやく3.6,3.7%に上昇するという具合であった[8].1990年の成長率は5.7%に跳ね上がるが,これは統一好況によるものなので次項で関連言及するのが適切であろう.この間の民間投資の停滞は国際競

争力の挽回にとって不十分であり，停滞は総じて持続的であった．たとえば，資本ストックの成長率は1980年代には1974/75年不況後の4％弱からより一段低落し3％弱となった[9]．6％台に推移した1960年代の水準はもはや遠い過去となった．西ドイツ経済は投資の遅滞（Investitionsrückstand）を容易に脱却できず，産業的活動のダイナミックスと柔軟性を発揮することができなかった[10]．それはまもなく触れる内生的な発展動力の不十分な展開という問題であった．

　中道右派政権は供給サイドの経済学にはっきりと力点を置き，需要管理は政策的議題から完全に除外された．財政運営についても切迫した財政危機を受けて社会給付の「効率化」や「合理化」を通じて経費抑制が恒常的に図られるようになった[11]．経済運営の政治的枠組みだけでなく，その方向性や処方箋も劇的に転換することになった．そこでも乗り越えなければならないハードルは極めて高かったのである．たとえば，機械産業を中心とする労働生産性は第一次石油危機後の1970年代におけるよりも1980年代には一段と低下し，コスト競争力は悪化した．それにもかかわらず，輸出市場シェアが事務機器を除けば総じて現状維持的であった[12]のは，後に触れるように特定顧客向けの高品質生産にいよいよ傾斜していったからであるといってよい．それは高コスト構造にもとづく経済編成の「再編」であったとみなされる．以上の制約を受けて西ドイツ経済は全体として隙間産業化の途を強めるわけである．隙間産業化という点でみると，需要成長の高い先端的な領域における競争を回避しているだけに経済内部からの有効需要が雇用や投資を誘発するのに十分な規模で生じてくる可能性は相当低くならざるをえない．後にも述べるように，中位技術への特化度を深めて先端技術への開拓が忘れられるだけに現状維持がせいぜいで成長への展望性に欠けるのである．新規需要創出という点で重大な制約を内在化させたといえよう．

　この点に関連して指摘されねばならない重要な事実は，景気拡大の局面であるにもかかわらず，失業者数は減少するどころか，逆に1981/82年不況の底の局面よりもさらに増加してきて表6-1にみるように1980年代を通じて220-230万人台を持続させ，大量失業が構造化したことである．失業問題は完全雇用政策が破綻した1970年代とは次元を異にする質を有することになった

表 6-1　失業者の推移

	（1000 人）
1980 年	889
1981	1,272
1982	1,833
1983	2,258
1984	2,206
1985	2,304
1986	2,228
1987	2,229
1988	2,242
1989	2,038

資料：Giersch, Paqué, Schmieding（1992），p. 127.

が，とりわけ 1980 年代の脈絡ではこれは景気回復から景気拡大の過程においてその中身がいかに貧弱なものであったかを端的に示している．民間投資の長期的な停滞が以上の問題と表裏一体の関係にあることはいうまでもないが，西ドイツ経済の直面する問題が単に循環的な性格では説明しきれぬものである事実が浮かび上がっている．景気拡張が労働力吸収的な性質とは程遠いばかりか，そのなかでかえって労働力排除の圧力が強まってさえいるのである．これはまさしく異常な事態といって差し支えない．先にも指摘したように，この構造的問題が 1980 年代においていまだコール政権下で真正面から問われることはなかったといえるものの――この点で 1970 年代の経験を通じた SPD への強い不信感はあったにしてもコール政権存続の是非が問われても何ら不思議ではなかった――，表面的な景気回復の虚構性の背後に問題の真因が横たわっていた．

　内生的な発展動力の著しい低下という構造的な問題がそれである．内生的な発展動力というのはこの場合，第二次産業革命の生産のスピードに柔軟に対応し，需要変動にも「メイド・イン・ジャーマニー」のブランド力を生かして対処しえたドイツ・モデルのことで，1950 年代に物の見事に復活する．その低下というのはそのモデルの成功の結果，技術革新阻害要因が内在化し，それが内在的制約と化すことでかえって新たなマイクロエレクトロニクスの技術革新に遅れをとるようになったことである．1974/75 年不況を境とする投資不足がこの難点を助長し，生産過程のデジタル化と需要変動へのスピードに対する内発的な動きがなおさら緩慢に推移することになった．見かけ上の技術的先進性

1 変調の構造化

（ハイテク国家西ドイツの著しい虚妄性）とは裏腹に生じた経済的帰結がお家芸といわれた機械産業の国際的な競争力の低下であったことはすでに指摘したとおりである．先に言及したように，輸出依存度の高さに起因してこのような立ち遅れから西ドイツ経済には底流において厳しい構造調整圧力が加えられたのである．

そうした深刻な課題に置かれていた西ドイツ経済はその途上において再び石油危機の地殻変動に巻き込まれてしまった．内生的な発展動力の弱体化は容易に解消しえない難点と化すに至った．西ドイツ産業企業の巻き返しに大きな壁が立ちはだかったからである．西ドイツの変調が構造化したと先に指摘した理由にほかならない．1980年代の経験はこのような難点に西ドイツの産業企業が正面から向き合ったというよりも投資の停滞を介して後ろ向きにしか対応しきれなかったことを物語っている．たとえば，1980年代初めには西ドイツ経済の重大な問題が国際競争力の低下，投資の停滞，大量失業の3点に集約されていた．経済諮問委員会の年次報告はいずれもこれらの点を深刻な問題として取り上げており，これらは由々しき問題群として1980年代を通じて経済諮問委員会にとって常に念頭におかねばならない争点となった．こうした3点セットの問題の兆しが1970年代の中葉にすでに現れていたことはここで改めて確認されてよい．

1980年代において西ドイツ経済の景気拡張が好況感を欠いて不況的様相を色濃くまとったものであった根拠はまさにここにある．EC市場やOPEC諸国，そして旧東欧共産圏はそれとの関わりにおいて西ドイツ経済の編成の限界を糊塗させるような余地を与え，後に触れるとおり1990年代に入ってこの趨勢はより顕著になってさえいる[13]．とくに「保護された市場」としてのEC市場およびOPEC市場はこの点で大いにマイナスに作用したと考えられる．社会的市場経済モデルが「動脈硬化的な経済成長率」（sclerotic rates of economic growth）と恒常的な高失業率の点から批判の的にされる[14]のは以上に起因するものであろう．物価安定の実績面からマルクは表面的には1979年3月発足のEMSにおいて基軸通貨の役割を果たしていたが，実物経済の落ち込みは確実に進んでいた．マルクの基軸通貨化には感覚的に受け止められるほどに経済的根拠があったわけではない．この事実を見過すことはできない．単に貿易収

支や経常収支の動向で表層的に判断するわけにはいかないのである．第一次石油危機の乗り切りには物価の相対的安定以外に具体的な内容を伴っていたのではないだけでなく，みるべき内容がなかったからこそ乗り切り失敗のつけが重くのしかかるようになったのである．通貨価値の維持に向けたブンデスバンクの確固たる姿勢，相対的に EC 経済のなかでの GDP 比でみた経済的比重が大きいことやこの当時経済的弊害といわれたインフレなどの問題が少なかった[15]ことからマルクが市場から選択されたのは確かだが，こうした因果関係において形成されてきた西ドイツ経済のこの固有の難点を考慮しなければならない．

1.2　1992/93 年不況と経済不振の増幅

　先にも述べたように，1990 年はドイツ統一がなされ，統一好況が現れた年であった．このため GDP の成長率は 5.7％と 1980 年代の動向と比べると異例の高さに達した．1991 年前半にもこの経済活況は持続し，後半の失速にもかかわらず年間で 4.5％の成長率であった．このように統一好況は全体として時期は短かったが，ドイツ経済の活況に一役買った．この時の活況は内需主導型の経済拡張で，基本的には民間消費が能力増強投資を促し，消費と投資の連動的拡大がみられた．この間輸出はずっと低迷したままであった[16]．輸出が国内投資を誘発するというのがこれまでの発展パターンであったが，統一は一時成長経路の転型をもたらしたのである．民間消費が景気の主役となりえたのは，東西ドイツの間で 1 対 1 のマルク交換がなされたことにより旧東ドイツの市民に過剰所得が与えられたからであった．

　経済の実態からすれば西ドイツ・マルク 1 に対し東ドイツ・マルク 4 分の 1 が妥当な水準であったが，旧東ドイツからの移住を抑えるために無理な交換が実施に踏み切られた．待望の西ドイツ・マルクを実際の交換水準以上で獲得し，過剰所得を受け取った東ドイツの市民はこれまで手にすることのなかった西ドイツの洗練された消費財を購入した．耐久消費財に集中的に需要が発動したのである．その典型は自動車で，最初西ドイツ製の中古車需要が盛り上がり，それが新車価格の引き下げを誘発するかたちで自動車購入ブームが短期間にすさまじい勢いを示すことになった[17]．他の電化製品も自動車ほどではなかった

ものの，その需要発動は際立った．このため，この局面での投資の動機は生産設備の拡張に置かれた[18]．上述した消費と投資の連動的な拡大が生まれ，景気を過熱（Überhitzung）に導いた．むろん，この背後では東ドイツ・マルクの過大評価により東ドイツの工業が競争力を失い，東ドイツ経済の古い生産構造（生産設備の時代遅れの老朽化）があっという間に破綻するといった東ドイツ経済の崩壊が進んだ．製造業の全般的な劇的縮小に端的に現れたこの経済崩壊には経済インフラ未整備のほかになお労働生産性をはるかに上回る賃金引き上げという難点が重大な一因として加わった．

したがって，この統一好況は長期にわたって持続するようなものではなかった．経済崩壊が確実におこっていたから特殊要因にもとづく消費ブームが衰えれば，過熱した好況が鋭い不況に転じるのは明らかであった．ドイツからの輸出は停滞したままであったので消費の衰退に対する有効なバッファはなかった．経済諮問委員会はすでに1990/91年度の報告において1991年には民間消費が「景気の機関車」（Konjunkturlokomotive）にはなりえないと予測していたのである[19]．まさしく統一好況には俄か特需景気としての一過性的特徴が滲み出ていたといってよい．先にも言及したように，1991年後半には民間消費の減退から投資環境が目立って悪化し，景気の鈍化は明瞭になった．不況色が前面に出てきた．これを受けて1992年にはGDPの成長率は2.2％に落ち込み，1993年には1％のマイナス成長となった．1992/93年不況の発生である．表6-2にみるように，資本設備投資（Ausrüstungsinvestition）は1992年マイナス3.5％，1993年に至ってはマイナス14.4％の劇的な落ち込みとなり，外需の不振と相俟って「深い不況」（eine tiefe Rezession）が訪れることになった[20]．とりわけ，自動車産業，電機産業，化学産業の投資中断により機械製造業は深刻な危機に陥り，この結果製造業全体での生産能力利用度は1990年の92.3％から75.6％と戦後の最悪水準となった[21]．

こうした間にもドイツ経済の苦境は別の面に顕著に現れた．すなわち，旧東ドイツ経済に対する支援からくる財政赤字，貿易収支の悪化と移転収支の赤字に起因する経常収支の赤字，景気の過熱に伴うインフレの3重苦である．これらの問題は1991年にすでに浮上していたが，このようなトリレンマ的問題状況に対処するためにブンデスバンクは89年10月から90年11月までの相対的

表6-2　各種経済指標

	1992	1993	1994	1995	1996	1997	1998
GDP成長率	2.2	-1.2	2.7	1.2	0.8	1.4	2.0
資本設備投資	-3.5	-14.4	-1.0	1.4	1.2	3.7	9.2
建設投資	9.7	1.3	6.5	1.6	-2.9	-1.5	-1.0
民間消費	2.8	0.1	1.2	1.8	0.8	0.7	1.8
失業率	6.5	8.8	9.6	9.4	10.4	11.4	11.1
GDP比財政赤字	—	-3.2	-2.4	-3.3	-3.4	-2.7	-2.2

資料：Sachverständigenrat zur Begutachtung der gesamtwirtschaftlichen Entwicklung (1995), S. 21, (1997), S. 1, S. 17, (2006), S. 3.
注：2006年数字は経済諮問委員会独自の算定.

に高かった公定歩合6%を91年2月6.5%，91年8月7.5%へと矢継ぎ早に引き上げた後，同年12月8%にさらに一段の引き上げに踏み切って極めて厳格な引き締め政策をとっていたが，より抜本的な現状打開に向けて1992年7月に公定歩合を8.75%の過去最高の水準に引き上げた．対内的にはこれが経済に一層強力なデフレ圧力を与えることになり，不況が深化するきっかけとなったが，対外的には92年9月15日に公定歩合は8.25%に引き下げられるものの，高金利通貨マルク選好への思惑からマルク買いの投機を誘発してコア諸国イギリスのポンド，イタリアのリラの売り攻撃，周縁諸国であるスペインのセペタ，デンマークのクローネ売りのさらなる攻撃がアメリカの投機筋を中心に1992年9月から集中的におこなわれ，EMSは機能不全に陥った．なかでもアメリカのヘッジファンドによるポンド攻撃が熾烈を極めたことは周知の事実であろう．9月17日におけるポンド，リラの為替レート・メカニズム（Exchange Rate Mechanism）からの離脱にみられる通貨秩序の際立った混乱からすでに1990年より不況色を強めていたEU経済は大きく落ち込むことになった．通貨投機の激しさにより1992年市場統合はその初発から冷水を浴びせられる格好となった．統一好況に随伴して表面化したドイツ経済に関する予想外の苦境がEU経済の実物面における攪乱要因となったわけである．

　マルクの増価は全面的にではないにしろ輸出不振に拍車をかけ，ドイツ経済は深刻なスランプに見舞われる．統一好況において160万人まで減少していた失業者数は劇的に増加しておよそ230万人に達する．これは旧西ドイツ経済の数値であるが，それに旧東ドイツ経済の崩壊による失業者が約115万人加わる．

1 変調の構造化   211

(前年比増減率)   (%)

1999	2000	2001	2002	2003	2004	2005	2006年
2.0	2.9	0.8	0.1	-0.2	1.6	0.9	2.4
7.2	10.1	-4.9	-7.5	-0.2	2.6	6.1	6.9
1.4	-2.6	-4.8	-5.8	-1.6	-2.3	-3.6	2.5
3.7	2.0	1.3	-0.5	0.1	0.6	0.1	0.9
10.5	9.6	9.4	9.8	10.5	10.5	11.7	10.9
-1.5	-1.2	-2.8	-3.7	-4.0	-3.7	-3.2	-2.2

(1998), S.1, (1999), S.2, (2000), S.2, (2001), S.5, (2002), S.5, (2003), S.8, (2004), S.7, (2005),

ドイツ経済は完全に行き詰まりをみせるに至った．1992/93年不況は1981/82年不況に比肩すると評価されるが，消費ブームからの反動的不況という点では不況の特質に形態的差異があったうえに東西ドイツの統一といった歴史的変化が背景にあるだけにその影響は比較にならないほど大きかったといわねばならない．ブンデスバンクはこうした状況のなかで公定歩合を93年2月の8％から96年4月の2.5％まで連続的かつ小刻みに引き下げていく．

ところで，経済諮問委員会は1993/94年度報告において景気の予期せぬ落ち込みと失業者の急増といった問題点と並んで世界市場において国際競争力の低下が激しさを増しているという懸念を挙げている[22]．前2者は統一不況の厳しさを表現したものであるが，国際競争力の低下は統一好況によって一時的に後景に退いていた要因である．経済諮問委員会報告でのこの指摘はドイツ統一の衝撃に隠れていたことでもあり唐突でさえあった．そしてこの唐突さにこそドイツ経済が抱える真の問題が示されていた．それは統一好況の間にも輸出が不振であった事態を受けての問題にほかならなかった．とくに輸出依存度が高い電機産業や機械製造業の販売不振は際立っていた．この販売不振がきっかけとなって古い構造問題が徹底して前面に登場し，構造転換の要請が強く生じてきたという言及がなされてきたのである．「古い構造問題」の中身がどのように把握されているかといった疑問符が投げかけられるにせよ，ドイツ統一をきっかけに生じた消費需要の集中的発動という特需景気の背後においてドイツ経済に対してボディーブローのように与えられていた打撃が真正面から立ち向かう問題として強烈に再認識されたことになる．先に述べた唐突さはこの強烈な

再認識に起因するものであった.

　1980年代において焦点問題となっていた国際競争力の低下といった構造的要因が再び問われるようになった. 統一好況から統一不況へと局面転換するなかで1980年代の問題への先祖返りがなされ, 経済諮問委員会により改めてドイツ経済のアポリアとして取り上げられたわけである. 変調が何らの解決をみていない以上, これは当然のことであった. ドイツ統一の余韻がこの問題を暫時かき消していたにすぎない. 統一好況がドイツの競争力に対する国際的な脅威の増大に関して不幸な自己満足感をもたらしたとする[23] 意見には納得しえるものがあった. 民間消費主導の景気拡張に伴ってドイツ経済の弱点が脇に追いやられ, その克服がなおも先送りされたからにほかならない. 統一に伴う「一時的な需要」がドイツ経済にとり望まれていたわけではなかったのである.

　1990年代に入ってドイツ経済がOPEC諸国や体制移行国への輸出依存度を高めるなかで日本や東アジアの新興工業経済群の競争圧力を受ける問題状況が再びクローズ・アップされてきた. ここには統一好況において資本設備投資が活発化したにもかかわらず, 能力増強投資がメインで1980年代から要請されてきた技術革新投資が相対的におろそかになった事実が示唆されている. 経済諮問委員会が正確に事態の深刻さを捉えていたかどうかはなお定かではないが, ドイツ経済が西ドイツ経済から引き継いだ構造問題を考えるべきとの指摘を暗示していたことになろう. まもなく関連言及するシュトレークによるドイツ・モデルの発展可能性に関する説明もここに根差すのである. 以上の点を見落すわけにはいかない. 1992/93年不況後の経済動向を検討する場合, 1980年代と同様に国際競争力の低下, 民間投資の推移, 失業問題の動きの3者が中心とならざるをえない. そこでこれらの問題を軸に議論を展開していくことにする.

　前掲表6-2から1994年から2000年代に入ってのGDPの成長率をみると, ドイツ経済の不振がはっきりと理解される. 1999年まではせいぜい2%未満であり, それが精一杯であった. 経済諮問委員会は1990年代の成長率動向を幻滅すべきものであるとの評価を下している[24]. 2000年代に入ると2000年に一時2.9%にやや上昇するものの, 成長率は一段と引き下がって不振が増幅している. とくに2001年から2003年にかけては1980年代初めの不況時にたとえられる[25]ほどの持続的な超低成長であった. むしろ2001年から2003年にか

けてはマイナス成長を含んで経済の沈滞ぶりは強かったとさえ考えられよう．1999 年のユーロ発足以後から 2001 年までのユーロ安やそれ以降のユーロ独歩高が影響していることは否定できないにしても，ドイツの輸出においては後に言及するように必ずしも価格競争力が柱となっているわけではないことや貿易の EU 経済内部への依存度の伝統的な高さを考慮するとプラスに転んでもマイナスに転んでもその影響は限定的であるといってよい．すでに 1990 年代の末には 1980 年代におけると同様に「経済成長の弱さ」(Wachstumsschwäche) が経済諮問委員会により改めて問題視されるようになり，この点についての議論は 2000 年代に入り一層熱を帯びたものとなっている[26]．これまでに触れたように，ドイツ経済は第二次大戦後以降を通観すると旧西ドイツ経済時代の 3 度を含めて今日まで 5 度にわたってマイナス成長に陥っているからである．この点，バブル崩壊後 1990 年代から 2000 年代初めにかけて「失われた 10 年」と形容される厳しい経済失速に苦しむ日本経済でさえ，マイナス成長を経験したのは 1974 年と 1998 年の 2 回しかない．ドイツ経済の「経済成長の弱さ」は際立っているといえよう．

その場合には「持続的な」(anhaltend) とか「永続的な」(fortdauernd) といった形容が付されていた．この問題の経済諮問委員会による受け止め方は現状維持的な停滞を前にしてのことではなく，深刻度を増している経済不振を背景にしたものであった．経済全体に浸透する閉塞感はなお深まっていると考えられよう．前掲表 6-2 にみる 1990 年代後半からの設備投資の動向は一進一退であるが，ゼロ成長を迎えるといった直近の趨勢では退潮傾向が鮮明であり，1980 年代において取り上げられた「投資のダイナミズムの不足」(mangelnde Investitionsdynamik) の問題には拍車がかかっている．民間投資の衰退ぶりは際立っており，これでは国際競争力の回復に向かう巻き返しへの本格的反転がみられないのは当然のことといわねばならない．

むしろ，2000 年におけるイギリスのボーダフォンによるマンネスマンの合併にみられるように，ドイツ企業は EU 通貨統合の進展のなかで M＆A による国際的な事業再編に巻き込まれている．1999 年 12 月に最大化学産業 3 大大手のひとつであったヘキストがフランスのローヌ・プーランと合併してフランスに本拠を置くアヴェンティスに生まれ変わり，ヘキスト自体が消滅するとい

図 6-1　登録失業者数の推移

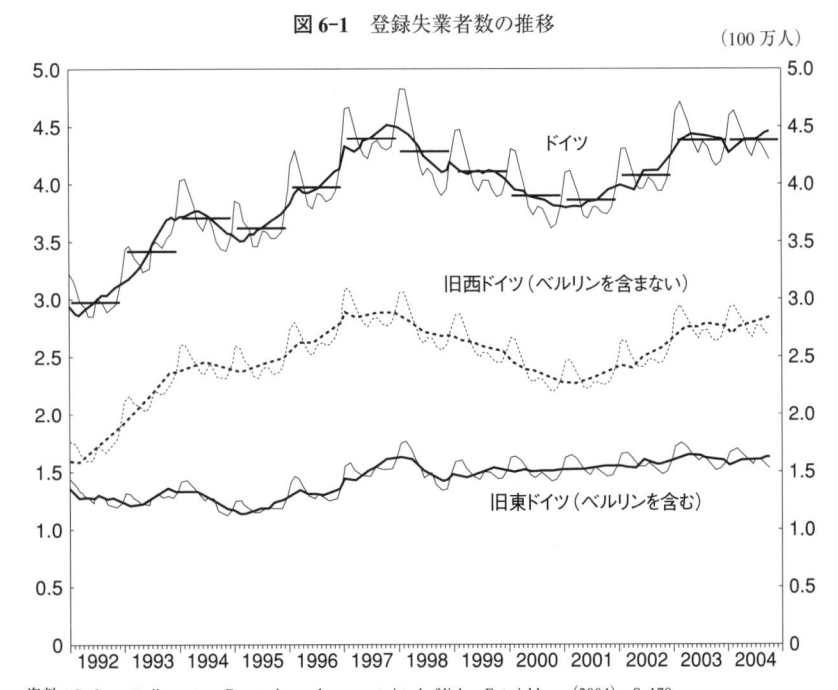

(100 万人)

資料：Sachverständigenrat zur Begutachtung der gesamtwirtschaftlichen Entwicklung（2004），S. 178.
注：細線は基本数値で，太線は季節調整済みの数値．短い太線は年平均を表す（2004 年は経済諮問委員会独自の算定）．

った激変もそうした動きの一環である．ダイムラー・クライスラーやフォルクスワーゲンのようなドイツの代表的な企業が積極的なグローバル戦略を展開する動きがみられる一方，海外企業のグローバル戦略に呑み込まれる事態が生じている．こうした環境変化に見合って直接投資の相互浸透の深まりがみられるが，2000 年に入って海外からの対ドイツ投資が膨らむ局面が現出した[27]．

　ともあれ，この経済成長の弱さは1990年代末に失業問題に直接的に現れた．蓄積困難を如実に反映してであろう，1998年第1四半期には失業者数は480万人強におよび，過去最高を記録した（図6-1を参照）．この数値はそれ以降ではハルツ委員会の下で社会保障改革という名の制度見直しにもとづいて489万人に達する2005年[28]まで最高の水準であった．旧西ドイツでは約300万人近い失業者が堆積することになった．1970年代，1980年代と「10年」を経る

1 変調の構造化

ごとにその都度失業問題は次元を異にする深まりを示すに至っている．そこでかつて「失業の首相」とはシュミットの代名詞であったが，この当時にはコールの代名詞となった．この点でかつてのSPDの不信に対する強烈な反動とドイツ統一の歴史的実績から長いこと経済運営にまつわる政治責任を免れていたさしものコール政権も存立のレーゾン・デートルを問われざるをえなくなったのである．国民にとっては我慢の限界に達するに至ったといえよう．ただしまもなく触れるように，それが必ずしもSPDに対する信認の全面回復をもたらすようなものではなかったことには注意を要する．ドイツ政治はこの狭間で揺れ動くのである．

こうしたなかで1998年10月には連邦議会選挙においてSPDが第1党に返り咲き，総選挙で政権が交代する初の出来事が生じた．SPDと同盟90・緑の党（Bündnis90/Die Grünen）との「赤・緑」連立政権が誕生することになったが，ここにも経済の閉塞感が色濃く投影されていた．一見するとSPDのシュレーダー（Gerhard Schröder）が首相になり，待望久しい新政権の登場と思わせる外観を呈するが，実態はそうではなかった．SPDは9月の連邦議会選挙における得票率ではかつての黄金時代であった水準とは比べようもなく，1980年代に定着した不信感をある程度払拭することに成功したにすぎなかった．CDU/CSUとFDPの中道右派政権による経済運営に対する不満がSPDの支持に繋がったわけではなかった．確かにCDU/CSUの得票率は前回総選挙の41.4％から35.1％に落ち込んで惨敗を喫したが，SPDは36.4％から40.9％に増やしたものの，40％をかろうじてクリアしただけであった．加えて，緑の党は前回得票率の7.3％から6.7％へと減らして支持を低下させ，選挙では負け組であった．その敗北政党とSPDは連立を組んだのであるから到底新鮮な政治の組み替えというわけにはいかず，結局のところドイツ政治の行き詰まりのなかでの政権交代であった．その意味ではシュレーダー政権には多大な期待がかけられる状況はなかったし，かつてのような変化の兆しを見出すことは著しく困難であった．中道右派政権に対する忍耐の許容度を越えさせるような経済の不振がこのような冴えない政権交代劇となったのである．一般には「冴えない」というような特徴づけはなかったが，一連の政治・経済の推移から判断すればこうした評価になる．2大政党間における交代劇といって事が済むようなもので

はなかったのであり，そうした事態の錯綜性が理解されねばならない．

　この点に関連してシュレーダー政権は当時政治的議論の主要テーマとなっていた「革新」（Innovation）を引き継いでそれをスローガンに掲げていたが，これは経済に置き換えると情報通信技術の時代に適合的な産業構造へと再構築し，それにより構造的な大量失業問題の解消に繋がる持続的な成長率を実現していこうとする内容であった．これが歴史的にみて到底一筋縄ではいかない難題であることは本書が変調という言葉によって表現したとおりである．この点に照らしてシュレーダー政権発足後の動向を辿れば，この課題に無策であったことは明らかである．先に述べたように，民間投資の衰退は顕著で技術革新を推進していくような動態性の低下は近年とくに目立っている．1990年代におけるよりも一段と不振ぶりは増幅されている．GDP 成長率は一層低落し，経済低迷が極まっている様相を呈している．2000年税制改革において目指された企業課税改革（企業減税）による投資刺激効果は不十分でしかなかった．後述する産業立地間競争（Standortwettbewerb）の国際的な圧力は桁外れに強く，コール政権下でのそれをしのぐ大幅減税であったものの，国際的な競争圧力をはね返すだけの内実は有し得なかったといえよう．

　2002年9月の連邦議会選挙は前掲表6-2にみるようにGDP 成長率が0.1%とゼロに近似するほどに経済が冷え込むなかでの選挙となった．SPDは「赤・緑」連立政権の維持を目指したのに対し，CDU/CSUはCSU党首のシュトイバー（Edmund Stoiber）を首相候補に立てて選挙戦に臨んだ．結果はSPD, CDU/CSU ともに得票率38.5%で並んだが，約6000票差でSPDがかろうじて優位に立ち，緑の党が得票率を1.6%増やしたこともあってシュレーダー政権は存続することになった．SPDは前回選挙よりも得票率を減らしたのに対し，CDU/CSUは3.4%増やしたから選挙では勝ち組であった．しかし，イラク戦争問題が選挙争点として比重を増すにしたがってアメリカ寄りのシュトイバーよりもイラク戦争に対する協力を拒否するシュレーダーに票が戻っていった．思わぬ政治的追い風がSPDの支持低落に歯止めをかけたのである．経済問題では連立合意の際に政権の最優先（allerhöchste Priorität）の解決課題とされてきた失業問題への手詰まりに示されるように，シュレーダーは劣勢であった．SPD敗北必至の情勢は覆り，より錯綜することになったが，それはドイツ政

治の混迷が深まる裏返しの表現であった．

　前掲表 6-2 に窺えるように，2.9％成長率という一筋の光が差しかけてきた 2000 年——ユーロ圏ではイタリアと並んで最低であるものの，1991 年以降では異例の高さであり，その余韻から 2001 年度 2.8％の楽観的な成長予測がなされていた——に効果的な減少をみた失業者数も 2001 年第 2 四半期からの大きな成長鈍化と 2002 年以降の成長落ち込みを受けて再び増加に転じて 450 万人（うち旧西ドイツ 280 万人，旧東ドイツ 170 万人）に戻っている（前掲図 6-1 を参照）．2005 年には年平均で 490 万人弱となっている事実は先に述べたとおりである．前掲表 6-2 から窺えるように何よりも経済浮上の鍵となる資本設備投資は 2001 年，2002 年，2003 年とマイナスの落ち込みとなり，内需の弱さの象徴となった．建設投資もマイナス成長となって冷え込んだままである．その結果国内総固定資本形成は大幅に低落した．1999 年に 1993 年不況水準から抜け出たものの，振り出しに戻った格好である．

　輸出は国際競争力が改善したせいで順調であると判断されているが，内需の拡大に連動していない．ドイツ経済のように GDP に占める輸出の比率が高い国では異例のことである．これは輸出が資本設備投資増を積極的に牽引する力を有していないためであろう．「経済の奇跡」の時代とは異なる事態であるが，経済諮問委員会は外需の好調さに内需の不振を対置させるだけでこの点を問題にしていない．それに関連して民間消費も変わらず停滞し，「持続的な沈滞」（anhaltende Konsumflaute）と形容されている[29]．直近の 2004，2005 年でもこの基調に変化はない．家計貯蓄率は 1980 年代から 1990 年代初めまで 13％に推移し，その後 10％を割るが，2000 年代に入り 10-11％水準にある[30] ので，消費切り詰めが貯蓄に回ったという事実はない．とすれば，残る原因は消費不振と貯蓄率低迷のなかでの所得減少にあるとみなすしかない．冴えない交代劇に続く露わな経済退潮であるといわねばならないであろう．ドイツ経済は超低成長に喘ぐジリ貧的状況から容易に脱出口を見出せない迷路にはまってしまったといってよい．シュレーダー政権もまた，それ以前の政権と同様国内に蔓延する経済の不安を払拭することができなかった．そこで 2003 年 3 月にシュレーダー首相によって打ち出された成長指向の改革戦略である「アジェンダ 2010」はここにきて経済の脆弱性が一挙に明らかになるなかで実質的な破綻に

追いやられたのである．輸出シェアに関する統一前後の時期への回復で満足すべき状況ではない．経済諮問委員会は本来的な責任からいって外需の盛り返しと内需の不振といった対置構図に甘んじることなく超低成長の原因と究明に向けてもっと掘り下げた議論をすべき時に来ているといえよう．

　また，経済不振に派生して重大な問題も生まれている．すなわち，財政政策出動が景気のカンフル剤と考えられることもあって歳出抑制はなかなかはかどらない一方，歳入が増える展望もないという状況のなかで，1997年6月採択の「安定と成長の協定」に盛り込まれた GDP 比 3% の財政赤字遵守という財政規律——この規律は EU 経済の場合には通貨統合により金融政策が ECB の管轄下に置かれるので，逆に財政政策への役割が大きくなることへの予防的措置であった——が 2002 年以降ずっと維持されず（前掲表 6-2 を参照），2003 年には「過度の財政赤字手続き開始」が欧州委員会からなされるという由々しき問題がそれである．つまりは 1990 年代後半に通貨統合に向けた努力もあって改善したが，2000 年代に入って財政収支が悪化へと反転し，改善の兆しがみられない状況が続いているのである．ここでは財政支出の制御は EU レベルでの問題となっている．そこでドイツは同じく 3% 規定に違反しているフランスとともに 2004 年 12 月に欧州委員会に「あらたな安定化プログラム」を提出した．経済相・蔵相理事会（Council of Economics and Finance Ministers，以下 ECOFIN）はそれを受けて 2005 年 1 月に協定違反に対する制裁措置を 1 年延長した．その間にこの問題では欧州委員会と ECOFIN が制裁措置の手続き開始から ECOFIN による警告への動きをめぐって対立し，2004 年 1 月には欧州委員会勧告に反して 2003 年 11 月 25 日に手続き停止の結論をだした ECOFIN を欧州委員会が欧州司法裁判所に提訴するといった混乱が生じた．

　2004 年 7 月に欧州司法裁判所は ECOFIN の結論を取り消すものの，事実上の手続き停止の状態を容認した．そこで 9 月に欧州委員会側は 3% 以内にこだわらない特例措置の緩和案を提示する一方で，ECOFIN が 2005 年 1 月に法的根拠を有する手続き停止を採った経緯もあって 3% 遵守を規律ルールとして守れるかどうかが瀬戸際に立たされていたが，2005 年 3 月に緩和の方向で決着をみた．フランスはもともとマネタリスト派であったから信用失墜は相対的に軽くて済むのに対して，かつてのエコノミスト派ドイツの面目は丸つぶれであ

る.3%規律を言い出した張本人がドイツだったからにほかならない.実際にも1990年代前半においてドイツ政府はフランス政府に対して財政規律の維持を要請していたほどであった.EU経済大国としてのエゴをみせながら特定多数決制を活用して制裁措置の発動を逃れたわけだが,ドイツ経済はそれだけ追い込まれた状況にあるといってよい.ドイツ政治はこの厳しい経済的現実の前にどうすることもできない無力さを露呈させながら,より一層のペシミズム増幅の連鎖のなかでなおもその具体的姿を螺旋的に屈曲させていくことになるのである.終章で取り上げる2005年11月成立のCDU/CSUとSPDの大連立政権はその新たな屈曲の現れであった.

2006年度にはGDP成長率が2.4%と久方ぶりの顕著な上昇をみせ,GDP財政赤字は3%未満に収まる気配である(前掲表6-2を参照).資本設備投資や建設投資も盛り返し,2007年1月1日の売上税の3%引き上げ(19%)を控えて1993年と1998年にもみられた半年前の消費の駆け込み効果(Vorzieheffekte)が働いて総需要水準の引き上がりという明るさが垣間みえてきたが,これが持続的なものとなりえないことははっきりしており,財政赤字についても対応の手綱を緩めることはできないと経済諮問委員会は断言している[31].先に指摘した消費の回復が部分的に貯蓄の取り崩しに支えられている[32]ことや輸出の伸びの減退が予想されていることは先行きの不安材料である.民間消費需要は確実に落ち込む.このような懸念要因が山積しているなかでは事態は薄日が差したといえるにすぎず,2000年度にGDP成長率2.9%に引き上がった後急激な収縮に見舞われた経験があることとも相俟って到底楽観視されるような状況にはない.持続的な低迷要因が構造化している点については次節において改めて言及するとおりである.

2 ドイツ経済の難点

2.1 ドイツ経済のニッチ体質

ドイツ経済の抱える真の問題を考えずに1990年代以降におけるなお一段の低迷ぶりを説明することはできない.確かにその時々のEU経済やアメリカ経済の動向など世界経済の短期的トレンドがドイツ経済に影響を与えてはいるも

のの，ドイツ経済が自らの足枷として内在化させている問題から目をそむけるわけにはいかない．これこそが中長期的にドイツ経済を制約している難点なのである．そこでこの問題を検討していくことにするが，今日のドイツ経済の特徴ないし問題として挙げられるべきはそのニッチ体質である．このような捉え方は経済諮問委員会においてはなされていないが，機械産業を中心にした研究において登場し，大きな流れになりつつある．まもなく触れるシュトレークの説明もそうした流れに沿うものである．本書はこの研究史の動向を積極的に支持し，ドイツ経済停滞の説明要因と位置づける．そこでニッチ体質について触れていくが，それは第5章で明らかにしたようにかつての「強み」が「弱み」に転化する客観的な状況に促されてそうした蓄積方向を余儀なくされたからにほかならない．以上の点は次のように指摘することができる．すなわち，ドイツ経済はなおも伝統的な構造を温存させつつ，生き残りのためにますます傾斜度を深めてニッチ市場に活路を見出す方向を模索することになったのである．中位技術水準の枠内で技術集約的な隙間商品に特化する「隙間戦略」(Nischenstrategie) が指向されてきたといってよい[33]．グローバリゼーションの進行による競争圧力の高まりに向けたドイツ産業企業の「生き残り」の模索が「メイド・イン・ジャーマニー」に象徴されるドイツ的伝統への過信とないまぜになってこうした蓄積方向を促したと考えられる．それは既存の蓄積方向にあった品質特化の側面を一段と鮮明にし，コスト戦略をいよいよ脇に追いやるものであった．

　ここでは分断化された市場 (fragmented market) のために量産効果の発揮は限定されているうえに価格競争が製品の特化により棚上げされる結果，明確に「価格競争市場」(price-competitive market) ではなく「品質競争市場」(quality-competitive market) への進出ないし浸透が促進されてきたのである[34]．ドイツ経済の社会生産システムを特徴づける「多品種高品質生産体制（輸出経済）」はその現れであった．高賃金経済の制約に促されて伝統的な品質定評への横すべり的依存が現実の需要変動とは無縁なままに強められていった．それも主として中位技術商品の品質競争市場である．シュトレークは速い製品回転で品質力を高めてきた日本経済に比べドイツ経済は遅い製品向上に適していると指摘する[35]．そこでは現在の情報通信技術時代における不安定で移ろいやすい需

要変動への対応能力の不十分さだけでなく,「品質競争市場」に特化する——迅速な製品革新が必要不可欠となる——こととの矛盾が明示されている.需要変動に対する弾力的な機動性がなおざりにされているのである.その意味ではドイツ経済には需要創出の点で著しい制約が課せられているのであり,これは今日までのドイツ経済を貫く基本的な問題といって差し支えない.ドイツ産業企業はこのような不確実でテンポのすばやい今日的な需要変動に向き合うよりは旧来の「静態的な」——固定的かつ確実な馴染みのある得意顧客の——需要に依拠しているように思われる.企業行動における隙間戦略の展開はその帰結にほかならない.これでは企業間のネットワークは拡がらないばかりか,IT を活用したイノベーション的ネットワーク化が容易に導かれないのは当然のことといわねばならないであろう.

　シュトレークはドイツ・モデルの発展可能性に関してその長期的枯渇を主張し,統一不況が発生しなかったとしても 1990 年代初めに危機が生じたであろうと指摘している[36].ここではドイツ経済の引き継がれてきた構造的変調の問題が暗示されているのである.第 5 章で言及したようなドイツ工作機械産業の「構造的危機」は伝統的な品質定評に依拠した特定顧客向け (kundenspezifisch spezialisiert) 製品差別化戦略の帰結であった.この場合の製品差別化戦略は同種製品の微妙な差異を追求するという本来的内容ではなく,個々の得意顧客の詳細なニーズにしたがった製品の特注化(高級化)という意味合いである.この戦略はコスト削減を随伴する多品種少量生産体制という名の量産化システムである FMS とは関連の希薄な生産体制である.それはまた,特定顧客向けとは 180 度異なって多品種少量生産体制の「売れるモノ作り」をさらに推し進めた現在のコンピュータ統合生産体制 (Computer Integrated Manufacturing, 以下 CIM) 下における多様な市場ニーズ開拓の高付加価値化を追求する変種変量生産体制からはるかにかけ離れている.したがって,ドイツでは FMS や CIM が採り入れられたにしてもそれぞれの特質を生かす形で展開されず,不確実性への対応能力という意味での積極的効果が著しく減殺されているといえる.トヨタを先頭にして顧客満足度を向上させている日本の自動車産業に比べてエレクトロニクス化の後進性に由来するマイクロ・コンピュータ制御不備からの電子系統のトラブルを抱えるドイツ自動車産業の今日的問題状況[37]はその端的な

表出であろう．その意味でドイツ経済において追求される製品差別化戦略はニッチ体質のドイツ的表現にほかならず，そこにほころびがみえるのである．いわゆるドイツ機械産業の技術的リーダーシップ性（Technologieführerschaft）というのも，あくまでニッチ体質を前提にしたものにすぎない[38]．そのために機械産業は「生産の国際化」に関して顕著な立ち遅れをみせているのである[39]．

経済諮問委員会が観察するように，1980年代の中葉になってようやく生産過程のデジタル化やエレクトロニクス化に進展がみられるようになったものの，高品質技術への一層の傾斜は隠しようもなく，ヨーロッパ市場における日本経済からの競争圧力をかわすことはできなかった[40]．1980年代から指摘されたような直接的競合関係は時を経るごとに深まってきたし，1990年代にはそれがより一層激化することが十分予想されていたのである．それゆえ，上述のシステムへの移行の際に経済全体として従来の国際的定評に対する評価の検討が適切になされたとは思えない．むしろ，企業サイドにおいて検討の先送りと裏腹の従来の国際的定評に対する安住というべき事態が続いていたと推測される．先に指摘した「遅い製品向上」というドイツ的な特質もここに根差す．そこで真に問われていたのは国際的定評が付随させている歴史的な発展要素の再検討というものにほかならなかった．本書において過去の「強み」が「弱み」に転化したと指摘された問題点である．ここには経済に加えられた構造調整圧力に対するドイツ的対応ともいうべきもの——過去への遺産への強いこだわりと負と化した要素の温存傾向——が如実にみられるといってよい．この歴史的反転の事実がドイツ経済に関する研究史において見逃されてきたことも本書が強調したいところである．

ニッチ市場に活路を見出す方向ではドイツ経済の内生的発展動力の展開に繋がるとはいえず，経済の牽引力も弱くならざるをえない．ニッチ市場それ自体は規模が小さいからである．それゆえ内発的需要の規模も限定されざるをえず，高賃金雇用（high-wage employment）の創出力もそれに応じて低下する．新規投資を誘発する力もかつてとは比べようもないほど引き下がる．とすれば，1980年代における民間投資の停滞と220万人を超える高水準の失業者数は事態の推移として当然のことであったといわねばならないし，先に輸出需要との

関連を断ち切られた内需不振という今日の問題状況もそうした難点に起因すると考えられる．「伝統的な高品質」への過度の依存がもたらした代償といって差し支えなかろう．コスト追求の面でドイツ産業企業が著しく鈍感になったことはこれまでのなかで論じてきた．ドイツ産業企業の期待とは裏腹に従来の品質定評に依拠して現実の需要変動との間に齟齬をきたすことになるのは先に示唆したことであるが，以下でも繰り返し関連言及するとおりである．2000年代に入って一層増幅された経済不振は，「伝統的な品質定評」に寄りかかったドイツ産業企業の隙間産業化に伴う需要不足（派生・誘発需要の弱さ）によるものと推測される．内需の不振は確かに膨大な失業者の堆積にも一因を求めることができるが，主たる原因は競合回避に由来する隙間戦略の展開にあるとみるのが妥当であろう．ドイツ経済の内生的発展動力はちょっとやそっとの輸出の失地回復によって大きく盛り上がるものではないのである．需要の制約はドイツ経済に不可欠なイノベーションの阻害要因となっている．つまり，大口需要がイノベーション全体の練磨・向上の起爆剤となるというようなプラスの連関関係が容易に生じないわけである．

　時を遡ることになるが，1980年代の表面的な景気回復を考察する場合，こうした中身に注目することなしに議論を済ますことはできない．歴史的にみて西ドイツ経済がこの問題の解決という重大な課題を投げかけられていたことが重要視されねばならない．従来の議論は西ドイツ経済の外見上の堅調さに引きずられがちであった．1980年代末に「企業立地連邦共和国」（Unternehmensstandort Bundesrepublik）や「生産立地ドイツ連邦共和国」（Produktionsstandort Bundesrepublik Deutschland）が内外の投資誘致をめぐって本格的に議論の俎上に載せられる[41]のは以上の脈絡においてであった．そしてこの議論は不況の最中における1993年9月の経済相レクスロート（Günter Rexrodt）報告「ドイツ産業立地の未来確保」（Zukunftssicherung des Standorts Deutschland）[42]を経てドイツ経済となった1990年代にも盛んに展開され，「産業立地間競争」の問題として引き継がれて今日に至る重大な争点をなすのである．その点に関連していえば，産業立地論や産業立地間競争の問題ではさほど検討の俎上に取り上げられないが，ドイツ産業企業が指向している「隙間戦略」を強化するのか，あるいはまた，是正するのかが改めて問われることになろう．産業立地問題とい

うとドイツ経済の上述した特質を度外視してコスト削減努力を直ちに挙げる議論の立て方が当たり前のようになされがちなので，慎重な吟味が必要とされる．後にも言及するように，コスト削減の追求に鈍磨になってきたのがドイツ産業企業自身だからにほかならない．その意味で，コスト削減努力を挙げるだけでは焦点がずれたものとなるのである．

2.2 ドイツ経済と構造調整圧力

　以上でドイツ経済が直面する問題はおおよそ説明されたと思われる．既存の「品質競争市場」への特化に端的に示されているように，内生的な発展動力の低下に有効に対処しえず，構造的調整圧力を脇にそらす企業行動が支配的となったと考えてよい．市場統合から通貨統合へのEU経済統合の進捗や社会主義圏の自壊において東西ドイツの統一がなされたが，EU市場内部での競争構造の深まりとグローバルな競争地平の一挙的な広がりにより［大西］ドイツ経済は構造的調整圧力を回避する途を断たれてしまった．1980年代に変調を構造化させる問題を抱えながら，ドイツ経済は市場統合と通貨統合のワン・セット的なEU経済の再生の一環に組み込まれ，歴史的な再編の局面に立たされている．それはいわば，「脱国民国家的再編」の反面でナショナルなユニットに発展経路の依存度を深める重層複合的な発展性を求める証しである．

　いうまでもなく，市場統合と通貨統合をワン・セットとする統合形態はそれ自体経済統合の極限を示すが，そこで目指されているのは生産過程のデジタル化とネットワーク化によるEU経済の思い切った失地回復である．それはデジタル化の課題からは第一次，第二次石油危機においてEU経済が大きく地盤沈下するなかで成長性の著しい東アジア経済に対抗するという意味での新たなヨーロッパ問題が生まれ[43]，ネットワーク化の課題に関連して1990年代のアメリカ経済の再生とともに対アメリカへの新たなキャッチ・アップ（「ニュー・エコノミー」への挑戦）の要請からヨーロッパ問題がなお屈折していくからにほかならず，そこでドイツ経済には問題解決の鍵としての役割が付与されているのである．それにもかかわらず，その役割に見合った対応能力へのきっかけがつかめず，ドイツ経済の行方にはなかなか明るさがみえてこない．

　経済諮問委員会も2000/01年度報告において初めて「ニュー・エコノミー」

(Neue Ökonomie) がドイツ経済にとってもつ意味を詳らかに展開した[44]. そこではデジタル網の産業横断テクノロジー (Querschnittstechnologie) としての情報通信処理能力の駆使が強調されているのである. ネットワーク化が競争と資本蓄積の鍵となっていることは明らかであろう. ネットワーク化は情報処理能力の飛躍とデジタル通信の浸透をバネにしたグローバル・アウトソーシング (生産のモジュール化) の推進契機であり, 市場の動きを鋭敏に察知することによるリアルタイムでの需要創出に向けた「欲求」生産システムづくりの不可欠な手段だからである. この点で人材育成の欠落が IT 技術者に現れ, 慢性的な高失業の下でこうした技術者不足が重大視され, 2000 年に 2 万人を上限としてインドや中東欧諸国から期限 5 年ビザ発給で IT 関連外国人専門家を調達する「グリーン・カード制」が採り入れられたのもネットワーク化の整備に関連してのことであった. 結果として大した成果を収めなかったこの制度はあくまで政府肝煎りの緊急避難措置であるが, 裏を返せば民間の経済内部において情報通信技術革命を実施に移す環境がなお煮詰まっていない問題状況が投影されているとみなせよう. 伝統的な中位技術に長年慣れ親しんできた国民にデジタル情報通信の活用に関する意欲や能力が追いついてくるには時間がかかるといってよい. たとえば, インターネットの普及率は 2005 年時点では英米の 70％弱に対して 45％にとどまっている[45]. キャッチ・アップにはまだ距離があるのである.

　1990 年代のアメリカ経済は「ウィンテル」の合成語に象徴されるように, 先端技術商品・サービス財でパソコンの心臓部を形成する高付加価値のソフト濃厚的な論理素子半導体 (インテルの超小型演算装置 MPU ペンティアム) やソフトの開発と生産 (マイクロソフトのウィンドウズ) に成功し, 低労働コストで生産されるハードな周辺部品をグローバル・アウトソーシングで調達する生産システムを構築してきた[46]. 世界的スケールでの需要に対処するこうしたハイテク戦略がグローバリゼーションの一挙的進行のなかで 1970 年代と 1980 年代の不振からアメリカ経済が見事に再生できた理由である. コストダウン戦略を軽視して中位技術で高級化戦略を過度に追求する限界に直面するドイツ経済とは次元が異なる. 現状ではアメリカ経済のようにアウトソーシングといった利点を生かす余地は小さいといわねばならない. 前項で述べたように,

高賃金システムの維持を基本的前提にして生産立地の国外代替が忌避され，製造業の空洞化が懸念されるといった具合に国内投資立地としての産業立地間競争論争が展開されているぐらいなのである．

かつて技術大国として生産過程のデジタル化に最も速やかに移行できると考えられていたのが西ドイツ経済であったが，それは本書で展開するように根拠の薄弱なものであった．「ニュー・エコノミー」に対する挑戦に関しても何らの留保なしにドイツ経済がキャッチ・アップできるかのような認識が広がっているが，先に示した経済の質的相違を考慮すれば，それが錯覚にすぎないことは明らかであろう．実は1990年代末から2000年にかけて盛り上がった株式ブームはこうした錯覚の上に成り立っていたきらいがある[47]．かつてと同じ愚を繰り返さないためにはドイツ経済が生産過程のデジタル化とネットワーク化にキャッチ・アップできる条件を検証していかなければならない．今肝要なのはひとつひとつの難問を解きほぐしていく着実な積み重ねである．この点は必ずしも経済政策論として十分に突き詰められているとはいえない．

いわゆる旧東ドイツ経済の再建も旧西ドイツ経済が引きずってきた構造問題を解きほぐすことなしには本当の意味での設計図を描けないものであった．［大西］ドイツ経済に組み込まれるだけでは済まなかった．1980年代までの西ドイツ経済に構造化した変調の問題が孕まれていたからである．建設投資を軸に経済インフラ整備が一段落し，その反転として整理の圧力がかかる1996年頃から旧東ドイツ経済の復興が困難な局面に入るとされたのには以上の理由があった．事実，1996年以降旧東ドイツ経済の成長率は大幅に低落した[48]．鋭い建設不況が足を引っ張るなかで商業，旅館・飲食店業，交通業は健闘しているものの，加工組み立て産業のような雇用吸収力の大きい部門が十分再生・定着していないためである．そのため1995年までは高成長により失業者は減少傾向にあったのだが，1996年以降就業人口は減るなかで失業者数はなお一段の増加をみせ，1997年後は常時150-160万人ほどに推移している（前掲図6-1を参照）．

旧西ドイツ経済よりもサービス経済化の進展は著しいものの，産業の裾野が広がりをみせていないことが足枷になっている．1997年から2003年までの旧東ドイツ経済のGDP成長率は0.8％で旧西ドイツ経済の1.4％を下回り，再

建・復興過程は完全に頓挫した[49]。政府側からは旧東ドイツ経済の復興は1世代かかる問題だと主張されているが、それも西ドイツ経済時代からの構造問題の解決に関する現実的処方箋にかかっているといわねばならない。そこに旧東ドイツ経済をどのように建設するかの具体的な見取り図が敷かれえるからである。旧西ドイツ経済の移植といった単純なキャッチ・アップ論では括れぬ設計問題がここにはある。これまでの議論は、かつての社会主義の経済的優等生といわれた旧東ドイツ経済の外見的な「先進性」を前提としたうえで、旧西ドイツ経済を理想化したキャッチ・アップの楽観論が支配的だったのであり、旧西ドイツ経済と旧東ドイツ経済とのこうした関連を問う視点は提示されてこなかった。1980年代までの西ドイツ経済史を踏まえて本書ではこの点を強調したい。

それにつけても、1990年代末の時点において500万人におよばんとする失業問題やイノベーション力の不足、持続する民間投資の弱体化に起因する経済のダイナミズムのさらなる全般的低下からドイツ経済の危機が叫ばれる[50]問題状況がある。「病める経済」(sick economy)の様相が時を経るとともに深刻になっているのが実情である。これを構造的問題ではなく、ドイツ統一に伴う「西ドイツの過度投資圧力と東の経済崩壊とのダブル効果から生じた」として歴史的に1回かぎりの事情に解消させようとする[51]のは表層的な観察といわねばならない。ドイツ統一好況が本来的に西ドイツ経済によって抱えられるに至った構造的問題を一時後景に退かせるように作用した一方で、他方ではドイツ統一不況は長期的な構造再編問題を増幅させる役割を果たしたとはいえようが、これまでの歴史的経緯でこのような位置関係をみれば、統一ドイツに関わる特殊な景気変動が問題の本筋でないことは容易に理解されるであろう。問われていたのは、俄か特需ではなく、スケールの大きな持続的な需要だったのである。

統一好況に伴う能力増強投資が生産能力の過剰問題を引き起こしたことは事実だとしても、その問題は調整圧力の皮相部分を映し出すものでしかなく、それを全面的に経済の不振に帰すわけにはいかない。1回かぎりの事情なら調整が済めば再び経済成長の軌跡を回復させ、もしそうなら資本設備投資が統一直後のかつての水準に戻った1990年代の末には回復軌道に乗っているはずであ

る．ところが現実には経済不振はなおも増幅し，超低成長局面が訪れている．前掲表 6-2 はそうした冷厳な現実を見事に裏づけていよう．奥深い経済の基層においてドイツ経済の足枷になっている問題の真因をみることが重要であることは繰り返し強調したとおりである．

　1990 年代におけるドイツ産業企業に生じた経済変動はグローバルな競争，顧客変動の短期性と不確実性，高品質，信頼性とともに競争的な価格の追求に対する顧客の需要の高まり，ますますの複合的な競争性と技術変化の急速なスピードであろう．ドイツの生産と組織の伝統的な構造は以上のような日々変動的な経営環境に向けて創り上げられていなかった．反対にドイツ産業企業により採用された制度や経営技術は基本的に安定した予測しうる環境で機能するような指向性をもっていた[52]．これでは FMS だけでなく，CIM への移行も阻害されることになるのは明らかである．かつて革新的であった 19 世紀末の第二次産業革命的な発展要素が今日的状況から乖離して以上の静態的指向性を強化するように作用したことは間違いないであろう．AEG，マンネスマン，ヘキストといった歴史的に名のある産業企業の解体・消滅は以上の脈絡のなかで理解されねばならないであろう．市場の動きは想像以上の速さであり，産業企業がそれに関する情報の迅速かつ的確な吸い上げについていかないと市場から消えることになる．「メイド・イン・ジャーマニー」のブランドが神通力を発揮し，その製品を待っていてくれたかつての時代とは状況が一変しているのである．

　こうした特徴は現に進行しつつある情報通信技術の革新に弾力的に適応できないことを示しているが，グローバルな競争は 1990 年代に一挙に進行したものであるから別に改めて加えられる新たな要因だとしてもその他の要因はすべて 1970 年代後半にはすでに現れていたものである．とすれば，そうした特徴はドイツ産業企業の骨肉と化していたと考えられるだけに，この点に十分に留意する必要がある．総じて統一ドイツ経済の国際的競争力は西ドイツ経済のそれよりさらに低下し，先端産業でのグローバルな競争への立ち遅れは克服されずにいるのである[53]．サービス雇用の成長は企業関連向けを中心として 1990 年代初めより顕著であるが，産業面での立ち遅れに対する構造調整が進まなければその飛躍は望めないであろう．サービス経済化は IT 化に伴う製造業の新

たな裾野の開拓に向けた需要喚起的な新陳代謝と表裏一体だからである．サービス経済の興隆と製造業の衰退を重ね合わせること自体にそもそも無理があるのである．このことは20世紀において自動車産業の出現が都市圏の拡大といった空間的変化と不可分な関係に立ちながら流通業，外食産業，保険業，消費者金融（月賦販売）などの第三次産業を広範に分泌させた事実から容易に推察されるであろう．

1) Streeck (1997), p.33（山田訳 (2001), 54頁）．シュトレークのこの見解は1980年代末における西ドイツ経済の比較的高い経済成長を受けてのものかとも推測される．まもなく本論のなかで触れるように，この見解は経済諮問委員会の認識とは大分異なっていた．投資の伸びの低迷や競争構造の変化によって引き起こされた「経済成長の弱さ」（Wachstumsschwäche）は1980年代における経済諮問委員会の中心的な問題認識であったといってよい．Sachverständigenrat zur Begutachtung der gesamtwirtschaftlichen Entwicklung (1984), S. 2, (1987), S. 134.「経済成長の弱さ」という語句が序章においてアーベルスハウザーを引用して取り上げられたことはここで留意されてよい．なお，シュトレークの議論が論述のなかで言及するように，微妙な言い回しにより1980年代後半の衰退に触れており，その意味で必ずしも成功一本調子でないことには注意が必要であろう．本論でも述べたように，悲観的な観測がなされながらも，なお国際的競争力の保持を強調するのが最近のドイツ経済論であり，これはシュトレークにかぎらない．「経済成長の弱さ」は厳然たる事実で，それを無視しえないからである．
2) Giersch, Paqué, Schmieding (1992), p. 186.
3) Sachverständigenrat zur Begutachtung der gesamtwirtschaftlichen Entwicklung (1981), S. 7.
4) ギールシュ，パケ，シュミーディングは経済諮問委員会の予測どおりの経済成長率であった（Giersch, Paqué, Schmieding (1992), p. 192）として西ドイツ経済が水面下に没したことを否定しているが，この点は正確ではない．経済諮問委員会は実際には1982年の成長率をマイナス3.5％とみなしていたからである．経済諮問委員会の見方ははるかに悲観的であったといってよい．
5) 加藤榮一 (1988), 229頁．
6) この信用失墜は連邦予算の編成と失業問題に直接に現れた．Siekmeier and Larres (1996), p. 119.
7) 工藤 (1999b), 595-596頁．
8) Sachveständigenrat zur Begutachtung der gesamtwirtschaftlichen Entwicklung (1993), S. 64-65, Tabelle 8. ただし，市場統合ブームは持続的ではなく一時的なものであった．EC経済が競争的成長市場に生まれ変わっていない以上，これは当然のことであったといわねばならない．ユーロ・オプティミズムがビジネス・

コンフィデンスを持続させるまでには深まりをみせず，定着するまでには至らなかったのである．しかし，ここで留意されるのは後の通貨統合とワン・セットになって経済再生のシナリオが創り上げられたことである．その発端時点でドイツ経済が攪乱要因になったことは本論で触れたとおり皮肉な出来事であった．正確にいうと，ドイツ経済が攪乱要因となった EMS の動揺が為替リスクの根本的解消を促すことで通貨統合の機運をかえって高めたのである.
9) Giersch, Paqué, Schmieding (1992), p. 208.
10) Sachverständigenrat zur Begutachtung der gesamtwirtschaftlichen Entwicklung (1985), S. 103, (1987), S. 134.
11) 加藤榮一 (1988), 229 頁．コール政権下で財政問題が解消したとはいえず，財政規律が格段に強まったわけではなかった．ただし，統一前夜には財政収支はマイナス 2% 程度に収まることになり，一時的な小康状態が現れた．その後財政収支が旧東ドイツ経済への支援により悪化していった．
12) 1970 年代と 1980 年代における労働生産性と輸出市場シェアの動きについては，以下の付表を参照のこと．

a) 労働生産性の変化　(%)

	1973-1979	1979-1989 年
製造業	3.4	2.3
機械工学	2.7	1.5
自動車	4.4	1.3
事務機器	11.2	4.0
化学製品	3.0	2.0

資料：Carlin (1998), p. 32, Table 2.2.

b) 世界輸出に占めるシェア　(%)

	1980	1990 年
機械・輸送機械	16.5	16.5
自動車	21.0	21.5
事務機器	10.0	7.0
化学製品	17.0	17.0

資料：Carlin (1998), p. 32, Table 2.2.

13) 1970 年代の石油危機や途上国の工業化による経済変動に対して西ドイツ経済が産業構造のより一層の高度化というよりも OPEC 諸国などへの輸出地域のシフトによって対処しようとした点については，佐々木 (1990), 53 頁を参照．これがニッチ市場の傾斜と表現される事態の一端であったことはいうまでもなかろう．Vgl. Sachverständigenrat zur Begutachtung der gesamtwirtschaftlichen Entwicklung (1991), S. 86, (1992), S. 73.
14) Van Hook (2004), p. 1.
15) たとえば，1970 年代のスタグフレーションのなかで成長路線を優先させる結果として不況に対するテコ入れを選択し，その結果インフレ高進を招いて貿易収支の悪化と不況の増幅の悪循環に直面したフランスには厳格なインフレ制御を先行させた西ドイツに比べて EMS の中心国となりうる資格はなかった．むろん，ブロック・フロート制から 1974 年に離反するといった過去の経緯も負の意味合いで加わる．事実，1980 年代に「ミッテランの実験」の壮大な失敗の反省からも政策変更を余儀なくされてフランスは西ドイツのブンデスバンクの金融スタンスに追随して競争的ディスインフレ政策を追求するのである．

16) Sachverständigenrat zur Begutachtung der gesamtwirtschaftlichen Entwicklung (1991), S. 4, 62, (1992), S. 67.
17) Sachverständigenrat zur Begutachtung der gesamtwirtschaftlichen Entwicklung (1990), S. 87.
18) Sachverständigenrat zur Begutachtung der gesamtwirtschaftlichen Entwicklung (1990), S. 89.
19) Sachverständigenrat zur Begutachtung der gesamtwirtschaftlichen Entwicklung (1990), S. 11, 163.
20) Sachverständigenrat zur Begutachtung der gesamtwirtschaftlichen Entwicklung (1993), S. 64-65.
21) Klodt, Stehn, et al. (1994), S. 46.
22) Sachverständigenrat zur Begutachtung der gesamtwirtschaftlichen Entwicklung (1993), S. v.
23) Hallett (1996), p. 177.
24) Sachverständigenrat zur Begutachtung der gesamtwirtschaftlichen Entwicklung (2002), S. 9.
25) Sachverständigenrat zur Begutachtung der gesamtwirtschaftlichen Entwicklung (2003), S. 109.
26) Sachverständigenrat zur Begutachtung der gesamtwirtschaftlichen Entwicklung (1996), S. v-vi , (1997), S. 1, (1999), S. 130-131, (2002), S. 9, (2003), S. 2, 109. なお「経済成長の弱さ」に関しては本章注1を参照のこと．
27) 諫山 (2003), 245-246, 264-267 頁.
28) Sachverständigenrat zur Begutachtung der gesamtwirtschaftlichen Entwicklung (2005), S. 1, 108. これは「ハルツ改革Ⅳ」により失業の集計方法が改定され，生活保護を受給していた者のなかで就業能力のある (erwerbsfähig) 者が失業者に算入されることになったために増加したのである．1980 年代中葉以降失業救済からはみ出た失業者が生活保護受給に集中するようになった状態を振り出しに戻そうという政策的意図があったといってよい．社会保障制度の改変に付随した労働市場改革である．そこで 2005 年 1 月には一時失業者数が 500 万人を超える事態が生じることになった．
29) Sachverständigenrat zur Begutachtung der gesamtwirtschaftlichen Entwicklung (2005), S. 72.
30) Sachverständigenrat zur Begutachtung der gesamtwirtschaftlichen Entwicklung (2004), S. 8, Schaubild 5.
31) Sachverständigenrat zur Begutachtung der gesamtwirtschaftlichen Entwicklung (2006), S. 293-296.
32) Sachverständigenrat zur Begutachtung der gesamtwirtschaftlichen Entwicklung (2006), S. 56.
33) Klodt, Stehn et al. (1994), S. 28. アーベルスハウザーは，彼を招聘した千葉大

学大学院人文社会科学研究科 21 世紀 COE プログラム「持続可能な福祉社会に向けた公共研究拠点」国際シンポジウム「ニューエコノミーへの多様な道——ドイツ・日本・アメリカ」(彼の基調報告論題は「経済文化の闘争におけるライン資本主義」)の総合討論 (2006 年 3 月 16 日) において,ドイツの雇用問題に関して「非常に優秀な,質の高い製品を作り出し,それを販売することによって高賃金を維持していく方法しかありません」と述べたうえでドイツ経済の発展方向について「ドイツの中心にある高品質製品に関わる労働分野,職業分野を強化することによって,標準化された生産地域 (アジアなどの新興工業地域——筆者) との競争を回避する作戦を立てるしかないと私は考えます」と指摘する.千葉大学公共研究センター:21 世紀 COE プログラム「持続可能な福祉社会に向けた公共研究拠点」(2006),181, 198 頁.彼はまたこの点にドイツ経済の競争力の強さを見出している.アーベルスハウザー (雨宮・浅田訳) (2006), 127 頁.本章はこの見解に疑義を申し立てるものである.アーベルスハウザーをもってしてもこの認識である.競合回避戦略が多くのドイツ企業の経営判断であったことは想像に難くなかろう.

34) Streeck (1997), pp. 37, 39, 40-42 (山田訳 (2001), 58, 61, 63 頁).なおシュトレークは 1980 年代の後半に「品質競争市場」に日本企業が進出してきて独壇場的立場が失われ,価格競争を逃れようとすることもできなくなったと指摘する.この点でコスト競争戦略を鈍らせてきたドイツ企業の劣位が明瞭になったわけである.価格競争に壁をつくることに特質があった「品質競争市場」に風穴が開いたという点でこれは大きな変化であった.従来「品質競争市場」に随伴していた価格競争の「遮断効果」が日本企業の進出により薄れてきたのである.つまり,価格性能比でみたドイツ製品の割高感が強まったことで競合回避的な企業戦略にほころびが生じたわけである.

35) Streeck (1997), pp. 46-47 (山田訳 (2001), 70-71 頁).ただし,日本経済の場合には FMS への過信から需要へのアンテナを正確に張り巡らすことなく,製品回転が「数打てば当たる」仕方で行き過ぎた難点がバブル崩壊とともに露呈される.需要不足に悩む「失われた 10 年」が始まるのである.

36) Streeck (1997), p. 47 (山田訳 (2001), 72 頁).

37) 熊谷 (2006), 34 頁.

38) Kalkowski, Mickler, Manske (1995), S. 103.

39) 諫山 (2003), 267 頁.

40) Sachverständigenrat zur Begutachtung der gesamtwirtschaftlichen Entwicklung (1981), S. 195, (1985), S. 103, (1987), S. 59.

41) Sachverständigenrat zur Begutachtung der gesamtwirtschaftlichen Entwicklung (1988), S. vi, 10, 135-139, Bellendorf (1994), S. 19.

42) Hallett (1996), p. 184.

43) Sachverständigenrat zur Begutachtung der gesamtwirtschaftlichen Entwicklung (1987), S. 3, 54. また EU 経済が日本とアジア NIES に対して経済的に対抗して

いかなければならない認識は欧州委員会が出した『成長，競争力，雇用白書』のなかでも明確に表現されている．European Commission (1994), pp. 71-73. 問題認識の EU レベルへの広がりないし深まりである．とくに韓国や台湾のエレクトロニクス産業における国際的な競争力の動態的な向上が注目されているのである．

44) Sachverständigenrat zur Begutachtung der gesamtwirtschaftlichen Entwicklung (2000), S. 182-183.
45) とはいえ，普及率のテンポは 2000 年代に入って急速である．2000 年には 10％であった．Sachverständigenrat zur Begutachtung der gesamtwirtschaftlichen Entwicklung (2000), S. 133, Schaubild 37. しかし，国際的には英米とも普及率の動きはドイツと同じく速かった．それで格差は容易に縮まらないものとなっているのである．ついでに言っておけば，ネットワーク化は EU レベルで追求されている．欧州縦横断ネットワーク構築の試みや欧州電子行動計画はそうした動きを代表する．ちなみに，2005 年の時点における日本の普及率は 50％であり，ドイツと同じくネットワーク後進国に属する．
46) 米倉 (2004), 28-30 頁．
47) この点，ドイツ版ナスダックといわれたノイアー・マルクトは 2003 年 1 月に閉鎖された．1997 年 3 月の創設から僅か 6 年後の結末であった．株式ブームの虚構性が完全に露呈されたといってよかろう．
48) Sachverständigenrat zur Begutachtung der gesamtwirtschaftlichen Entwicklung (1996), S. 21, (1997), S. 2. 藤澤 (2003), 329 頁．
49) Sachverständigenrat zur Begutachtung der gesamtwirtschaftlichen Entwicklung (2004), S. 304-307.
50) Hentschel (1998), S. 7, 47.
51) 田中素香 (2001b), 273 頁．なお，田中素香 (2006) は (2001b) に修正を加え，低成長に関して「歴史的に一回かぎりの事態」を改めて「ドイツ統一と不可分であった」との抑えた表現にとどめている．「不可分」と考える以上，論旨に変化がないとみるべきと判断してそのまま引用した．ただし，(2001b) の末尾で「21世紀初頭のドイツ経済は再び力強さを取り戻すであろう」(283 頁) とあった楽観的展望が訂正されたうえ，(2006) の文中において新たに「西ドイツ時代には考えられなかった国民経済の構造的危機に直面することになった」(283 頁) との正反対の表現が盛り込まれている点でドイツ経済に関する捉え方が基本的に変わったとみなすのが自然である．このことは副題が「統合のパートナーから主導国へ」から「低成長に悩む『ライン型』資本主義」に変更された点に凝縮的に表現されていると考えられる．ただし，「西ドイツ時代には考えられなかった」としている点では「慢性的な『ドイツ病』」ではないようである．とすれば，「構造的危機」という場合のその具体的な中身とともに統一ドイツと不可分の 1990 年代における経済低迷と「構造的危機」の関係が改めて問われることになろう．
52) Kinkel and Wengel (1999), p. 19.
53) 諫山 (2003), 248, 250, 267 頁．

終章 | 現状と展望

　1970年代の後半，西ドイツは緩慢な景気回復に伴う経済低迷により「ヨーロッパの病人」と呼ばれ，今日においては「最下位チームの担い手」（Träger der roten Laterne）といった変わった言い回しがなされることもあるが，この形容（kranker Mann Europas）は経済諮問委員会報告でも先の変わった言い回しとともに取り上げられており何ら変わることはない[1]．ドイツ経済はEU経済の「落伍者」（a laggard）との判断さえなされているのである[2]．この事実の重みを見逃すことはできない．第6章で明らかにしたようにEU通貨統合において強いドイツの代名詞と受け止められていたマルクを消しても堅固と想定されていた経済成長余力は想像以上に乏しいことが深刻に露呈されている．この問題はもはやCDU/CSUやSPDのどちらの政党が政権のリーダーシップを握ろうとも解決が容易なものではなくなり，単なる政治的枠組みの変容で片がつくような性質のものではなくなったといって過言ではない．経済不振の下，増税と失業保険改革を直接的契機としながら1990年代末から2000年代前半においてドイツ政治をリードしてきたSPDと緑の党の連立によるシュレーダー政権の不人気が手伝ったせいでもあるが，2005年11月23日にCDUの初の女性党首メルケル（Angela Merkel）を首班とするCDU/CSUとSPDの大連立政権が誕生した事実はドイツ経済が袋小路状態に陥っていることの裏返しであり，その問題状況の政治的承認にほかならない．

　CDU/CSUもSPDも前回の選挙に比べてそれぞれ得票率を3.3%，4.2%減らして35.2%，34.3%を獲得したにすぎず，両者とも国民の信認を得たとは言い難いからである．左翼党・民主社会主義党（Die Linkspartei : Partei des Demokratischen Sozialismus）が得票率8.7%と伸ばして前回の2議席から54議席に劇的に増加させたことは注目に値するが，これは第6章において関連言及したよう

に，経済的には旧東ドイツ経済における旧西ドイツ経済の成長率を下回る成長率の極端な低さに示される再建問題の行き詰まり，大量失業者数の堆積，社会保障対策をも合わせて失業対策への不満によるものであるが，政治的にはそうした窮状のなかで SPD を離党したラフォンテーヌ率いる一派と連合したためである．その新たな変化は少なからぬ衝撃を与えてはいるものの，勢力的に FDP や緑の党と横一線に並んだといえるだけで党の先行きがまだまだ不透明だということもあり，基本的にドイツ政治を揺り動かすまでには至っていない．したがって，必ずしも積極的な意味合いでなくとも CDU/CSU，SPD の動きが注目される構図は相変わらず続いている．そこで両者に話を戻せばいずれも負け組となって大連立政権を組んだという意味ではそこに前向きに評価する材料はないわけである．先にドイツ政治の新たな屈曲と表現した所以である．

　これも変調の「構造化」がもたらした派生的な所産であるといってよい．その象徴は経済諮問委員会報告が取り上げる持続的な超低成長と執拗な高失業の問題である．それらは旧東ドイツ経済の再建の行方と関わって何らかの決着を迫られる重大な問題となっている．1966 年 12 月に大連立政権が成立した当時は政権担当政党 CDU/CSU への不信を新生 SPD が支えるというかたちでの政治の組み替えがなされた．ゴーデスベルク綱領で生まれ変わった SPD を試す絶好の機会がついに訪れ，そこで本書で展開したように経済政策の枠組みにも重大な変更が生じた．いわば，戦後ドイツ政治の変革がなされたことになる．今回は CDU/CSU も SPD もいずれも国民の信認を十分得られないなかでの大連立政権である．かつての時代とはまったく様変わりの状況が現出しているといわねばならないであろう．ケインズ的な需要管理政策が経済政策論議から影の薄い存在となるばかりでなく，供給サイドに力点を置く新自由主義の経済政策も改めて検討の俎上に載せられざるをえない．ドイツ経済の発展と表裏一体の関係にある社会的市場経済の今日的様相についての議論が盛んなのはここに起因する．社会的市場経済には「成長の弱さの脱却を目指す競争的な」というような類いの形容が付されねばならなくなっている．何らの形容もない「社会的市場経済」がそのまま罷り通る状況はもはやなくなっているといえよう[3]．新たな定義づけと解釈が迫られつつある．かつての理念とは乖離する変容を問う作業が開始されねばならない．それはドイツ・モデルの意味内容を新たに探

る試みである．

　その点で，ドイツ・モデルの発展軌跡に関する追憶は「色褪せた奇跡」との表現と表裏一体の関係ながらも日々新たになっている．EU 経済内部における産業的覇権の揺らぎがドイツにとり深刻に認識されているなかでかつての経験に照らした産業的再生が改めてクローズ・アップされている．ドイツ社会が有する歴史的規定性に根差す国民経済的個性ともいうべきライン型資本主義はなお経済発展の有力な選択肢として再評価を迫られていると考えられる．実際，その延長線上に現状打開に向けて生産過程のデジタル化から導かれる職人的技能のフレキシブルな発展性に裏打ちされた「メイド・イン・ジャーマニー」の品質差別化戦略——従来の高級化戦略ではない——が現在の情報通信技術を介したコスト戦略とのバランスに立って展開されることを必要不可欠な条件としている．労働コストの絶対的な高さを前にして品質競争力の巻き返しを合わせた価格性能比の改善が求められている．ここでは FMS のキャッチ・アップ的整備を超えて静態的な顧客ニーズに甘んじるのではなく，ダイナミックなニーズの掘り起こしに向けた CIM のドイツ的洗練が推し進められねばならないであろう．かつて効率的な生産システムを明示するものでもあった「メイド・イン・ジャーマニー」の抜本的見直しが要請されるわけである．これは供給サイドの構造改革だけでなく，同時に需要創出の構造改革をも意味する[4]．すなわち，経済発展動力の弱いニッチ需要依存の体質を脱却して不確実性の経済環境に正面から向き合うことにより EU 経済の牽引車に回帰できるかどうかの復権問題が改めて浮上している．それはとりもなおさず「産業立地間競争」に生き抜き，熾烈なグローバルな競争の一方で市場統合と通貨統合をワン・セットにする EU 経済再生の新型ヨーロピアナイゼーションに同調化していく途でもある．ドイツ経済は EU 経済のコア諸国としての鼎の軽重が問われる歴史的試練の場に立たされているからである．

　しかし，そこに現在のドイツ経済が抱える最大のジレンマがある．歴史的規定性と折り合いをつける成長の模索は容易ではない．その折り合いをどうつけるのか．試練はなおも続くが，この問題の歴史的淵源は 1974/75 年不況時の変調の始まりにあるというのが本書の結論である．序章において指摘したドイツ経済の「漸次的な衰退」はこの結論から導き出されるし，変調の「構造化」の

位置づけも的確になされるのである．第二次大戦期におけるレジスタンス運動の構想に即して考えれば，ドイツ経済は先に述べた政治の新たな屈曲という混迷ぶりを示しつつも民主協調型政治システムの着実な進展と経済統合のこの上ない深まりのなかで確かに「山羊の精神」をもつに至っているが，今日的な情報通信技術に適合的な「狼の肉体」を身につけえないでいる．これが今日的なドイツ問題の実相にほかならない．「ニュー・エコノミー」に対する挑戦が改めて強調されるわけである．しかし，その前に構造化した経済変調を解決しなければならないという重い課題が横たわっている．ドイツ経済史が孕む歴史のパラドックスの問題にもう一度立ち戻ることが要請されているといえよう．

1) Sachverständigenrat zur Begutachtung der gesamtwirtschaftlichen Entwicklung (2002), S. 205.
2) Funk (2000), p. 33. この形容は 1990 年代末における第一次シュレーダー政権を含めて 1990 年代の時期を対象にしてのものである．2000 年代に入っての第二次シュレーダー政権下におけるなお一段の経済不振を考慮すれば，さらに厳しい評価が下されることになろう．
3) たとえば，2000 年に全金属の使用者団体により新自由主義の立場に立つ「構想 新しい社会的市場経済 (Initiative Neue Soziale Marktwirtschaft, 以下 INSM) なるシンクタンク的な活動組織が設立された．21 世紀に適合的な社会的市場経済を目指すこの運動組織は「供給指向的な経済政策」(angebotsorientierte Wirtschaftspolitik) に立脚してすぐれて労働市場改革を追求しようとしている．「社会的とは労働が創るものである」(*Sozial ist, was Arbeit schafft*) という INSM のスローガンは 2005 年の連邦議会選挙においてメルケルやシュトイバー等により採り入れられた．このスローガンが自己発意 (Eigeninitiative) や実績への用意 (Leistungsbereitschaft) を介して競争 (Wettbewerb) を生かそうとするものであることは明らかである．そのねらいは産業立地の質の改善にある．
4) 日本経済を検討対象にしたものであるが，供給サイドの構造改革が需要創出型の構造改革でもあるという議論については，吉川 (2003b) を参照のこと．

文献目録

欧語文献

Abelshauser, W. (1983a), *Wirtschaftsgeschichte der Bundesrepublik Deutschland 1945-1980*, Frankfurt am Main (酒井昌美訳 (1994), 『現代ドイツ経済論——1945-1980年代にいたる経済史的構造分析——』朝日出版社)

Abelshauser, W. (1983b), Wirtschaft und Besatzungspolitik in der Französischen Besatzungszone, in C. Scharf und H.-J. Schröder (Hrsg.), *Die Deutschlandpolitik Frankreichs und die französische Zone 1945-1949*, Wiesbaden

Abelshauser, W. (1990), Die Rekonstruktion der westdeutschen Wirtschaft und die Rolle der Besatzungspolitik, in H.-J. Schröder (Hrsg.), *Marshallplan und westdeutscher Wiederaufstieg. Positionen — Kontroversen*, Stuttgart

Abelshauser, W. (1991), American Aid and West German Economic Recovery : A Macroeconomic Perspective, in C. Maier (ed.), *The Marshall Plan and Germany. West German Development within the Framework of the European Recovery Program*, New York, Oxford

Abelshauser, W. (2004), *Deutsche Wirtschaftsgeschichte seit 1945*, München

Abelshauser, W. (2005), *The Dynamics of German Industry. Germany's Path toward the New Economy and the American Challenge*, New York, Oxford

Adenauer, K. (1988), *Erinnerungen 1955-1959*, Stuttgart, 4 Aufl.

Ambrosius, G. (1984), Europäische Integration und wirtschaftliche Entwicklung der Bundesrepublik Deutschland in den fünfziger Jahren, in H. Berding (Hrsg.), *Wirtschaftliche und politische Integration in Europa im 19 und 20 Jahrhundert*, Göttingen

Ambrosius, G. (1993), Wirtschaftlicher Strukturwandel und Technikentwicklung, in A. Schildt, A. Sywottek (Hrsg.), *Modernisierung im Wiederaufbau. Die westdeutsche Gesellschaft der 50er Jahre*, Bonn

Ambrosius, G., H. Kaelble (1992), Einleitung : Gesellschaftliche und wirtschaftliche Folgen des Boomes der 1950er und 1960er Jahre, in H. Kaelble (Hrsg.), *Der Boom 1948-1973. Gesellschaftliche und wirtschaftliche Folgen in der Bundesrepublik und in Europa*, Opladen

Annesley, C. (2004), *Postindustrial Germany Services, technological transformation and knowledge in unified Germany*, Manchester and New York

Bellendorf, H. (1994), *Die internationale Wettbewerbsfähigkeit der deutschen Wirtschaft im weltweiten Strukturwandel*, Frankfurt am Main

Berger, M. (1993), *Elektroindustrie. Strukturwandlungen und Entwicklungsperspektiven*, Berlin, München

Berger, H. and A. Ritschl (1995), Germany and the political economy of the Marshall Plan, 1947-1952, in B. Eichengreen (ed.), *Europe's post-war recovery*, Cambridge

Berghahn, V. R. (1986), *The Americanization of West German Industry, 1945-1973*, Leamington Spa and New York

Berghahn, V. R. (1993), Resisting the Pax Americana ? West German Industry and the United States, 1945-1955, in M. Ermarth (ed.), *America and the Shaping of German Society 1945-1955*, Oxford

Borchardt, K. and C. Buchheim (1991), The Marshall Plan and Key Economic Sectors : A Microeconomic Perspective, in C. Maier (ed.), *The Marshall Plan and Germany. West German Development within the Framework of the European Recovery Program*, New York, Oxford

Brackmann, M. (1993), *Vom totalen Krieg zum Wirtschaftswunder. Die Vorgeschichte der westdeutschen Währungsreform 1948*, Essen

Braun, H.-J. (1990), *The German Economy in the Twentieth Century. The German Reich and the Federal Republic*, London and New York

Buchheim, C. (1990a), *Die Wiedereingliederung in die Weltwirtschaft 1945-1958*, München

Buchheim, C. (1990b), Die Bundesrepublik und die Überwindung der Dollar-Lücke, in L. Herbst, W. Bührer und H. Sowade (Hrsg.), *Vom Marshallplan zur EWG. Die Eingliederung der Bundesrepublik Deutschland in die westliche Welt*, München

Buggeln, M. (2002), Währungspläne für den europäischen Großraum. Die Diskussion der nationalsozialistischen Wirtschaftsexperten über ein zukünftiges europäisches Zahlungssystem, in T. Sandkühler (Hrsg.), *Europäische Integration. Deutsche Hegemonialpolitik gegenüber Westeuropa 1920-1960*, Göttingen

Bührer, W. (1990), Erzwungene oder freiwillige Liberalisierung ? Die USA, die OEEC und die westdeutsche Außenhandelspolitik 1949-1952, in L. Herbst, W. Bührer und H. Sowade (Hrsg.), *Vom Marshallplan zur EWG. Die Eingliederung der Bundesrepublik Deutschland in die westliche Welt*, München

Bührer, W. (1995), German Industry and European Integration in the 1950s, in C. Wurm (ed.), *Western Europe and Germany. The Beginnings of European Integration 1945-1960*, Oxford, Washington

Carlin, W. (1998), West Germany, in B. J. Foley (ed.), *European Economies since the Second World War*, London

Curzon, G. (1989), International Economic Order : Contribution of Ordo-Liberals, in A. Peacock and H. Willgerodt (eds.), *German Neo-Liberals and the Social Market Economy*, London

Dickhaus, M. (1996), *Die Bundesbank im westeuopäischen Wiederaufbau. Die internationale Währungspolitik der Bundesrepublik Deutschland 1948 bis 1958*, München

Dulles, A. W. (1993), *The Marshall Plan*, Providence, Oxford

Dyson, K. (1999), German Economic Policy after Fifty Years, in P. H. Merkl (ed.), *The Federal Republic of Germany at Fifty. The End of a Century of Turmoil*, London

Eichengreen, B. (1995), The European Payments Union : an efficient mechanism for rebuilding Europe's trade, in B. Eichengreen (ed.), *Europe's post-war recovery*, Cambridge

Ellison, J. (2000), *Threatening Europe. Britain and the Creation of the European Community 1955-58*, London

Ellwood, D. W. (1992), *Rebuilding Europe. Western Europe, America and Postwar Reconstruction*, London and New York

Erhard, L. (Hrsg.) [unter Mitwirkung von Vollrath Frh. v. Maltzan, bearbeitet von Dr. Herbert Gross] (1953), *Deutschlands Rückkehr zum Weltmarkt*, Düsseldorf (有沢広巳訳 (1954), 『ドイツ経済の奇蹟』時事通信社), (2006), *Germany's Comeback in the World Market. The German 'miracle' explained by the Bonn Minister for Economics* [edited by Dr. Herbert Gross, translated by W. H. Johnston], Reprinted, London and New York

European Commission (1994), *Growth, Competitiveness, Employment. The Challenges and Ways forward into the 21st Century* (White Paper), Brussels, Luxemburg

Farquharson, J. E. (1985), *The Western Allies and Politics of Food. Agrarian Management in Postwar Germany*, Leamington Spa

Fauli, F. (1997), Italy and Negotiations : An Economic Perspective, in R. T. Griffiths (ed.), *The Economic Development of the EEC*, Oxford

Feldenkirchen, W. (2004), The Americanization of the German electrical industry after 1945, Siemens as a case study, in A. Kudo, M. Kipping and H. R. Schröter (eds.), *German and Japanese Business in the Boom Years. Transforming American management and technology models*, London

Flamm, K. (1990), Semiconductors, in G. C. Hufbauer (ed.), *Europe. An American Perspective*, Washington D. C.

Fleischer, M. (1995), *The Inefficiency Trap. Strategy Failure in the German Machine Tool Industry*, Berlin

Foschepoth, J. (1985), Großbritannien und die Deutschlandfrage auf den Außenministerkonferrenz 1946/47, in J. Foschepoth, R. Steininger (Hrsg.), *Britische Deutschland- und Besatzungspolitik 1945-1949*, London

Frech, S., T. Gees, B. Kropf, M. Meier (2002), Bilaterale Arrangements und korporatistischer Entsheidungsprozeß. Schweizerische Außenwirtschaft und europäische Integrationskonzepte 1930-1960, in T. Sandküler (Hrsg.), *Europäische Integration. Deutsche Hegemonialpolitik gegenüber Westeuropa 1920-1960*, Göttingen

Fritz, M. (1990), Schweden und der westdeutsche Markt 1945-1955, in L. Herbst, W. Bührer und H. Sowade (Hrsg.), *Vom Marshallplan zur EWG. Die Eingliederung der Bundesrepublik Deutschland in die westliche Welt*, München

Funk, L. (2000), Economic Reform of Modell Deutschland, in R. Harding and W. E. Paterson (eds.), *The future of the German Economy. An end to the miracle ?*, Manchester and New York

Giersch, H., K.-H. Paqué, H. Schmieding (1992), *The fading miracle. Four decades of market economy in Germany*, Cambridge

Gillingham, J. (1990), *Coal, Steel and the Rebirth of Europe, 1945-1955. The German and*

French from Ruhr conflict to economic community, Cambridge, New York, Port Chester, Melbourne, Sydney

Gillmann, S. (2002), Die Europäische Carl Goerdelers. Neuordnungsvorstellungen im nationalkonservativen Widerstand zwischen territorialer Revision und europäischer Integration, in T. Sandkühler (Hrsg.), *Europäische Integration. Deutsche Hegemonialpolitik gegenüber Westeuropa 1920-1960*, Göttingen

Gizycki, R. v., I. Schubert (1984), *The Microelectronics : A Challenge for Europe's Industrial Survival. Microelectronics innovations in the context of the international division of labour* (A FAST Report), München, Wien

Griffiths, R. T. (1990a), The Stranglehold of Bilateralism, in R. T. Griffiths (ed.), *The Netherlands and the Integration of Europe 1945-1957*, Amsterdam

Griffiths, R. T. (1990b), The Beyen Plan, in R. T. Griffiths (ed.), *The Netherlands and the Integration of Europe 1945-1957*, Amsterdam

Hallet, G. (1996), State Intervention in the Post-war German Economy, in K. Larres and P. Panayi (eds.), *The Federal Republic of Germany since 1949. Politics, Society and Economy before and after Unification*, London and New York

Hallgarten, G. W. F., J. Radkau (1974), *Deutsche Industrie und Politik von Bismarck bis heute*, Frankfurt am Main

Hardach, G. (1994), *Der Marshall-Plan. Auslandhilfe und Wiederaufbau in Westdeutschland 1948-1952*, München

Härtel H.-H., *et al*. (1988), *Analyse der strukturellen Entwicklung der deutschen Wirtschaft. Strukturbericht 1987* (Forschungaauftrag des Bundesministers für Wirtschaft), Hamburg

Härtel, H.-H, R. Jungnickel, *et al*. (1996), *Grenzüberschreitende Produktion und Strukturwandel — Globalisierung der deutschen Wirtschaft*, Baden-Baden

Heater, D. (1992), *The Idea of European Unity*, Leicester and London（田中俊郎監訳（1994），『統一ヨーロッパへの道——シャルルマーニュから EC 統合へ——』岩波書店）

Heinen, A. (1990), Die Europa-Diskussion in den Niederlanden, in W. Loth (Hrsg.), *Die Anfänge der europäischen Integration 1945-1950*, Bonn

Hentschel, V. (1998), *Ludwig Erhard, die „soziale Marktwirtschaft" und das Wirtschaftswunder. Historische Lehrstück oder Mythos ?*, Bonn

Herbst, L. (1989), *Option für den Westen. Vom Marshallplan bis zum deutsch-französischen Vertrag*, München

Hogan, M. J. (1987), *The Marshall Plan. America, Britain, and the reconstruction of Western Europe, 1947-1952*, New York, New Rochelle, Sydney, Melbourne

Hogan, M. J. (1991), European Integration and German Reintegration : Marshall Planners and the Search for Recovery and Security in Western Europe, in C. Maier (ed.), *The Marshall Plan and Germany. West German Development within the Framework of the European Recovery Program*, New York, Oxford

Hollingsworth, J. R. (1997), Continuities and Changes in Social System of Production in the

Case of Japan, Germany, and the United States, in J. R. Hollingsworth and R. Boyer (eds.), *Contemporary Capitalism. The Embeddedness of Institutions*, Cambridge

Hölscher, J. (1990), Krisenmanagement und Wirtschaftswunder. Die Überwindung der Zahlungskrise 1950/51, in H. Riese und H.-P. Spahn (Hrsg.), *Geldpolitik und ökonomische Entwicklung — Ein Symposion*, Regensburg

Kaiser, U. (2002), *Innovation, Employment, and Firm Performance in the German Service Sector*, Heidelberg, New York

Kalkowski, P., O. Mickler, F. Manske (1995), *Technologiestandort Deutschland. Produktinnovation, Mashinenbau : traditionelle Stärken — neue Herausforderungen*, Berlin

Kaplan, J. J. and G. Schleminger (1989), *The European Payments Union. Financial Diplomacy in the 1950s*, Oxford

Kersten, A. E. (1990), Die Niederlande und die Westintegration der Bundesrepublik. Wirtschaft, Sicherheit und politische Kontrolle, in L. Herbst, W. Bührer und H. Sowade (Hrsg.), *Vom Marshallplan zur EWG. Die Eingliederung der Bundesrepublik Deutschland in die westliche Welt*, München

Kessel, M. (1989), *Westeuropa und die deutsche Teilung. Englische und französische Deutschlandpolitik auf den Außenministerkonferenzen von 1945 bis 1947*, München

Keynes, J. M. (1971), *The Economic Consequences of the Peace* (The Collected Writings of John Maynard Keynes Volume Ⅱ), London (早坂忠訳 (1977), 『平和の経済的帰結』 [ケインズ全集 2] 東洋経済新報社)

Kindleberger, C. P. (1989), *The German Economy, 1945-1947 : C. P. Kindleberger's Letters from the Field*, Westport

Kindleberger, C. P. (1991), Toward the Marshall Plan : A Memoir of Policy Development in Germany, in C. Maier (ed.), *The Marshall Plan and Germany. West German Development within the Framework of the European Recovery Program*, New York, Oxford

Kinkel, S. and J. Wengel (1999), The Diffusion of New Production in Germany, in G. Lay, P. Shapira, J. Wengel (eds.), *Innovation in Production. The Adoption and Impacts of New Manufacturing Concepts in German Industry*, Heidelberg

Kleinschmidt, C. (2004), Driving the West German consumer society. The introduction of US style production and marketing at the Volkswagen, 1945-70, in A. Kudo, M. Kipping and H. G. Schröter (eds.), *German and Japanese Business in the Boom Years. Transforming American management and technology models*, London and New York

Klodt, H., J. Stehn, et al. (1994), *Standort Deutschland : Strukturelle Herausforderungen im neuen Europa*, Tübingen

Koerfer, D. (1989), *Kampf ums Kanzleramt. Erhard und Adenauer*, Stuttgart, 2 Aufl.

Koerfer, D. (1999), Ludwig Erhard (1897-1977), in T. Oppelland (Hrsg.), *Deutsche Politiker 1949-1969 1. 17 biographische Skizzen aus Ost und West*, Bonn

Kramer, A. (1991), *The West German Economy 1945-1955*, New York, Oxford

Krieger, W. (1987), *General Lucius D. Clay und die amerikanische Deutschlandpolitik*

1945-1949, Stuttgart

Kudo, A., M. Kipping and H. G. Schröter (2004), Americanization : historical and conceptual issues, in A. Kudo, M. Kipping and H. G. Schröter (eds.), *German and Japanese Business in the Boom Years. Transforming American management and technology models*, London and New York

Küsters, H. J. (1995), West Germany's Foreign Policy in Western Europe 1949-1958 : The Act of Possible, in C. Wurm (ed.), *Western Europe and Germany. The Beginnings of European Integration 1945-1960*, Oxford, Washington

Laux, J. M. (1992), *The European Automobile Industry*, New York, Oxford, Singapore, Sydney

Lay, G. and P. Shapira (1999), Introduction : Perspective on German Industry and Its Competitiveness, in G. Lay, P. Shapira, J. Wengel (eds.), *Innovation in Production. The Adoption and Impacts of New Manufacturing Concepts in German Industry*, Heidelberg

Leaman, J. (1988), *The Political Economy of West Germany, 1945-1985. An Introduction*, London

Lindler, L. and C.-L. Holtfrerich (1997), Four Decades of German Export Expansion — An Enduring Success Story ?, in W. Fischer (ed.), *The Economic Development of Germany since 1870*, Volume II, Oxford

Lipgens, W. (Hrsg.) (1968), *Europa-Föderationspläne der Widerstandsbewegungen 1940-45*, München

Lipgens, W. (ed.) (1985), *Documents on the History of European Integration*, Volume I. Continental Plans for European Union 1939-1945, Berlin, New York

Lipgens, W. (ed.) (1986), *Documents on the History of European Integration*, Volume II. Plans for European Union in Great Britain and in Exile 1939-1945, Berlin, New York

Loth, W. (1992), Die Deutschen und der Projekt der europäischen Einigung, in H. Mommsen (Hrsg.), *Der lange Weg nach Europa. Historische Betrachtungen aus gegenwärtiger Sicht*, Berlin

Lund, J. (ed.) (2006), *Working for the New Order. European Business under German Domination, 1939-1945*, Copenhagen

Lynch, F. M. B. (1993), Restoring France : the road to integration, in A. S. Milward, F. M. B. Lynch, F. Romero, R. Rainieri and V. Sørensen, *The Frontier of National Sovereignty. History and theory 1945-1992*, London and New York

Mai, G. (1995), *Der Alliierte Kontrollrat in Deutschland 1945-1948. Alliierte Einheit — deutsche Teilung ?*, München

Maier, C. (1991), Introduction : 'Issue there is Germany', in C. Maier (ed.), *The Marshall Plan and Germany. West German Development within the Framework of the European Recovery Program*, New York, Oxford

Malerba, F. (1985), *The Semiconductor Business. The Economics of Rapid Growth and Decline*, London

Menger, M., F. Petrick, W. Wilhelmus (1976), Nordeuropa unter der Vorherrschaft des faschistischen deutschen Imperialismus 1940-1945, in *Zeitschrift für Geschichtswissenschaft*, XXIV, Heft 5

Merril, D. (general ed.) (1996), *Documentary History of the Truman Presidency*. Volume 13 Establishing the Marshall Plan, 1947-1948

Milward, A. S. (1984), *The Reconstruction of Europe 1945-51*, London

Milward, A. S. (1986), Die Westintegration der Bundesrepublik Deutschland. Entsheidungsphasen der Westintegration, in L. Herbst (Hrsg.), *Westdeutschland 1945-1955*, München

Milward, A. S. (1991), The Marshall Plan and German Foreign Trade, in C. Maier (ed.), *The Marshall Plan and Germany. West German Development within the Framework of the European Recovery Program*, New York, Oxford

Milward, A. S. (1992), *The European Rescue of the Nation State*, Berkeley and Los Angels

Milward, A. S. (2002), *The Rise and Fall of a National Strategy 1945-1963*, London and Portland

Milward, A. S. and V. Sørensen (1993), Interdependence or integration ? A national choice, in A. S. Milward, F. M. B. Lynch, F. Romero, R. Rainieri and V. Sørensen, *The Frontier of National Sovereignty. History and theory 1945-1992*, London and New York

Mitchell, B. R. (1992), *International Historical Statistics : Europe 1750-1988*, third edition, London

Neebe, R. (1990), Optionen westdeutscher Außenwirtschaftspolitik 1949-1953, in L. Herbst, W. Bührer und H. Sowade (Hrsg.), *Vom Marshallplan zur EWG. Die Eingliederung der Bundesrepublik Deutschland in die westliche Welt*, München

Nicholls, A. (1994), *Freedom with Responsibility. The Social Market Economy in Germany 1918-1963*, Oxford

Niedhardt, G. (1993), Außenpolitik in der Ära Adenauer, in A. Schildt, A. Sywotteck (Hrsg.), *Modernisierung im Wiederaufbau. Die westdeutsche Gesellschaft der 50er Jahre*, Bonn

Ninkovich, F. (1995), *Germany and the United States. The Transformation of the German Question since 1945*, New York, Oxford, Singapore, Sydney

Nolan, M. (1994), *Vision of Modernity. American Business and Modernization of Germany*, New York, Oxford

Nussbaum, B. (1983), *The World after Oil. The Shifting Axis of Power and Wealth*, New York（田原総一朗訳 (1983),『テクノクラシー』講談社）

Oppelland, T. (1996), Domestic Political Development I : 1949-69, in K. Larres and P. Panayi (eds.), *The Federal Republic of Germany since 1949. Politics, Society and Economy before and after Unification*, London and New York

Poidevin, R. (1991), Ambiguous Partnership : France, the Marshall Plan and the Problem of Germany, in C. Maier (ed.), *The Marshall Plan and Germany. West German Development within the Framework of the European Recovery Program*, New York, Oxford

Prollius, M. v. (2006), *Deutsche Wirtschaftsgeschichte nach 1945*, Göttingen

Radkau, J. (1993), „Wirtschaftswunder" ohne technologische Innovation ? Technische

Modernität in den 50 er Jahren, in A. Schildt, A. Sywottek (Hrsg.), *Modernisierung im Wiederaufbau. Die westdeutsche Gesellschaft der 50er Jahre*, Bonn

Reindl, J. (2001), *Wachstum und Wettbewerb in den Wirtschaftswunderjahren. Die elektrotechnische Industrie in der Bundesrepublik Deutschland und Großbritannien 1945-1957*, Paderborn, München, Wien, Zürich

Rheinisch, T. (1999), *Europäische Integration und industrielles Interesse. Die deutsche Industrie und die Gründung der Europäischen Wirtschaftsgemeinschaft*, Stuttgart

Rieder, M. (2001), *Deutsch-italienische Wirtschaftsbeziehungen. Kontinuitäten und Brüche 1936-1957*, Frankfurt, New York

Sachverständigenrat zur Begutachtung der gesamtwirtschaftlichen Entwicklung (1964), *Stabiles Geld — stetiges Wachstum. Jahresgutachten 1964/65*, Stuttgart und Mainz

Sachverständigenrat zur Begutachtung der gesamtwirtschaftlichen Entwicklung (1965), *Stabilisierung ohne Stagnation. Jahresgutachten 1965/66*, Stuttgart und Mainz

Sachverständigenrat zur Begutachtung der gesamtwirtschaftlichen Entwicklung (1966), *Expansion und Stabilität. Jahresgutachten 1966/67*, Stuttgart und Mainz

Sachverständigenrat zur Begutachtung der gesamtwirtschaftlichen Entwicklung (1967), *Stabilität im Wachstum. Jahresgutachten 1967/68*, Stuttgart und Mainz

Sachverständigenrat zur Begutachtung der gesamtwirtschaftlichen Entwicklung (1968), *Alternativen Aussenwirtschaftlicher Anpassung. Jahresgutachten 1968/69*, Stuttgart und Mainz

Sachverständigenrat zur Begutachtung der gesamtwirtschaftlichen Entwicklung (1969), *Im Sog des Booms. Jahresgutachten 1969/70*, Stuttgart und Mainz

Sachverständigenrat zur Begutachtung der gesamtwirtschaftlichen Entwicklung (1970), *Konjunktur im Umbruch — Risiken und Chancen —. Jahresgutachten 1970/71*, Stuttgart und Mainz

Sachverständigenrat zur Begutachtung der gesamtwirtschaftlichen Entwicklung (1971), *Währung, Geldwert, Wettbewerb — Entscheidungen für morgen —. Jahresgutachten 1971/72*, Stuttgart und Mainz

Sachverständigenrat zur Begutachtung der gesamtwirtschaftlichen Entwicklung (1972), *Gleicher Rang für den Geldwert. Jahresgutachten 1972/73*, Stuttgart und Mainz

Sachverständigenrat zur Begutachtung der gesamtwirtschaftlichen Entwicklung (1973), *Mut zur Stabilisierung. Jahresgutachten 1973/74*, Stuttgart und Mainz

Sachverständigenrat zur Begutachtung der gesamtwirtschaftlichen Entwicklung (1974), *Vollbeschäftigung für morgen. Jahresgutachten 1974/75*, Stuttgart und Mainz

Sachverständigenrat zur Begutachtung der gesamtwirtschaftlichen Entwicklung (1975), *Vor dem Aufschwung. Jahresgutachten 1975/76*, Stuttgart und Mainz

Sachverständigenrat zur Begutachtung der gesamtwirtschaftlichen Entwicklung (1976), *Zeit zur Investieren. Jahresgutachten 1976/77*, Stuttgart und Mainz

Sachverständigenrat zur Begutachtung der gesamtwirtschaftlichen Entwicklung (1977), *Mehr Wachstum, mehr Beschäftigung. Jahresgutachten 1977/78*, Stuttgart und Mainz

Sachverständigenrat zur Begutachtung der gesamtwirtschaftlichen Entwicklung (1978), *Wachstum und Währung. Jahresgutachten 1978/79*, Stuttgart und Mainz

Sachverständigenrat zur Begutachtung der gesamtwirtschaftlichen Entwicklung (1979), *Herausforderung von Aussen. Jahresgutachten 1979/80*, Stuttgart und Mainz

Sachverständigenrat zur Begutachtung der gesamtwirtschaftlichen Entwicklung (1980), *Unter Anpassungszwang. Jahresgutachten 1980/81*, Stuttgart und Mainz

Sachverständigenrat zur Begutachtung der gesamtwirtschaftlichen Entwicklung (1981), *Investieren für mehr Beschäftigung. Jahresgutachten 1981/82*, Stuttgart und Mainz

Sachverständigenrat zur Begutachtung der gesamtwirtschaftlichen Entwicklung (1982), *Gegen Pessimismus. Jahresgutachten 1982/83*, Stuttgart und Mainz

Sachverständigenrat zur Begutachtung der gesamtwirtschaftlichen Entwicklung (1983), *Ein Schritt voran. Jahresgutachten 1983/84*, Stuttgart und Mainz

Sachverständigenrat zur Begutachtung der gesamtwirtschaftlichen Entwicklung (1984), *Chancen für einen langen Aufschwung. Jahresgutachten 1984/85*, Stuttgart und Mainz

Sachverständigenrat zur Begutachtung der gesamtwirtschaftlichen Entwicklung (1985), *Auf dem Weg zu mehr Beschäftigung. Jahresgutachten 1985/86*, Stuttgart und Mainz

Sachverständigenrat zur Begutachtung der gesamtwirtschaftlichen Entwicklung (1986), *Weiter auf Wachstumskurs. Jahresgutachten 1986/87*, Stuttgart und Mainz

Sachverständigenrat zur Begutachtung der gesamtwirtschaftlichen Entwicklung (1987), *Vorrang für die Wachstumapolitik. Jahresgutachten 1987/88*, Stuttgart und Mainz

Sachverständigenrat zur Begutachtung der gesamtwirtschaftlichen Entwicklung (1988), *Arbeitsplätze in Wettbewerb. Jahresgutachten 1988/89*, Stuttgart und Mainz

Sachverständigenrat zur Begutachtung der gesamtwirtschaftlichen Entwicklung (1989), *Weichenstellungen für die neunziger Jahre. Jahresgutachten 1989/90*, Stuttgart und Mainz

Sachverständigenrat zur Begutachtung der gesamtwirtschaftlichen Entwicklung (1990), *Auf dem Wege zur wirtschaftlichen Einheit Deutschlands. Jahresgutachten 1990/91*, Stuttgart

Sachverständigenrat zur Begutachtung der gesamtwirtschaftlichen Entwicklung (1991), *Die wirtschaftliche Integration in Deutschland. Perspektiven — Wege — Risiken. Jahresgutachten 1991/92*, Stuttgart

Sachverständigenrat zur Begutachtung der gesamtwirtschaftlichen Entwicklung (1992), *Für Wachstumsorientierung — Gegen Lähmenden Verteilungsstreit. Jahresgutachten 1992/93*, Stuttgart

Sachverständigenrat zur Begutachtung der gesamtwirtschaftlichen Entwicklung (1993), *Zeit zum Handeln — Antriebskräfte stärken. Jahresgutachten 1993/94*, Stuttgart

Sachverständigenrat zur Begutachtung der gesamtwirtschaftlichen Entwicklung (1994), *Den Aufschwung sichern — Arbeitsplätze schaffen. Jahresgutachten 1994/95*, Stuttgart

Sachverständigenrat zur Begutachtung der gesamtwirtschaftlichen Entwicklung (1995), *Im Standortwettbewerb. Jahresgutachten 1995/96*, Stuttgart

Sachverständigenrat zur Begutachtung der gesamtwirtschaftlichen Entwicklung (1996), *Refor-*

men voranbringen. Jahresgutachten 1996/97, Stuttgart

Sachverständigenrat zur Begutachtung der gesamtwirtschaftlichen Entwicklung (1997), *Wachstum, Beschäftigung, Währungsunion — Orientierungen für die Zukunft. Jahresgutachten 1997/98*, Stuttgart

Sachverständigenrat zur Begutachtung der gesamtwirtschaftlichen Entwicklung (1998), *Vor weitreichenden Entsheidungen. Jahresgutachten 1998/99*, Stuttgart

Sachverständigenrat zur Begutachtung der gesamtwirtschaftlichen Entwicklung (1999), *Wirtschaftspolitik unter Reformdruck. Jahresgutachten 1999/2000*, Stuttgart

Sachverständigenrat zur Begutachtung der gesamtwirtschaftlichen Entwicklung (2000), *Chancen auf einen höheren Wachstumspfad. Jahresgutachten 2000/01*, Stuttgart

Sachverständigenrat zur Begutachtung der gesamtwirtschaftlichen Entwicklung (2001), *Für Stetigkeit — gegen Aktionismus. Jahresgutachten 2001/02*, Stuttgart

Sachverständigenrat zur Begutachtung der gesamtwirtschaftlichen Entwicklung (2002), *Zwanzig Punkte für Beschäftigung und Wachstum. Jahresgutachten 2002/03*, Stuttgart

Sachverständigenrat zur Begutachtung der gesamtwirtschaftlichen Entwicklung (2003), *Staatsfinanzen Konsolidieren — Steuersystem reformieren. Jahresgutachten 2003/04*, Berlin

Sachverständigenrat zur Begutachtung der gesamtwirtschaftlichen Entwicklung (2004), *Erfolge im Ausland — Herausforderungen im Inland. Jahresgutachten 2004/05*, Berlin

Sachverständigenrat zur Begutachtung der gesamtwirtschaftlichen Entwicklung (2005), *Die Chance nutzen — Reformen mutig voranbringen. Jahresgutachten 2005/06*, Berlin

Sachverständigenrat zur Begutachtung der gesamtwirtschaftlichen Entwicklung (2006), *Widerstreitende Interessen — ungenutzte Chancen. Jahresgutachten 2006/07*, Berlin

Schmieding, H. (1989), Strategien zum Abbau von Handelshemmnissen. Ordnungspolitische Lehren des bundesdeutschen Liberalisierungsprozesses 1947–1957 für die Gegenwart, in W. Fischer (Hrsg.), *Währungsreform und Soziale Marktwirtschaft. Erfahrungen und Perspektiven nach 40 Jahren*, Berlin

Scholz, L. (1974), *Technologie und Innovation in der industriellen Produktion. Theoretischer Ansatz und empirische Analyse am Beispiel der Mikroelektronik*, Göttingen

Schröder, H.-J. (1990), Marshallplan, amerikanische Deutschlandpolitik und europäische Integration 1947–1950, in H.-J. Schröder (Hrsg.), *Marshallplan und westdeutscher Wiederaufstieg. Positionen — Kontroversen*, Stuttgart

Schröter, H. G. (1992), Außenwirtschaft im Boom : Direktinvestitionen bundesdeutscher Unternehmen im Ausland 1950–1975, in H. Kaelble (Hrsg.), *Der Boom 1948–1973. Gesellschaftliche und wirtschaftliche Folgen in der Bundesrepublik Deutschland und in Europa*, Opladen

Schwade, K. (1991), German Policy Responses to the Marshall Plan, in C. Maier (ed.), *The Marshall Plan and Germany. West German Development within the Framework of the European Recovery Program*, New York, Oxford

Schwartz, T. (1991), European Integration and the 'Special Relationship' : Implementing the

Marshall Plan in the Federal Republic, in C. Maier (ed.), *The Marshall Plan and Germany. West German Development within the Framework of the European Recovery Program*, New York, Oxford

Siekmeier, M. and K. Larres (1996), Domestic Political Development Ⅱ : 1969-90, in K. Larres and P. Panayi (eds.), *The Federal Republic of Germany since 1949. Politics, Society and Economy before and after Unification*, London and New York

Smeets, H.-D. (1989), Freihandel im Widerstreit zu protektionistischen Bestrebungen, in W. Fischer (Hrsg.), *Währungsreform und Soziale Marktwirtschaft. Erfahrungen und Perspektiven nach 40 Jahren*, Berlin

Smith, E.O. (1994), *The German Economy*, London and New York

Smyser, W. R. (1993), *The German Economy. Colossus at the Crossroads*, second edition, Essex

Sørensen, V. (1993), Between interdependence and integration : Denmark's shifting strategies, in A.S. Milward, F. M. B. Lynch, F. Romero, R. Rainieri and V. Sørensen, *The Frontier of National Sovereignty. History and theory 1945-1992*, London and New York

Statistisches Bundesamt (Hrsg.) (1972), *Bevölkerung und Wirtschaft 1872-1972*, Wiesbaden

Stokes, R. G. (1994), *Opting for Oil. The Political Economy of Technological Change in the West German Chemical Industry, 1945-1961*, Cambridge

Stråth, B., T. Sandkühler (2002), Europäische Integration. Grundlinien und Interpretationen, in T. Sandkühler (Hrsg.), *Europäische Integration. Deutsche Hegemonialpolitik gegenüber Westeuropa 1920-1960*, Göttingen

Streeck, W. (1997), German Capitalism : Does it exist ? Can it survive ?, in C. Crouch and W. Streeck (eds.), *Political Economy of Modern Capitalism. Mapping Convergence and Diversity*, London, Thousand Oaks (山田鋭夫訳 (2001), 『現代資本主義制度——グローバリズムと多様性——』NTT 出版)

Tietmeyer, H. (1999), *The Social Market Economy and Money Stability*, London

Urwin, D. W. (1991), *The Community of Europe. A History of European Integration since 1945*, London and New York

Van Hook, J. (2004), *Rebuilding Germany. The Creation of the Social Market Economy, 1945-1957*, Cambridge

Watt, D. C. (1985), Großbritannien, die Vereinigten Staaten und Deutschland, in J. Foschepoth, R. Steininger (Hrsg.), *Britische Deutschland- und Besatzungspolitik 1945-1949*, London

Wildt, M. (1994), *Am Beginn der >Konsumgesellschaft<. Mangelerfahrung, Lebenshaltung, Wohlstandhoffnung in Westdeutschland in den fünfziger Jahren*, Hamburg

Wilmes, B. (1996), *Deutschland und Japan im globalen Wettbewerb. Erfolgsfaktoren, empirische Befunde, strategische Empfehlungen*, Heidelberg

Wittke, V. (1996), *Wie entstand industrielle Massenproduktion ? Die diskontinuierliche Entwicklung der deutschen Elektroindustrie von den Anfängen der "großen Industrie" bis zur Entfaltung des Fordismus (1880-1975)*, Berlin

Young, J. W. (1984), *Britain, France and the Unity of Europe 1945-1961*, Leicester

邦語文献

アーベルスハウザー,ヴェルナー(雨宮昭彦・浅田進史訳)(2006),「連続性の再建―― 1945年以降のドイツ経済史の栄光と悲惨――」(2006年3月17日東京大学大学院経済学研究科・経済史研究会国際セミナー)『公共研究』(千葉大学公共研究センター:21世紀COEプログラム「持続可能な福祉社会に向けた公共研究拠点」)第3巻第1号

安孫子誠男(2005),「研究ノート〈資本主義の多様性〉論と〈社会的生産システム〉論(下)――新制度論 new institutionalism の研究動向――」『千葉大学経済研究』第19巻第3号

安保哲夫(1973),「アメリカ――対応と限界――」楊井克巳・石崎昭彦編『現代世界経済論』東京大学出版会

諫山正(2003),「対外関係――国際収支・貿易構造・対外投資――」戸原四郎・加藤榮一・工藤章編『ドイツ経済――統一後の10年――』有斐閣

諫山正・工藤章(1992),「対外関係」戸原四郎・加藤榮一編『現代のドイツ経済――統一への経済過程――』有斐閣

石坂綾子(1999),「復興期ドイツレンダーバンクの金融政策(1948~1952年)――貿易収支危機への対応を中心にして――」『社会経済史学』第65巻第3号

石坂綾子(2006),「1950年代西ドイツにおける内外経済不均衡――『社会的市場経済』のジレンマ――」権上康男編『新自由主義と戦後資本主義――欧米における歴史的経験――』日本経済評論社

上原良子(1994),「フランスのドイツ政策――ドイツ弱体化政策から独仏和解へ――」油井大三郎・中村政則・豊下楢彦編『占領改革の国際比較――日本・アジア・ヨーロッパ――』三省堂

岡本康雄(1990),「多国籍企業と日本企業の国際化(4)」『経済学論集』(東京大学)第56巻第1号

鬼塚雄吉(1973),「イギリス――停滞――」楊井克巳・石崎昭彦編『現代世界経済論』東京大学出版会

鬼塚雄吉(1988),「イギリス」馬場宏二編『ヨーロッパ――独自の軌跡――』(シリーズ 世界経済Ⅲ)御茶の水書房

加藤栄一(1973),『ワイマル体制の経済構造』東京大学出版会

加藤榮一(1988),「西ドイツ福祉国家のアポリア――社会給付の『効率化』と年金改革論――」東京大学社会科学研究所編『転換期の福祉国家[上]』東京大学出版会

加藤榮一(2003),「財政システム――統一の負担とグローバル化の圧力――」戸原四郎・加藤榮一・工藤章編『ドイツ経済――統一後の10年――』有斐閣

加藤浩平(1988),「西ドイツにおける経済成長の停滞と『構造問題』―― 1970年から1982年の考察を中心に――」『経済と経済学』(東京都立大学)62号

金井雄一(2004),『ポンドの苦闘――金本位制とは何だったのか――』名古屋大学出版会

金丸輝男(1996),「欧州統合への道を切り開く――『パン・ヨーロッパ』の設立と欧州

邦語文献

統合運動———」金丸輝男編『ヨーロッパ統合の政治史』有斐閣
河村哲二（2003），『現代アメリカ経済』有斐閣
クーデンホーフ・カレルギー, R. N.（鹿島守之助訳）（1961），『パン・ヨーロッパ』鹿島研究所
工藤章（1988），「大恐慌とドイツの産業合理化」平田喜彦・侘美光彦編『世界大恐慌の分析』有斐閣
工藤章（1999a），『現代ドイツ化学企業史——— IG ファルベンの成立・展開・解体———』ミネルヴァ書房
工藤章（1999b），『20 世紀ドイツ資本主義———国際定位と大企業体制———』東京大学出版会
工藤章（2003），「産業と企業———『サービス社会』化の進展と大型合併ブーム———」戸原四郎・加藤榮一・工藤章編『ドイツ経済———統一後の 10 年———』有斐閣
熊谷徹（2006），『ドイツ病に学べ』（新潮選書）新潮社
クレスマン・クリストフ（石田勇治・木戸衛一訳）（1995），『戦後ドイツ 1945-1955 ———二重の建国———』未来社
黒木祥弘・本田佑三（2003），「金融———金融制度と金融政策———」橘木俊詔編『戦後日本経済を検証する』東京大学出版会
小島健（2007），『欧州建設とベルギー———統合の社会経済史的研究———』日本経済評論社
佐上武弘（1970），『経済奇跡のゆくえ———西独の経験と日本への教訓———』財務出版社
佐々木昇（1990），『現代西ドイツ経済論———寡占化と国際化———』東洋経済新報社
佐々木雄太（1997），『イギリス帝国とスエズ戦争———植民地主義・ナショナリズム・冷戦———』名古屋大学出版会
佐藤進（1983），『現代西ドイツ財政論』有斐閣
ゾントハイマー, K.（河島幸夫・脇圭平訳）（1976），『ワイマール共和国の政治思想』ミネルヴァ書房
田中素香（1982），『欧州統合——— EC 発展の新段階———』有斐閣
田中素香（2001a），「世界の地域経済統合と EU 統合の独自性———統合の歴史的発展と制度的枠組み———」田中素香・長部重康・久保広正・岩田健治『現代ヨーロッパ経済』有斐閣
田中素香（2001b），「ドイツと EU 経済———統合のパートナーから主導国へ———」田中素香・長部重康・久保広正・岩田健治『現代ヨーロッパ経済』有斐閣
田中素香（2006），「ドイツと EU 経済———低成長に悩む『ライン型資本主義』———」田中素香・長部重康・久保広正・岩田健治『現代ヨーロッパ経済 新版』有斐閣
田中洋子（2001），『ドイツ企業社会の形成と変容———クルップ社における労働・生活・統治———』ミネルヴァ書房
千葉大学公共研究センター：21 世紀 COE プログラム「持続可能な福祉社会に向けた公共研究拠点」（2006），「特集 2／ニューエコノミーへの多様な道———ドイツ・日本・アメリカ———」：総合討論（2006 年 3 月 16 日）『公共研究』第 3 巻第 3 号

出水宏一（1978），『戦後ドイツ経済史』東洋経済新報社
戸原四郎（1974），「西ドイツにおける戦後改革」東京大学社会科学研究所編『戦後改革 2 国際環境』東京大学出版会
戸原四郎（1992），「歴史と現状」戸原四郎・加藤榮一編『現代のドイツ経済──統一への経済過程──』有斐閣
戸原四郎（2003），「社会国家──社会保障改革の模索──」戸原四郎・加藤榮一・工藤章編『ドイツ経済──統一後の10年──』有斐閣
中木康夫・河合秀和・山口定（1990），『現代ヨーロッパ政治史』有斐閣
永田実（1990），『マーシャル・プラン』（中公新書）中央公論社
永岑三千輝（1988），「電撃戦から総力戦への転換期における四カ年計画（一）──ドイツ第三帝国の戦争経済の一局面──」『経済学季報』（立正大学）第38巻第2号
永岑三千輝（1989），「第三帝国のフランス占領とドイツ経済界」井上茂子・木前和子・芝健介・永岑三千輝・矢野久『一九三九 ドイツ第三帝国と第二次大戦』同文舘出版
永岑三千輝（1991），「ドイツ第三帝国のオランダ，ベルギー占領とその軍事経済的利用」『経済学季報』（立正大学）第44巻第5号
永岑三千輝（1994），『ドイツ第三帝国のソ連占領政策と民衆 1941-1942』同文舘出版
平島健司（1994），『ドイツ現代政治』東京大学出版会
平田喜彦（1973），「貿易」楊井克巳・石崎昭彦編『現代世界経済論』東京大学出版会
平田喜彦（1988），「再建国際金本位制崩壊のメカニズム」平田喜彦・侘美光彦編『世界大恐慌の分析』有斐閣
廣田愛理（2002），「フランスのローマ条約受諾──対独競争の視点から──」『歴史と経済』第177号
廣田愛理（2004），「EEC成立期における自由貿易圏構想へのフランスの対応」『社会経済史学』第70巻第1号
廣田功（1993），「戦間期フランスのヨーロッパ経済統合構想」秋元英一・廣田功・藤井隆至編『市場と地域──歴史の観点から──』日本経済評論社
廣田功（1994），『現代フランスの史的形成──両大戦間期の経済と社会──』東京大学出版会
廣田功（1998），「フランスの近代化政策とヨーロッパ統合」廣田功・森建資編『戦後再建期のヨーロッパ経済──復興から統合へ──』日本経済評論社
廣田功（2004），「フランスから見た仏独和解の歴史と論理──国家と社会の相互作用──」永岑三千輝・廣田功編『ヨーロッパ統合の社会史──背景・論理・展望──』日本経済評論社
藤澤利治（2003），「旧東ドイツ経済──体制転換から統合へ──」戸原四郎・加藤榮一・工藤章編『ドイツ経済──統一後の10年──』有斐閣
ブラッハー，K.D.（高橋進・山口定訳）（1976），『ドイツの独裁Ⅱ』岩波書店
古内博行（1993），「第二次大戦期におけるレジスタンス運動の戦後統合構想──ヨーロッパ統合への本格的端緒──」秋元英一・廣田功・藤井隆至編『市場と地域──歴史の観点から──』日本経済評論社

邦語文献　　　　　　　　　　　　　　　253

古内博行（1996），「ドイツ」原輝史・工藤章編『現代ヨーロッパ経済史』有斐閣
古内博行（1998），「ドル条項問題と西ドイツ経済の復興」廣田功・森建資編『戦後再建期のヨーロッパ経済――復興から統合へ――』日本経済評論社
古内博行（2001），「1950年代西ドイツの貿易構造とEECの選択」秋元英一編『グローバリゼーションと国民経済の選択』東京大学出版会
古内博行（2003），『ナチス期の農業政策研究1934-36――穀物調達措置の導入と食糧危機の発生――』東京大学出版会
古内博行（2004），「1966/67年不況の一考察――戦後西ドイツ経済の転換点――」『千葉大学経済研究』第19巻第3号
古内博行（2005），「1974/75年不況と西ドイツ経済の変調」『千葉大学経済研究』第20巻第3号
牧野裕（1993），『冷戦の起源とアメリカの覇権』御茶の水書房
増田祐司（1984），「国際産業秩序の変動と科学技術政策」『季刊 現代経済』60号
眞鍋俊二（1989），『アメリカのドイツ占領政策――1940年代国際政治の流れのなかで――』法律文化社
三谷直紀（2003），「労働」橘木俊詔編『戦後日本経済を検証する』東京大学出版会
最上俊樹（1990），「ヨーロッパ地域機構の重層性とヨーロッパ秩序―― EC中心思考へのひとつの視点――」『ジュリスト――特集EC市場統合の展望――』第961号
安野正明（2004），『戦後ドイツ社会民主党史序説――組織改革とゴーデスベルク綱領への道――』ミネルヴァ書房
山井敏章（2005），「戦後ドイツの経済格差――終戦直後および高度成長期に関する分析――」『立命館経済学』第54巻第3号
吉川洋（2003a），「マクロ経済」橘木俊詔編『戦後日本経済を検証する』東京大学出版会
吉川洋（2003b），『構造改革と日本経済』岩波書店
米倉茂（2003），「1930年代とブレトン・ウッズ体制下の国際資本移動――金融のグローバル化に関連して（下）――」『佐賀大学経済論集』第35巻第5・6合併号
米倉茂（2004），「基軸通貨ドルの信認の要因（下）――『双子の赤字』にドル不安を求める見解の終焉――」『佐賀大学経済論集』第37巻第4号
米倉茂（2006），『落日の肖像――ケインズ――』イプシロン出版企画
レイク，マイケル（1990），「欧州統合――その現状と将来への展望――」『ジュリスト―― EC市場統合の展望――』第961号

人名索引

ア行
アチソン（Acheson, Dean G.） 65
アデナウアー（Adenauer, Konrad） 10, 11, 24, 78, 86, 106-108, 124
アーベルスハウザー（Abelshauser, Werner） 5, 6, 9, 16, 58, 66, 82, 83, 127, 229
イッシング（Issing, Otmar） 17
ヴァイツゼッカー（Weizsäcker, Ernst von） 30
ヴァレリー（Valéry, Paul） 24
ウォード（Ward, Barbara） 29, 37
エアハルト（Erhard, Ludwig） 10, 77, 78, 84, 94, 96, 106, 107, 124, 126, 140, 143, 144, 147, 148
エイメリー（Amery, Leo） 24
エリオ（Herriot, Édouard Marie） 24
オルテガ・イ・ガセット（Ortega y Gasset, José） 24

カ行
カイヨー（Caillaux, Joseph） 24, 25
キージンガー（Kiesinger, Kurt Georg） 144, 147, 166
キンドルバーガー（Kindleberger, Charles P.） 68
クィスリング（Quisling, Vidkun） 30
クーデンホーフ・カレルギー（Coudenhove-Kalergi, Richard） 23-26, 31
クラーゼン（Klasen, Karl） 148
クレイ（Clay, Lucius D.） 57, 59, 71, 74-78, 80, 83
クレイトン（Clayton, William L.） 71
クレマンソー（Clemenceau, Georges） 44
ケインズ（Keynes, John Maynard） 23, 44, 48, 83
ゲーリング（Göring, Hermann） 28
ゲルデラー（Goerdeler, Carl） 8, 34, 35, 37-39, 47
コッホ・ヴェーザー（Koch-Weser, Erich） 24, 40
コール（Kohl, Helmut） 204, 215

サ行
ザイペル（Seipel, Ignaz） 24
シェール（Scheel, Walter） 167
シャハト（Schacht, Hjalmar） 37, 57
シュトイバー（Stoiber, Edmund） 216, 238

シュトラウス（Strauß, Franz Josef） 144, 166
シュトレーク（Streeck, Wolfgang） 201, 212, 220, 221, 229
シュトレーゼマン（Stresermann, Gustav） 24, 25
シューマン（Schuman, Robert） 83
シュミット（Schmidt, Helmut） 184, 204, 215
シュレーダー（Schröder, Gerhard） 215, 216
シラー（Schiller, Karl） 144, 147, 148, 152, 166, 167
スターリン（Stalin, Iosif V.：Сталин, И.В.） 31, 32, 54
スティッカー（Stikker, Dick） 83
スパーク（Spaak, Paul-Henri） 36, 37
スピネッリ（Spinelli, Altiero） 32
スフォルザ（Sforza, Carlo） 24

タ行
チャーチル（Churchill, Winston S.） 54, 59
デルプ（Delp, Alfred） 40
ド・ジュヴネル（de Jouvenel, Henri） 25
ドュイスベルク（Duisberg, Carl） 27
トルーマン（Truman, Harry S.） 62, 65

ナ行
ニクソン（Nixon, Richard） 173

ハ行
ハイネマン（Heinemann, Gustav） 167
ハリマン（Harriman, W. Averell） 74, 75, 81
ハルシュタイン（Hallstein, Walter） 108
ハロッド（Harrod, Roy F.） 16
バーンズ（Byrnes, James E.） 59, 61, 65
ビッセル（Bissell, Richard M.） 74, 75
ビドー（Bidault, Georges） 71
ヒトラー（Hitler, Adolf） 31, 37
ピノー（Pineau, Christian） 115
ヒルシュフェルト（Hirshfeld, Max Hans） 67
フーバー（Hoover, Herbert C.） 65
ブランク（Blank, Theodor） 136
ブラント（Brandt, Willy） 144, 167, 178, 179, 184,

人名索引

204
ブリアン（Brian, Aristide） 24, 26
プルードム（Prud'homme, Hecter） 75
フンク（Funk, Walther） 28
ベヴィン（Bevin, Ernest） 62, 63, 66
ベック（Beck, Ludwig） 38
ベルク（Berg, Fritz） 108
ベルクハーン（Berghahn, Volker R.） 185
ホフマン（Hoffman, Paul） 74
ホリングスワース（Hollingsworth, Joseph R.） 188

マ行

マイリシュ（Mayrisch, Emile） 27
マクミラン（Macmillan, Harold） 108
マーシャル（Marshall, George C.） 62, 64–66, 69
マッケイ（Mackay, Ronald） 36
マーフィー（Murphy, Robert D.） 59, 73, 76
マン（Mann, Thomas） 24
ミュラー・アルマック（Müller-Armack, Alfred） 106

ミルワード（Milward, Alan S.） 42, 92
ムッセルト（Mussert, Anton Adriaan） 30
メルケル（Merkel, Angela） 235, 238
モネ（Monnet, Jean） 82
モルトケ（Moltke, Helmuth James Count von） 38, 39
モレ（Mollet, Guy） 107, 115

ラ行

ラフォンテーヌ（Lafontaine, Oskar） 204, 236
リッベントロップ（Ribbentrop, Joachim von） 30, 34
ルシュール（Loucheur, Louis） 24, 25, 27, 28, 36
ル・トロケ（le Trocquer, Yves） 25
レクスロート（Rexrodt, Gunter） 223
レプケ（Löpke, Wilhelm） 106, 107, 130
レーベ（Löbe, Paul） 24
ロイド（Lloyd, Selwyn） 114
ローズヴェルト（Roosevelt, Franklin D.） 54, 55
ロバートソン（Robertson, Brian H.） 77

事項索引

ア行
アウター・セブン　11, 105
「赤・緑」連立政権　215, 216
アジェンダ　201, 217
アメリカ化するドイツ　156, 196
アメリカ的解決　21, 22
アメリカ的な発展要素　15, 156, 186, 188, 192
アメリカナイゼーション　17, 44
安定恐慌　127, 135, 150
インナー・シックス　11, 105
インフレーショナル・クライシス　155
ウィンテル　225
ヴェルサイユ体制　31, 40
ヴェントテネ宣言(自由統合ヨーロッパ宣言)　32
失われた10年　213, 232
英米金融協定　74
英米占領地区　9, 76, 80
英米統合地区　52, 60, 62, 77, 80
エコノミスト派　218
円切り上げ　174
オイル・ショック　5
欧州委員会　34, 218, 233
欧州議会　32, 34
欧州共同体(EC)　157
欧州共同体委員会　32
欧州経済共同体(EEC)　10, 22, 26, 30, 34, 37, 43, 81, 85-87, 100, 101, 103, 105-110, 112, 115, 124, 125, 129, 132, 134, 149
欧州司法裁判所　34, 218
欧州中央銀行(ECB)　17, 218
欧州通貨制度(EMS)　7, 207, 210, 230
欧州連合(EU)　1, 34
オルド自由主義　106

カ行
外国貿易庁　72
開放経済体制　11, 100, 109, 124, 149
価格競争市場　220
隠された賠償　58, 66
陰の平価切り上げ　166
過剰生産恐慌　13, 119, 149
過剰流動性　14, 131, 167, 172-174
過渡的不況　12, 120, 145, 147
過熱予防　127, 135, 136, 145, 147
為替レート・メカニズム　210
関税同盟型ヨーロピアナイゼーション　7, 111, 132, 156
関税と貿易に関する一般協定(GATT)体制　88, 101, 111
完全雇用政策　14, 140, 143, 156, 205
機関車国論　195, 203
奇跡の子　117, 183, 184
キャッチ・アップ仮説　7, 17
強制輸出　58, 59, 61, 68, 70, 81
協調行動　14, 128, 145, 147, 148, 152, 159, 160, 163, 167, 174-176, 182
共同輸出入庁(JEIA)　62, 78, 80
キリスト教社会同盟(CSU)　13, 216
キリスト教民主同盟(CDU)　13, 136, 140
キリスト教民主同盟／キリスト教社会同盟　128, 144, 166, 167, 204, 215, 216, 219, 235, 236
キリスト教民主同盟／自由民主党　148
金の二重価格制　151, 166
金プール制　151, 166
クライザウ・グループ　37, 38, 39, 40
クリティカル・ディシジョン　21
グリーン・カード制　225
経済安定・成長促進法　147, 148, 152, 161, 167
経済協力庁(ECA)　74, 75, 77
経済諮問委員会[5賢人委員会]　119, 127, 130, 140, 144, 149, 150, 152, 156, 157, 166, 168, 196, 199, 203, 207, 209, 211-213, 217-219, 224, 229
経済相・蔵相理事会(ECOFIN)　218
経済成長の弱さ　6, 7, 213, 214, 229, 231
経済の奇跡　1, 5-7, 10, 11, 85, 87, 117, 121, 123, 128, 129, 141, 155-157, 169, 183, 185, 187, 189, 191, 192, 194, 201, 204, 217
経常生産物賠償　54, 55, 61, 62

ケインズ的な需要管理政策　13, 120, 144, 146, 147, 202
建設的不信任動議　204
高級化戦略　192, 225, 237
工業化ブーム　96
工業の奇跡　186
剛構造的な統合　2, 20, 32, 42
構想新しい社会的市場経済　238
構造断絶仮説　7, 16
構造的問題　154-156, 196, 202, 205, 227
効率的な産業システム　191
五月革命　166
国際決済銀行　130
国際粗鋼共同体（IRG）　8, 23, 26-29
国民保守的反対派　8, 37, 38, 47
ゴーデスベルク綱領　120, 204, 236
雇用調整　181, 182, 183
雇用調整の可変性　182
ゴールド・ラッシュ　129, 164
コンピュータ支援設計　189
コンピュータ数値制御　189, 192
コンピュータ統合生産体制（CIM）　221, 228, 237

サ行

再建仮説　7, 16
財政安定法　128
左翼党・民主社会主義党　235
産業合理化ブーム　22
産業立地間競争　216, 223, 237
自己搾取　72
市場統合　1, 7, 22, 30, 43, 44, 157, 224, 237
実現恐慌論　13, 119
資本過剰　119, 139, 145
資本分配率　113, 169
社会的市場経済　12, 16, 96, 114, 120, 184, 194, 236
19世紀末の発展要素　15, 175, 185, 186, 188-191, 193
柔構造的な統合　2, 20, 25
柔軟な自動化生産体制　188
柔軟な製造システム（FMS）　188, 190, 192, 198, 221, 228, 232, 237
自由貿易圏構想　105, 106, 107, 111
自由民主党（FDP）　13, 128, 167, 203, 204, 215
首相民主主義　86
シューマン・プラン　5, 37
需要不足説　119

消滅モデル　187
小ヨーロッパ経済統合　10, 100, 106, 111
将来投資プログラム　194
植民地主義　115
ジョブ・シェアリング　182
新型ヨーロピアナイゼーション　7, 43, 157, 237
新計画　57
数量景気　92, 113, 125
スエズ危機　115
隙間戦略　220, 221, 223
スタグフレーション　7, 14, 149, 153, 155, 173, 178, 181, 183, 184, 230
ストップ（成長抑制）・ゴー（成長促進政策）　129
スパーク委員会　105, 106
スパーク報告　22
スミソニアン体制　173, 178
生産過程のデジタル化　15, 156, 206, 222, 224, 226, 237
生産技術の合理化投資　22
生産者ヨーロッパ　27
生産設備の撤去と移送　54, 55
生産能力の過剰　139, 143, 145
生産能力利用度　138, 162, 169, 171, 180, 209
生産のモジュール化　225
政治の優位　86, 107
成長制約性　128, 143, 145, 146, 148
成長制約メカニズム　127, 142
製品差別化戦略　221
政府間主義　43
世界の同時不況　153, 180
石炭増産指令　58
石油危機　14, 149, 183, 185, 190, 192, 207
全国価格監視委員　37
全国経済発展審議会　146
戦債・賠償問題　2, 20-23, 25
総体的誘導政策　13, 144, 147, 148, 152, 162, 163, 181, 183, 184, 189, 193, 202
双務協定　57, 59

タ行

第一次工業水準計画　61
第一次石油危機　155, 156, 170, 177, 178, 181, 188, 193, 202, 205, 208, 224
第一次バーゼル協定　131
対外援助委員会　74
耐久消費財量産型重化学工業化　125

事項索引

第二次ゴールド・ラッシュ 150, 166
第二次産業革命的な発展要素 15, 92, 145, 156, 185, 188, 192, 228
第二次石油危機 139, 155, 181, 203, 224
第二次バーゼル協定 134
第二次四カ年計画 38, 45
大ベネルクス 100
大量失業問題 14, 216
脱国民国家的再編 224
脱植民地主義化 11, 109
多品種高品質生産 188
多品種高品質生産体制 220
多品種少量生産体制 192, 221
多品種大量生産 188, 198
単独フロート制 14, 155, 172, 173
中間的不況 12, 147
中産層福祉国家 128, 169, 176
中道右派政権 215
中道左派政権 203
超完全雇用状態 12, 125, 127, 132, 139, 162, 163, 168, 169, 171, 175, 191
長期波動仮説 7, 17
調整インフレ政策 173, 174, 181
調整インフレ不況 95
朝鮮戦争 10, 96
賃金調整 182, 183
賃金爆発 5, 190
賃金爆発現象 14, 113, 154, 164, 171, 182
通貨改革 76, 77, 78, 83, 95
通貨投機 101, 164, 210
通貨統合 1, 7, 22, 43, 45, 157, 218, 224, 230, 237
通貨のカーテン 67, 78
「通貨のカーテン」問題 73
強いドイツ 51, 52, 69, 96
ディリジスム 115
鉄のカーテン 9, 52, 67
「鉄のカーテン」演説 59
転型期 5, 12, 14, 118, 126
ドイツ化するアメリカニズム 156, 196
ドイツ危機 96, 101
ドイツ工業全国連盟（BDI） 108, 150
ドイツ社会民主党（SPD） 13, 24, 120, 144, 156, 166, 167, 177, 178, 184, 203, 204, 215, 216, 219
ドイツ弱体化政策 53, 66, 69, 71, 79
ドイツ自由化危機 96
ドイツ統一 15, 16, 154, 211, 212, 227
ドイツ民主党 235, 236

ドイツ・モデル 7, 43, 110, 186, 191, 195, 199, 206, 212, 221, 236, 237
ドイツ問題 2-5, 8, 9, 19, 20, 23, 40-43, 70, 107
統一好況 204, 208-212, 227
統一不況 211, 212, 221
投機しずらいマルク 173, 174
投資の崩壊 137, 140, 143, 151, 162
同盟90・緑の党 215
独仏の歴史的和解 5, 27
ドル過剰 129
ドル危機 14
ドル条項 9, 51-53, 56-58, 63, 67, 69, 70, 72-81, 84
ドル条項問題 51, 52, 68, 73, 77
ドル・スペンディング・ポリシー 21
ドルの垣根 74
ドルの過大評価 12, 101, 129, 174
ドルのカーテン 9, 52, 69, 78
ドル不安 128-130, 134
ドル不足 9, 52, 68, 92, 94, 104, 111, 129
トルーマン・ドクトリン 60

ナ行
内的限界 121, 125, 127, 132, 144, 147, 155, 163, 164, 171
長き1950年代 5, 12, 85
ナショナル・チャンピオン育成政策 132
ニクソン・ショック 14, 173
西ドイツ病 15, 155, 192
西ヨーロッパ銑鉄・鉄鋼同盟 36
ニッチ市場 192, 230
ニッチ体質 220, 222
ニュー・エコノミー 224, 238
ニューディール 21
ノイアー・マルクト 233

ハ行
パクス・ブリタニカ 2, 20
パリ外相会議 59, 61
ハリマン委員会 65, 74
バルフォア・ノート 21
汎ヨーロッパ運動 23-26
汎ヨーロッパ同盟 23, 26
ビジネス・コンフィデンス 76, 137, 140, 142, 160, 163, 170, 179, 183
被追放者の奇跡 85, 95
ビナイン・ネグレクト（無策の策） 202

品質競争市場　220, 221, 232
不戦共同体　23, 32
フーバー使節団　65
ブーム民主主義　85, 176
フランの過小評価　22-23
フランクフルト派　75, 76
フランス占領地区　9, 10, 72, 77, 81
フラン不安　166
フリタルクス構想　70, 103
フリンジ・ベネフィット　169, 171, 175, 176, 190
ブレトン・ウッズ（IMF）体制　14, 88, 111, 129, 151, 155, 166, 168, 172, 173, 176
ブロック・フロート制　172, 174, 177, 230
ブンデスバンク　121, 131, 133, 134, 148, 167, 174, 176, 184, 208, 209, 211, 230
ベイエン・プラン　100, 102, 103
ベルリンの壁　125
ベルリン派　75
変調　5, 13, 15, 153, 156, 161, 183, 193, 194, 202
変調の「構造化」　202, 236, 237
貿易創出効果　66, 73
貿易転換効果　66, 73
貿易ブーム　10, 87, 100, 101, 111, 125
保護された市場　90, 91, 109, 115, 186, 188, 207
欲せられた不況　127, 135, 150
ポツダム会談　53, 55
ポツダム協定　55, 59-61
ボルシェヴィキ　20
ボン基本法　78
ボン・サミット　202
ポンド危機　107, 131, 134, 150, 151
ポンド攻撃　210
ポンド不安　129, 130, 134
ボン民主主義　97

マ行
マイクロエレクトロニクス化　192, 194
マイクロ・コンピュータ　189
マーシャル・プラン　9, 43, 53, 63, 65, 66, 69, 71-74, 77, 78, 83, 85, 88, 90, 94, 96
マネタリスト派　218
麻痺危機　62
魔法の三角形　152
魔法の四角形　147, 148, 152, 168, 170
マルク切り上げ　121, 130, 131, 150, 152, 155, 160, 167, 172
マルク切り上げ論争　166

マルク投機　12, 130, 131, 133-135, 152, 165, 166, 167, 172
マルクの過小評価　12, 113, 130
マルクの増価　167, 171, 177, 193, 210
民主主義の奇跡　85
メイド・イン・ジャーマニー　10, 92, 93, 160, 190, 191, 193, 206, 220, 228, 237
メッシナ決議　102-106
モーゲンソー・プラン　51
モスクワ外相会議　60, 62-64, 69
モードリング・ブーム　134
モネ・プラン　67
模範の子　183, 193

ヤ行
山猫スト　163, 169
ヤルタ会談　53, 54, 60
有償ドル援助　73
優先控除原則　53-57, 61, 63
輸出の奇跡　87, 92, 113
輸入インフレ　14, 130, 167
輸入自由化路線　78, 96
ヨーロッパ経済・関税同盟　23-26
ヨーロッパ経済協力会議　68
ヨーロッパ経済協力機構（OEEC）　10, 87, 88, 89, 96, 101-103, 105, 107, 109, 111, 112, 133
ヨーロッパ経済統合　19, 149, 156
ヨーロッパ決済同盟（EPU）　84, 87-89, 96, 101, 102, 105, 109-112, 129, 133
ヨーロッパ自由貿易連合（EFTA）　34, 86, 105, 106
ヨーロッパ政治共同体（EPC）　102
ヨーロッパ石炭鉄鋼共同体（ECSC）　5, 20, 36, 37, 43, 85, 86, 102, 107
ヨーロッパ統合　2, 3, 5, 8, 19, 20, 23, 28-33, 42, 51, 82
ヨーロッパのドイツ化　110
ヨーロッパの病人　15, 16, 154, 155, 235
ヨーロッパ復興会議　66, 96
ヨーロッパ復興計画　63, 65, 70, 71, 74
ヨーロッパ防衛共同体（EDC）　102, 103, 107
ヨーロッパ問題　2, 3, 8, 9, 20, 22, 23, 31, 33, 35, 40-43
ヨーロピアナイゼーション　2, 16, 36, 43, 102, 110, 185, 191
弱いドイツ　51, 52
ライン型資本主義　7, 194, 195, 237

レジスタンス運動　2-5, 8, 9, 19, 26, 28, 31-37, 40-42, 44, 70, 238
連合国管理理事会　52, 53, 56, 61, 63
労働分配率　169
労働力の供給制約性　12, 146, 147, 163
ロンドン外相会議　62, 77

ロンドン協定　77
ロンドン6ヵ国外相会議　62, 77, 82

ワ行
ワイマル体制　3, 4, 28
ワイマル民主主義　32, 49

著者略歴

1950 年　宮城県に生まれる.
1972 年　横浜国立大学経営学部卒業.
1975 年　東京大学経済学部卒業（学士入学）.
1982 年　東京大学大学院経済学研究科博士課程単位取得退学.
　　　　千葉大学教養部専任講師（1982 年 6 月），助教授，法経学部助教授を経て
現　在　千葉大学法経学部教授，経済学博士.

主要著書

『現代ヨーロッパ経済史』（共著，1996 年，有斐閣）
『戦後再建期のヨーロッパ経済』（共著，1998 年，日本経済評論社）
『グローバリゼーションと国民経済の選択』（共著，2001 年，東京大学出版会）
『ドイツ経済──統一後の 10 年』（共著，2003 年，有斐閣）
『ナチス期の農業政策研究 1934-36』（2003 年，東京大学出版会）
『EU 穀物価格政策の経済分析』（2006 年，農林統計協会）

現代ドイツ経済の歴史

2007 年 8 月 10 日　初　版

［検印廃止］

著　者　古内博行

発行所　財団法人　東京大学出版会
代表者　岡本和夫
　　　　113-8654 東京都文京区本郷 7-3-1 東大構内
　　　　電話 03-3811-8814　Fax 03-3812-6958
　　　　振替 00160-6-59964

印刷所　株式会社平文社
製本所　牧製本印刷株式会社

Ⓒ 2007 Hiroyuki Furuuchi
ISBN 978-4-13-042126-3　　Printed in Japan

Ⓡ〈日本複写権センター委託出版物〉
本書の全部または一部を無断で複写複製（コピー）することは，著作権法上での例外を除き，禁じられています．本書からの複写を希望される場合は，日本複写権センター（03-3401-2382）にご連絡ください．

著者	書名	判型	価格
古内博行著	ナチス期の農業政策研究 1934-36	A5	12500 円
工藤 章著	20世紀ドイツ資本主義	A5	15000 円
工藤 章著	イー・ゲー・ファルベンの対日戦略 ―戦間期日独企業関係史―	A5	6400 円
馬場 哲著	ドイツ農村工業史 ―プロト工業化・地域・世界市場―	A5	5800 円
雨宮昭彦著	帝政期ドイツの新中間層	A5	8800 円
雨宮昭彦著	戦争秩序のポリティクス ―ドイツ経済政策思想の源流―	A5	5800 円
田野慶子著	ドイツ資本主義とエネルギー産業	A5	7800 円
飯田芳弘著	指導者なきドイツ帝国 ―ヴィルヘルム期ライヒ政治の変容と隘路―	A5	5500 円

ここに表示された価格は本体価格です．御購入の際には消費税が加算されますので御了承ください．